풍수의 실체를 찾아서

새로운 관점의 풍수론

곽우근 지음

다니북스

머릿글에서

책을 한번 출간해 본 후에 그 일이 매우 힘들고 긴 시간을 투자해야 가능한 일이란 걸 알았다. 글을 써서 저장해 놓는 것만으로 끝나는 게 아님을 알게 된 것이다. 글의 내용을 보충하고 수정하랴, 오탈자를 찾아내고 사진이나 자료를 첨삭 하는 일이 시간과 노력과 끈기를 필요로 하는 일이란 걸 책을 출간해 보고서야 알게 되었다. 제일 지루하고 힘든 것은 오탈자를 찾아내는 일이었다. 읽어가며 수정해도 다시 또 오자나 탈자가 생겨나니 그 작업이 제일 힘든 것이 아닌가 한다. 거기에 더해 오랜 동안 공부해 오거나 정식으로 전공한 학문이나 관심분야가 아닌 주제를 가지고 글을 쓴다는 것이 참으로 어렵다는 사실을 자판기를 두드릴 때마다 느낀다. 우리가 배우는 현대의 학문이 과거와 확연히 다르기에 어릴 적부터 배워왔던 것들이 조상 전래로 내려오는 것들과 충돌하는 경험들을 현대를 살아가는 이들이 대부분 느끼는 것임을 부정할 수 없다. 불과 몇 세대 전만 해도 시골에는 서당이 있었고 거기에서 한문을 배우는 학동들이 많았다. 지금은 어떤가? 체계적인 교육과정을 모두가 거치지만 한문을 가르치는 것이 정규 교육과정에서 빠진지가 오래다. 노인세대에서 교육을 받은 이들은 한자가 익숙하지만 지금 젊은 세대들은 쉬운 한자를 읽기도 버거워 한다. 반대로 현재의 중 노년층은 컴퓨터나 스마트폰에 익숙하지 못하고 그걸 사용하는데 불편함을 느낀다. 어릴 적부터 컴퓨터를 가까이 하고 살아온 세대들은 모든 정보를 거기에서 찾고 작업을 하고 서로간의 소통도 한다. 어찌 보면 풍수공부를 하는 것은 현대식 교육을 받고 자란 이가 과거의 학문으로 회귀하는 느낌이 강하기에 공부가 어렵게 느껴지는 게 아닐까 한다.

 우리가 풍수를 처음 접할 때는 사랑방 전설 같은 이야기들을 접하는 경우가 많다. 지나가는 걸인을 구제해 줬더니 자리를 잡아 주었고 그로 인해 큰 인물이 나거나 부자가 되었다는 등의 이야기 말이다. 유년시절에 조부님 사랑방에서 그런 수준의 이야기들을 나누시던 것들을 들은 기억들이 있을 것이다. 필자도 물론 그런 경우였고 그로 인해 훗날 풍수에 관심을 가지게 된 것이 아닌가 한다. 사랑방 한담이란 것이 생산성은 전혀 없으면서 남의 집 족보나 산소 이야기가 오가기도 하고 신빙성 없어 보이는 전설 같은 이야기들이 오간 것으로 보면 맞을 정도였다. 그 시절에는 평균수명이 지금같이 길지 않았던 관계로 오십 정도의 나이만 되면 다들 선산에 자신의 신후지지를 잡으려 했으니 지금으로 본다면 우리나라가 짧은 시간에 많은 변화가 온 것이 아닌가 한다.

요즈음이야 풍수지리를 대학의 학과과목으로 채택할 정도로 체계적으로 풍수를 배울 수 있는 길이 열려 있다. 다만 그 길이 올바르고 정확한 지식의 전달이란 면에서는 생각해 볼 여지가 있기는 하지만 말이다. 대학의 강단에 서는 교수들도 많아졌고 일간지에 정기적으로 칼럼을 쓰거나 다른 길로도 풍수를 가르치는 이들이 많다. 거기에 더해 일반인들의 풍수수요에 맞춰 직업적으로 활동하는가 하면 카페나 블로그를 개설하고 활동하는 이들도 많은 세상이 되었다. 과거의 도제식 교육에서 벗어나 한동안은 학원식 강의까지 성행할 정도로 풍수에 대한 관심이 커졌을 때도 있었다. 하기야 역사 이래 우리 민족이 풍수론에서 자유로운 때는 한 번도 없었지만 말이다. 지금 활발하게 강단이나 현직에서 지사로 활약하는 분들이 상당부분 80년대에 유행했던 학원식 강의로 풍수를 시작한 경우도 많은 것으로 알고 있다. 몇몇 유명한 분들은 많은 제자들을 길러냈고 전국적으로 유명세를 타면서 활동했는데 이미 대부분 고인이 되었다. 그 분들의 제자들이 현재는 왕성하게 활동하는 것으로 보인다.

풍수공부를 하면서 어려웠던 점은 한두 가지가 아니다. 우선 제대로 공부할 수 있는 스승을 만나기가 어렵다. 지사로 활동하는 분들을 만나보면 다들 풍수에 능하고 땅을 보는 안목을 가졌다고 말하지만 실체를 확인해 보면 기대에 미치지 못하는 경우가 많았다. 많은 사람들이 따르고 명성을 얻은 이들도 알고 보면 그것이 허명이었음을 금방 깨닫게 되는 경우가 허다하다. 자신만의 이론에 치우쳐 풍수의 근본적인 원리를 무시하는 경우도 심심치 않게 보게 된다. 현대는 인터넷에 모든 지식이 담겨 있을 만큼 정보를 많이 접하게 되는데 그 안에서 풍수를 논하는 유명한 지사들조차도 자기주장만 난무하는 경우를 흔히 보게 된다. 진실로 풍수의 요체가 무엇인지 가르쳐 줄 스승을 만나기가 쉽지 않은 게 현실이다.

거기에 더해 풍수학을 들여다볼수록 배워볼만한 교재가 또한 없다. 곽박의 '장경' 이래로 수많은 서책들이 넘쳐나고 현대의 번역서 까지 본다면 무궁무진한 자료가 있다고 볼 수 있지만 오히려 그 많은 정보와 자료 속에서 제대로 된 교재는 쉽게 발견되지 않는다. 그런 자료들을 접하면 할수록 풍수의 원전인 금낭경의 범위를 벗어난 것은 없다는 느낌마저 들게 한다. 조선시대에 시험으로 풍수학 관리를 선발할 때에 청오경이나 금낭경을 필두로 지리신법이나 명산론 등 많은 서적에 대한 내용을 테스트 했다지만 그런 과정을 통해 선발된 분들 중에 이름을 남길 만큼 활동한 이들은 드물다. 오히려 그런 시험과정을 거치지 않고 활동한 이들의 이름이 지금까지도 전해지는 경우가 더 많다고 본다. 동양학의 대부분이 관념적인 철학을 바탕으로 둔 학문이기 때문에 그에 부합하는 교과서가 없다고 보는 견해가 맞을 것으로 보며, 그에 따라 공부에 참고할 서적은 많지 않을 수밖에 없다. 그러니 금낭경 이래로 나온 서적들이 대부분 동양학의 발달에 따라 풍수학의 내용이 추가된 것이 따지고 보면 풍수학의 본질이 될 수 없는 것이다. 예를 들어 방위학이나 천문학이 발달함에 따라 풍수학에 첨가되고 이법(理法)이 추가되면서 패철을 보고 풍수를 논하게 되니 풍수학의 원래 의도 보다는 명리학적 요소나 방위를 중시하는 쪽으로 변해간 것이 아닌가 한다. 그렇기에 금낭경 이래로 연구된 풍수학의 개념들이 일종의 사족에 불과한 것들이 많은 게 사실이다. 곽박이 설파한 기본 개념은 생기(生氣)를 찾아 그것을 이용하는 것이 풍수론이었다면 그 이후로도 그 생기를 찾는 법을 전수하고 이용토록 해 주는 것이 풍수의 방법일 테지만, 눈에 보이지 않는 그 생기를 찾는 법을 가르쳐 줄 수 없기에 올바른 풍수의 방법이 전해 내려올 수가 없었다. 기(氣)가 무엇이고 그걸 어떻게 찾을 것이며, 그 멈춘 자리를 찾아내는 것이 풍수의 요체일 테지만 아무리 구전심수로 전달해준들 그 실체를 알기는 쉽지 않다. 그러다 보니 풍수공부의 방법이 결국 땅의 겉모습이나 살피고 방위나 보는 등의 방법으로 변해간 것이 아닌가 한다. 따라서 풍수공부를 하면 할수록 결국은 곽박이 설파한 금낭경에서 기감편의 첫머리에 나오는 문장을 이해하고 실천하는 것으로 귀결이 되는 것이다. 그러니 서적보다는 올바른 스승을 만나서 기를 찾는 방법을 수련하고 전수받는 길이 바르다고 보여진다. 현대에 넘쳐나는 고전을 비롯한 주해서 그리고 번역서 등등은 참고는 될지언정 풍수의 모든 것을 배우기에는 한계가 있다.

　과거보다 풍수학의 적용범위가 넓어졌지만 수요는 줄었다. 불과 반세기 전만 해도 지역마다 현역으로 활동하던 지사들이 반드시 있었다 해도 과언이 아니다. 지금은 풍수를 공부하는 이들이 그것을 현장에 적용하기가 쉽지 않을 뿐만 아니라 장묘법의 변화로 수요 또한 줄었다. 우리나라에 풍수공부를 했거나 현재 하고 있는 인구를 계산해 본다면 대략 6만 이상이라는 얘기를 들은 적이 있다. 예전의 학원식 강의나 전수는 사라진지 오래지만 풍수를 정규교육의 한 과정으로 가르치는 곳이 있을 정도인 데다가 대학마다 평생교육원 등을 통해 가르치는 곳도 많이 늘었다. 거기에 더해 지역에서도 가르치는 곳들도 있고, 인터넷 상에 카페를 개설하고 정보를 공유하며 풍수를 가르치는 곳도 있는 형편이니 배울 곳은 많아졌다. 그런데 수요는 과거만큼 되지 않는다. 장묘문화가 매장에서 화장으로 전환되면서 각 지역에서 활동하던 지사들은 찾아보기가 힘들 정도로 상황이 변했다. 양택이나 다른 용도로 풍수를 활용하는 수요는 늘었다고 보지만 과거부터 음택의 택지로부터 나왔던 풍수의 수요가 대부분 줄었기에 이제는 전업으로 풍수학을 하던 시대는 지났다. 윤달이 드는 해가 되면 묘소를 정비하고 납골묘를 조성하면서 이장이 늘어났고, 그런 수요에 맞춰 일하던 지사들도 지금은 일을 예전처럼 바쁘게 할 수가 없을 정도로 풍수의 수요가 줄었다. 심지어 오랫동안 유지해 오던 선산에 올라 봐도 과거부터 자리했던 묘소들 이외에 새로 조성된 묘소는 많지 않음을 피부로 느낄 수 있다.

그렇지만 아무리 수요가 줄었다 해도 풍수가 설 자리를 잃은 것은 아니다. 택지가 필요할 때 대부분이 지사를 찾아 자문을 받는 게 현실이니 풍수학은 사리질 수 없는 학문인 것이다.

그런 면에서 수천 년을 님게 이어진 풍수학도 변화를 보색해야 한다. 과거의 풍수에서 벗어나 새로운 수요에 맞는 학문으로 거듭 나야 한다. 어느 지사가 화장이나 납골이 대세인 현대의 장묘법에 맞추어 더 이상 과거의 풍수에 매달리지 말아야 한다는 주장도 하는데 그런 것도 일리가 있다고 본다. 그러나 단정적으로 말하면 풍수의 근본은 변하지 않는다. 변하려 해도 변할 수 없는 것이다. 즉 생기를 찾아 그것을 이용하는 것이 만고의 진리인 만큼 본질에 있어서는 변할 수가 없다. 즉 금낭경에서 말하는 풍수론이 지금도 유효하다고 봐야 한다. 생기를 찾아야 하는 풍수의 이치가 변하지 않는 이상 그렇다. 그렇기에 풍수를 공부한 현대인들은 온고지신(溫故知新)의 자세를 가져야 한다고 본다. 그런 다음에 현실에 맞게 변화를 모색해야 한다. 가령 납골묘를 조성한다고 할 때 우선 좋은 자리를 정해주고 그 곳에 전래의 장법에 맞는 방식으로 체백을 안치하는 방법 등을 새롭게 모색해 주는 것도 생각해 봐야할 것이다. 산업화가 될수록 그런 용도로써의 택지나 집단 거주시설을 배치할 때의 방법 등을 조언해 주는 등의 것들도 현대에서 지사가 해 줘야 하는 일이다.

풍수에 입문해 공부한다고 보낸 시간이 쌓여 10여년을 훌쩍 넘었다. 물론 그 이전에도 여기저기 기웃거리며 공부한다고 했지만 진척이 크게 없었고, 전국적으로 명성을 날리며 활동하는 지사들을 직간접적으로 접해 보기도 하고 서책을 보거나 답사에 참여해 보기도 했지만 공부는 답보상태로 긴 시간을 보낸 후였다. 다행히도 스승님을 만난 후 풍수의 눈을 조금이나마 뜨게 되면서 지금에 이르렀다. 스승의 말씀대로 풍수는 결국 땅의 기운을 찾아내는 것이었고 그 기를 찾는 방법을 어떤 식으로든 터득하는 것이라는 사실을 알게 되었다. 땅을 보고 거기에 서린 기운을 안다면 그것이 풍수공부의 핵심이었던 것이다. 그걸 알기 위해 각각의 개인이 가진 기감(氣感)을 키우는 것이 중요하고, 그러기 위하여 수행도 하고 땅에 어린 기운도 받아들이는 노력을 해야 한다고 배우게 되었다. 풍수와 무관한 직업을 가진 필자로써는 매우 힘든 일이었지만 그나마 올바른 길을 찾아 눈을 뜨게 되는 계기가 되었다. 기감을 키우는 것에 더해 서책도 보고 답사를 다니며 땅을 보는 안목을 키우는 것도 중요했다. 지금까지 용사된 선현들의 묘소도 보고 사용되지 않은 생지를 보면서 땅을 보는 안목을 키울 수 있었다. 그러다 보니 배우고 익힌 바를 책으로 묶어낼 생각도 하게 되었고, 4년여의 답사를 통해 전국에 산재한 선현들의 묘소를 많은 시간을 들여 집중적으로 답사한 결과를 책으로 낼 수 있었다. 처음 하는 일이다 보니 여러 시행착오가 있었다. 특히 너무 많은 내용을 책에 싣다보니 책을 보신 독자들이 대부분 어렵다는 반응을 보였다. 거기에 더해 한 번 책을 내고 나니 내용을 수정할 길이 없었다. 예전에 보았던 것이 다시 보니 틀렸을 경우에 그 내용을 수정할 수 없으니 난감했다. 아무래도 공부가 진척될수록 처음에 가졌던 견해가 바뀐 경우가 종종 생기는데 그걸 다시 수정하기에는 늦은 것을 알았다.

다시 책을 내기 위해 자료를 수집하고 글로 정리하는 작업을 계속해 왔다. 그동안의 공부를 정리하고 자신을 되돌아보는 계기를 만들고자 글을 쓴 셈이다. 지난번의 시행착오를 겪지 않기 위해 심모원려 했지만 그래도 부족함을 느낀다. 풍수공부라는 게 끝이 보이지 않는 것이기에 지그까지 배운 것을 정리하는 의미가 크다. 앞에서 언급했듯이 풍수공부는 어렵다. 지금 안다고 생각하는 것이 틀렸을 가능성도 배제할 수가 없다. 현재의 나보다 더 앞선 능력을 가진 분을 본다면 내가 가고 있는 길이 틀렸다고 지적하는 경우도 생길 수 있다. 그만큼 한걸음 앞으로 나아가기가 힘든 것이 이 방면인 것 같다. 거기에 더해 완성될 수 없는 학문이니 백가쟁명의 주장이 난무하는 가운데 선뜻 어느 것이 옳다고 주장하기도 힘들다. 타인의 주장을 받아들이기가 어려운 만큼 내 주장을 납득시키기도 어려워, 다른 지사와 토론이라도 할라치면 서로 자기 말만 하게 되는 경우가 태반이다.

풍수를 공부하는 이들이나 아니면 관심이 있는 분들께 권하고 싶다. 관심을 가지고 공부하되 너무 깊게 하지는 마시라고! 그 정도로 충분한 것이 아닌가 싶다. 조선 조 임진왜란에서 미증유의 국난을 극복하는데 일조했던 서애 류성룡은 퇴계 이황의 제자로 성리학을 깊게 공부한 분이었다. 조선조에서 사대부들은 풍수를 부정하거나 외면하는 척 했지만 그들은 실생활에서는 적극적으로 이용했다. 공부를 하지 않는 척 했지만 나름대로 공부를 했지만 직접적으로 나서서 풍수를 행하지는 않고 지사들을 이용했다. 서애도 말년에 하회로 낙향했을 때 '신종록'이라는 풍수책을 썼지만 누구도 그를 풍수학자로 부르지 않는다. 서애는 풍수를 깊이 알았지만 풍수행위는 한 기록이 나오질 않는다. 그는 성리학에 기반을 둔 학문을 한 사대부이기에 풍수를 적용하지는 않고 이용만 한 것이다. 광해군 때부터 인조연간에 활동했으며 한문사대가의 한사람인 택당 이식은 양평 쌍학리에 택지할 때 당대의 풍수사로 유명했던 박상의나 이의신 등의 자문을 구했던 기록이 남아 있다. 택당도 몰론 풍수에 대한 자신의 확고한 견해가 있었음에도 그런 자문을 받은 것이다. 정조 임금은 자신이 풍수공부를 했음을 사료에 남길 정도로 이론적 풍수에 해박했다. 궁중에서 할 수 있는 공부를 다 했다고는 하지만 실제적으로 땅을 보는 것은 쉽지 않았을 터다. 그 분도 자신의 아버지를 죽게 만든 할아버지 영조에 대한 풍수적 복수를 할 정도로 풍수에 능한 이였는데 아버지 사도세자의 묘소를 이장할 때는 지사들의 의견을 들은 것으로 알고 있다. 이런 경우들을 보아도 풍수공부를 하되 자신이 그것을 이용할 정도만 하면 되는 것이 아닌가 한다. 깊이 공부한들 대부분이 풍수의 요체까지 도달하지 못할 바에야 차라리 전문가의 능력을 빌어 풍수수요를 해결하는 편이 현명해 보인다. 우리가 살아가면서 아무리 외면하려 해도 할 수가 없다. 어떤 형태로든 본인에게 다가오는 것이 수 천 년간 이어온 우리 민족의 삶 속에 녹아 잇는 풍수인 것이다. 실학자 다산 정약용은 풍수의 폐해를 지적하고 무용론을 주장한 분이었지만, 그 분도 집을 짓고 살 때 그리고 만년유택을 만들 때 풍수적 자문을 구했다고 볼 수밖에 없다. 그의 생가와 유택이 지금도 남아 있으니 확인이 가능하다. 풍수를 이해하고 배우기는 하되 보다 전문적인 실력을 갖춘 이를 이용해 풍수적 혜택을 보는 것이 현명한 일이라는 것은 과거를 통해 보면 결론이 쉽게 난다.

풍수학이 동양적인 효(孝)사상에서 비롯되었다고들 말한다. 부모나 조상을 생전에 모시고 사후에도 생시와 같이 모시는 개념이 풍수의 시작이라는 것이다. 금낭경에서 부모의 유해를 길지에 모시면 후손에게 좋은 일이 일어난다는 동기감응의 이론을 동원하지 않더라도, 효를 실천하는 행위로써도 풍수는 필요하다. 장례풍습이 과거의 관습에서 벗어난 지금이야 화장이 대세가 되어 화장 등의 방법으로 유해를 모시게 된 경우가 많아졌지만 그런 형태 조차도 효사상이 근본이 되지 않으면 안 된다.

지금까지 십수년 동안 스승님 따라 풍수공부에 나름대로 열중했다. 많은 도움을 받으며 공부에 진척을 이룬 것도 느낀다. 난해한 학문을 조금이나마 이해하게 된 것은 전적으로 스승님의 공이 크며, 같이 공부에 동행한 학인들의 도움도 무시할 수가 없다. 공부를 하면 할수록 어려운 것을 느끼며 앞으로 나아갈 길이 멀다는 것도 느꼈다. 다시 책으로 정리하는 것은 그동안 배운 것을 정리하는 의미가 있으며 이런 작업을 통해 더 깊은 경지에 올라보고 싶은 욕심도 있다. 본업으로 인해 풍수현장에서 직접 택지하고 일하는 것은 가능하지 않기에 오히려 공부하고 기록하는 것이 본인에게 주어진 책무가 아닌가 하며, 그런 면에서 부족한 필력으로나마 글을 남기는 일을 계속해 나갈 수 있기를 바랄 뿐이다.

글을 쓰면서 많은 자료들은 인용했다. 사진은 대부분 답사를 통해 직접 찍은 것들을 사용했으나 부득이한 경우 출처를 달았다. 지도를 인용한 경우는 다음 지도를 캡춰해 사용했고, 인물이나 자료를 참고할 때는 '위키백과' '나무위키' '다음백과' 등 백과사전 들을 참고했다. 답사지의 주소를 찾아낼 때는 여러 자료를 찾아본 경우가 많았고 인터넷 상에 올려진 자료를 인용할 때 무의식 중에 언용처를 기록하지 못한 경우가 있을 수 있다고 본다. 그런 면에서는 정중히 사과드린다. 이 책이 나오기까지 물심양면으로 도움을 주신 분들이 많은데 일일이 열거를 다 하지 못했다. 양해를 구하며 무한한 감사를 드린다.

목차

01 풍수공부의 어려움　　　　　　　　　　　13
- 葬者는 乘生氣也라　　　　　　　　　　　　14
- 구전심수(口傳心授)라는 말이 있다　　　　　15
- 풍수를 공부한다는 것은 너무 어렵다　　　　18
- 제일 중요한 것은 스승을 제대로 만나야 한다　20
- 온고이지신이란 말이 풍수에도 통한다고 본다　22

02 혈이란 무엇인가　　　　　　　　　　　　23
- 그렇다면 혈은 무엇인가?　　　　　　　　　25
- 기운의 종류- 지기만 있는 것이 아니다　　　32
- 혈처를 어찌 찾을까?　　　　　　　　　　　35

03 땅의 기운에 대하여　　　　　　　　　　43

04 남양주 - 천마지맥에 서린 세도정치의 힘　51
- 죽엽산권- 광릉과 봉선사　　　　　　　　　54
- 천마산권　　　　　　　　　　　　　　　　63
- 백봉산 권역- 덕소와 삼패 그리고 일패까지　68
- 보검의 칼끝에서 왕비가 속출　　　　　　　72
- 덕소와 석실-세도정치의 본산　　　　　　　75
- 삼패의 청풍김씨　　　　　　　　　　　　　83
- 예빈산권　　　　　　　　　　　　　　　　86
- 수락산 권역-의령남씨와 덕흥대원군　　　　88

05 동기감응(同氣感應)   93

06 조선의 명문가와 그 형성과정   101

07 성씨와 족보의 역사   111
- 성씨의 발생과 분화   112
- 족보에 대하여   116

08 조선왕조의 풍수   121

09 영릉천장에 대하여   133

10 문경 – 조령을 걷다   149
- 대간의 낙맥지   150
- 동로면– 연주패옥의 전설을 따라   153
- 대간의 수행지들   158
- 공덕산에 머문 기운들   160
- 운달지맥의 수행지   163
- 운달지맥의 끝_영순면   165
- 금천을 따라 흐르는 여정   167
- 주흘산 권역   173
- 문경의 서부지역   175
- 영강을 따라 만들어진 자리   182
- 청화산 낙맥지   184

11 갑자사화와 명문가   189

12 왕가의 풍수   199

13 당쟁과 명문가   223

14 충주와 괴산 – 달천의 물길 따라   231

- 충주 7명당과 청풍김씨   234
- 달천을 따라 –괴산   246
- 달천의 중하류   258
- 달천 끝의 자리   261

15 풍수의 시각으로 본 부관참시   273

16 예산 · 서산 · 태안 – 금북정맥의 끝   281

- 예산읍 권역   285
- 가야산 권역   291
- 경허의 자취를 따라   294
- 추사의 발적을 찾아서   306

풍수의 실체를 찾아서

CHAPTER 01 풍수공부의
어려움

葬者는 乘生氣也라

풍수학의 바이블이라는 금낭경(錦囊經)의 첫 구절이다.

사람이 죽어 장사를 지낼 때 생기에 올려야 한다는 말인데 이것이 풍수의 요체일 것이다. 풍수를 공부하고 안다는 이들이 모두 인정하는 내용일 것이다.

다음 구절도 또 기(氣)에 대한 기술이다.

'五氣는 行乎地中이라' 인데 이 말은 오행(五行)의 기운이 땅속에서 돌아다닌다는 말이다. 즉 기(氣)에 대한 것으로 시작해서 그 외적인 요소들[즉 산이나 물 등]을 기술해 놓은 책이 금낭경이다.

금낭경보다 앞에 쓰여진 책이 청오경(靑烏經)이라고 하는데 그 신빙성에 대해서는 의문이 있다고 한다.(최창조 역저 인용)

그 책에서는 천광하림(天光下臨)하고 백천동귀(百川同歸)라는 글귀가 있는데 이는 땅에 지기는 물론이고 천광 즉 천기(天氣)도 하림한다는 것을 시사한다고 본다.

고전에서 인용된 이런 글들을 보면 풍수란 기(氣)의 흐름을 알고 그 기운에 풍수를 대입해야 한다는 것을 알 수 있다. 즉 기(氣)의 실체를 모르고서는 풍수인이라 할 수 없다는 뜻이다.

그런데 '기' 라는 것이 실체가 있는 것이 아니다. 눈으로 볼 수 있는 것이 아니기에 풍수를 공부하는 사람조차 언급하기를 꺼린다. 아니 꺼리는 것이 아니고 기를 모르면서 기운이 있다고 얘기하고 있다. 그런데도 다들 풍수에 능하다고들 하니 도무지 이해가 되질 않는다. 오히려 기를 얘기하고 논하면 그들은 배척하고 인정하지 않는다. 모두가 금과옥조로 받아들이는 금낭경의 첫 구절을 무시하고 어찌 풍수공부를 하는지 이해가 되지 않는다.

사실 풍수공부는 어렵다. 뜬구름 잡기보다도 더 어려운 것이 사실이다. 시중에 나와 있는 풍수학 책은 크게 도움이 되지 않는다. 자신의 견해를 밝히고 그 것을 증명해서 다른 사람을 이해시키려는 책은 없다고 본다. 그저 고전이나 남의 것을 베낀 정도의 책이 난무하고 이해되지 않는 말만 잔뜩 늘어놓은 것에 불과한 것들이 많다. 그러니 책을 읽고 풍수공부를 할 수는 없는 셈이다. 〈금낭경〉〈청오경〉〈설심부〉〈인자수지〉〈명산론〉 등을 아무리 읽어도 한계가 있고 그걸 제대로 알려주는 스승 또한 없다고 본다.

그렇다면 그걸 알려주면 뭐하겠는가? 기에 대한 것을 책에서 찾을 수는 없으니 공부가 제대로 될 수가 없다. 책에서는 기에 대한 언급만 있을 뿐 기의 실체나 기를 알아내는 방법을 알려 주지 않는다.

구전심수(口傳心授)라는 말이 있다

풍수에 적용되는 용어일 것이다. 좋은 스승을 만나 전수받는 길만이 유일한 공부인 셈이다. 참된 스승을 만나서 기의 실체를 알 수만 있다면 그것이야 말로 풍수를 공부하는 지름길일 것이다.

그런데 기존의 풍수학계에서는 기를 안다고 말하면 이단시한다. 기를 찾아 그 것을 이용해야 하는 사람들이 오히려 배척하는데 앞장을 서는 것이다. 그들은 기를 알 수가 없으니 부정하는 것인데 그들에게 금낭경의 첫 구절을 다시 읽어보기를 권하고 싶다.

풍수공부가 땅을 보고 산의 흐름과 물이 모이는 것들을 살피는 것이라고 얘기하는 것은 그야말로 수박 겉핥기가 된다. 수박의 겉을 보고 속이 빨간 것을 알 수가 없지 않은가? 기의 흐름을 잘 보고 그 곳에 기가 멈추는지를 살펴야 제대로 된 풍수공부를 하는 것이다. 기존의 학계에서는 소수의 사람들이 모여 기의 실체를 연구하는 것으로 보이는데 이들이 소수로 배척받는 형국인 것이다.

우리나라 풍수의 비조(費祖)이신 도선국사 까지 거슬러 올라갈 필요는 없다.

풍수학이 우리나라에 도입된 이래 사람들이 행한 대부분의 것에 풍수가 녹아 있는데, 집을 짓고 도읍지를 정하고 궁궐을 세우고 사찰을 짓는 등 모든 행위가 그와 관련이 있는 것이다. 그런데 신라 말 고려 초의 시설들을 보면 기(氣)를 알고 이용하였음을 쉽게 확인할 수 있다.

▲ 〈수로왕릉〉 김해시　김해김씨의 시조로 가야국을 세운 김수로왕의 능이다. 평지에 조성된 묘소로 대단히 큰 천지기 합일점이다. 음택으로 사용되었지만 양택 즉 궁궐 정도로 사용될 수 있는 큰 기운을 가진 곳이다. 실학자 이수광의 지봉유설에 이 능이 임진왜란 당시 도굴이 되었다는 기록이 있다고 한다

현존하는 가장 오래 된 우리나라의 묘소는 아마도 수로왕능일 것이다. 그 자리는 우리나라 음택지 중 가장 큰 기운처에 자리를 잡았다고 보는데 풍수가 본격적으로 도입이 되기 전에도 이미 우리나라에 풍수를 이용하여 묘를 조성했음을 단적으로 보여 준다. 그런데 고려 말부터 성리학이 도입되면서 기를 중시하던 승려들이나 풍수사들이 사라지고 오히려 서책에 의지하고 논증적 사고를 하면서 풍수를 보는 관점이 바뀐 것이다.

여말 선초의 고승인 무학대사가 소점했다는 자리들을 보면 하나같이 천기점(天氣點)에 제대로 용사한 것을 확인할 수 있는데 목은 이색 묘소, 강회백 묘소, 한양조씨 조신 묘소, 옥천조씨 조원길 묘소, 운곡 원천석 묘소 등이 이에 해당한다.

▲ 〈조신 묘소〉 부여군 장암면 점상리 고려 말 회양부사를 지낸 조신은 조선조 태종의 스승이었다 하며, 그의 사후 무학대사가 자리를 소점해 주었다고 전한다. 전형적인 천기점에 자리를 잡았다

그 때까지만 해도 기감을 위주로 풍수를 시행하신 분들이 남아 있었다고 보여진다. 그 후 성리학이 통치의 주요 철학이 되면서 기감을 공부했던 승려들이나 풍수학자들은 서책에 매달리는 이들에게 밀려 사라졌다. 그런 면에서 조선 초기에 용사된 묘소들을 보면 기운 자리에 용사한 경우를 많이 보게 되지만 후기로 갈수록 그런 경우들이 줄어들고 특히 임진왜란과 병자호란을 거치면서 현대에 이르기까지 기감풍수는 설 자리를 잃었다.

그래도 답사를 다니다 보면 임란 이후에 조성된 선현들의 묘소에서 가끔씩 정확하게 기의 흐름을 감지해 용사한 묘소들을 보게 되는데 그런 점을 감안해 본다면 비록 소수이긴 하지만 기감을 가지고 풍수학을 접하신 선사들이 있었던 것으로 볼 수 있다.

현대에 들어서도 그런 예를 볼 수 있다. 예전에 육관 손석우라는 분이 땅 속을 유리알처럼 들여다 볼 수 있다는 말을 했다고 한다. 그는 오대산 적멸보궁에서 수행을 하다가 하산하면서 능력을 얻었다 하며 책을 내어 세인의 관심을 끌었고 김일성의 사망을 예언했다 하여 장안의 화제가 되었다. 그 분이 했다는 풍수적 방법이 기감론과 조금은 비슷한 것으로 보이는데, 당대의 고관대작들이 그의 고객이었고 고인이 된 전직 대통령의 부모 묘소를 이장해 준 후 그 분이 대통령이 되었다는 일화도 전한다.

그 분도 어느 순간엔가는 그런 기운을 읽는 능력이 사라지지 않았는가 하는 의문이 드는 것은 사실이다. 그렇기에 그의 활동기에서 후기로 갈수록 좋은 자리를 점하지 못한 것으로 보인다.

풍수를 공부한다는 것은 너무 어렵다

지금 시대야 마음만 먹으면 몇 백리를 하루에 돌아다니며 산도 보고 묘소도 답사하고 사찰도 둘러 볼 수 있으며, 서점에는 풍수에 관한 책이 널려 있다. 그런데 그렇게 답사하고 책도 읽고 지사를 만나서 공부도 하고 자문을 구해도 답을 쉽게 구할 수가 없는 것이 풍수공부다.

필자가 걸어온 길이 딱 그런 길이었을 것이다. 그렇지만 들인 노력에 비해 얻은 것은 없었다. 한마디로 궁금증을 풀어주는 책이나 스승이 없었다. 카페를 운영하고 수많은 학인들을 데리고 답사를 다니는 지사들에게서도 답을 구할 수가 없었고 궁금증을 물어봐도 시원하게 해결해 주는 이는 없었다. 오히려 얼버무려 넘어가는 이들만 여럿 보고는 그들을 따라 다니는 것을 멈췄을 뿐이다.

지금도 인터넷 상에 찾아보면 많은 회원들이 가입해 공부하는 카페가 여럿 있는 게 현실이다. 그런데 그런 카페에서 아무리 공부한들 한 고비를 넘겨 진정한 풍수인이 되는 길은 요원하다. 한마디로 참된 스승이 없기에 풍수의 요체를 전해 받을 수가 없는 것이다.

그렇게 형기론에 매달려 땅을 보려는 노력은 실패로 돌아갔고 시간은 점점 흘러갔는데, 땅을 보는 눈이 확연히 다른 분을 만나게 되었다. 내가 그동안 땅의 겉을 보고 자리를 찾아 다닌데 비해 그 분은 기의 흐름을 정확히 알고 계시는 것에 놀랐다. 그 이후로 풍수공부를 위해 사표로 삼고 열심히 배우게 되었다.

그 때부터 기의 흐름에 대해 눈을 뜨게 되었고 10여년의 시간이 지난 후에는 그나마 초보의 티를 벗어나게 되었다고 본다. 그래도 스승님의 능력에는 크게 미치지 못하는 지경이니 아직도 공부할 길이 멀었음은 물론이다. 그런데 스승님의 능력은 본인이 초기에 뵜을 때와 비교해 너무 높은 경지까지 이루셨다는 것을 곁에서 보게 되었는데 그것이 모두가 수행과 정진의 결과라는 것을 알게 되었다. 그런 경지는 우선 본인이 가진 그릇의 크기가 중요함을 알았고 또한 꾸준한 수행과 정진이 있어야만 기감을 유지하고 발전시킬 수 있다는 것을 알게 되었다.

그런데 직업을 가진 일반인들은 그걸 할 수가 없기에 한계가 있는 것이다. 타고난 그릇이 중요하고 그 후로는 노력이 필요한 일인데 모두가 같을 수가 없는 것이 기감의 세계인 것이다.

필자 또한 생업에 몰두하다 보니 스승님을 따라 공부를 더 하는 것은 언감생심이고 그저 피상적으로 스승님의 경험을 들으며 답사나 따라 다니는 정도이니 공부의 진척이 느림을 자인하게 되었다.

세상에는 풍수인이라고 자처하고 땅을 보는 특별한 방법을 가졌다고 하는 이들도 많다. 자기 자신의 학문이 완성되었다고 자부하며 최고의 경지에 오른 것처럼 행동하며 당당하게 거액의 자문료를 걸어 놓은 이들도 보았다. 그런 분들에게서 과연 높은 경지에 오른 풍수적 안목을 찾을 수 있을까? 필자가 보기엔 그렇지 않은 경우가 대부분이라고 본다.

풍수를 공부하는 이들도 많고 공부 방법도 다양하다. 그러나 한 가지는 명확하게 말할 수 있다. 즉 생기를 찾아 그것을 이용할 수 있다면 그 방법이 옳을 것이다. 그것이 천년도 넘은 이전의 시간에 금낭경의 저자 곽박이 통찰한 풍수의 원리이기 때문이다. 그런데 그 공부를 제대로 가르쳐 줄 자료도 스승도 찾기 어려운 게 현실이다. 모두가 자기만 옳다고 하는데 그 안에 진정한 답은 없으니 답답할 뿐이다. 어느 답사길에서 만난 풍수학인은 말하기를 자신은 기운을 만나면 몸이 제껴진다고 하는 것도 보았다.

기감을 공부한다고 모두들 엘로드나 추 등을 들고 다니기도 하고 관룡자를 사용하기도 한다. 그러면서 기의 흐름에 따라 반응한다고 여러 표현들을 한다. 필자도 물론 기의 흐름을 엘로드로 찾아보고 땅의 기운을 파악하지만 풍수인들 간에 너무도 다른 주장들이 난무하는 걸 보면 풍수계가 앞으로도 제대로 된 길을 가기는 쉽지 않을 걸로 보게 된다.

풍수를 공부하는 방법에 대하여 나름대로 정리를 해 보겠다. 물론 이것이 보편적인 방법은 아닐지 몰라도 올바른 길에서 크게 벗어나지 않을 것이라는 확신은 있다.

제일 중요한 것은 스승을 제대로 만나야 한다

올바른 길로 인도해줄 스승이 공부에 가장 중요한 요소다.

사실 풍수에 대하여 전문가로 칭하고 기운을 제대로 안다고 하는 이들을 만나보아도 그분에게서 배울 만한 요소가 없는 경우도 많이 보았다. 이론적으로나 실전적으로 토대를 갖추지도 못하고 있는 이들이 스승입네 하는 경우도 많다. 거기에 더해 땅에 흐르는 氣의 실체를 정확히 알려줄 수 있는 그런 스승이면 될 것이다. 우리가 풍수를 공부한다고 교육비를 내고 배워도 제대로 땅을 이해하기 힘든 경우가 대부분인 것이 교육하는 선생이 땅의 기운에 대해 말해줄 능력이 없는 경우가 대부분이기 때문이다.

1980년 대에는 풍수를 가르치는 학원이 있었고 그런 교육으로 많은 풍수인을 배출했다고 들었다. 그런 교육을 받은 이들이 지금도 풍수계를 대표해 활동하는 이들이 다수인 것도 현실이다. 그분들이 지금도 교육현장이나 풍수수요를 채워주는 곳에서 일을 하고 있으며, 후학들을 가르치며 교단에 서 있는 이들도 많은 게 현실이다. 그분들은 지금도 예전에 사숙했던 스승의 학파로 자처하고 활동하는 경우도 있다. 그런데 풍수라는 것이 그런 학원식 강의로 배울 수 있다고 보여지는가 하는 의문이 든다.

과연 땅의 기운을 가르치는데 그런 방법이 통할까? 도제식 교육이나 구전심수의 방법으로도 쉽게 얻을 수 없는 풍수의 요체를 학원식 교육으로는 해결이 어렵다고 본다. 또 다른 경우로 자기 스스로 풍수의 원리를 깨우쳤다고 하는 이들도 보게 되는데 그런 경우 또한 옳은 길로 보이지는 않는다. 오히려 독선에 빠져 실체를 보지 못하고 미망에 빠져 헤매는 것으로 보일 뿐이다. 어쨌든 좋은 스승을 만나야만 진정한 공부의 길로 가는 것이라고 본다.

거기에 더해 지금까지 나온 풍수서적에도 관심을 두고 읽어 보는 것도 필요할 것이다. 조선조에서는 잡과로 풍수인을 선발했는데 그 때에 동원된 서적들이 금낭경이나 지리신법 또는 명산론 등이 있었다고 한다. 그런 면에서 최소한 모든 책을 섭렵할 필요는 없을지라도 어느 정도의 지식은 갖출 필요가 있다고 본다.

[답사를 많이 다니며 안목을 넓힐 것을 권한다.]

좋은 스승을 만나서 현장을 경험하고 땅을 보게 된다면 실력을 키울 수 있는 좋은 방법이 될 것이다. 과거에 용사된 선현들의 음택이나 오래된 명찰들을 돌아보며 풍수적 안목을 키우는 것도 중요하다. 교통이 발달한 현대에는 많은 시간을 들이지 않고서도 현장을 폭넓게 볼 수 있는 장점이 있다. 예전에 많은 지역을 돌며 음택들을 답사한 적이 있었고 현재도 답사에 참여하며 공부하고 있는데, 이미 사용된 음택이나 양택은 물론 생지까지도 폭넓게 공부하면 한마디로 문리가 트이게 되지 않겠는가 한다.

무엇보다도 중요한 덕목은 겸허해야 한다고 본다.

그것이 땅에 대한 것이든 사람에 대한 것이든 겸허하게 대하는 자세야말로 풍수에서 가장 필요한 것일지도 모른다. 그렇기 위해서 항상 몸을 경건히 하고 수행하는 자세가 필요할 것이다. 잡된 상념과 삿된 기운이 들지 않도록 수행해야만 땅을 제대로 볼 수 있다고 배웠다. 물론 자신의 생활에 매달려 살다 보니 모두가 그렇게 할 수는 없지만 할 수 있는 만큼 최선을 다해야 하지 않을까?

온고이지신이란 말이 풍수에도 통한다고 본다

음택 위주의 풍수시대는 지났다.

예전에도 도읍을 정하고 집을 짓고 수행처를 만드는 등 모든 일상생활에서 풍수가 적용되었다. 시대가 변하면서 오히려 음택 위주의 풍수수요는 줄고 양택의 풍수가 넓어지는 경향도 있다. 시대가 변하니 그 수요가 변하는 것에 따라 공부의 방향도 변해가야 할 것이다. 다만, 온고지신의 정신에 따라 풍수의 요체는 장경의 범주에서 벗어날 필요는 없고 현대에 맞는 이론을 정립해 가야 할 것이다. 풍수론이 원래부터 패철을 들고 시작한 것이 아니고 천문학 상수학 방위학 등이 합쳐진 결과로 이법이 풍수의 한 분야로 자리잡은 과거도 있지 않은가.

풍수공부는 어렵다.

하나의 고개를 넘었다고 생각하는 순간이 또다시 공부를 위해 길을 나서야 하는 때인지도 모른다. 어느 한 분야를 알게 되면 또 다른 배울거리가 기다리고 있다. 기운을 공부하기 위해서는 끊임없는 수행도 필요하다고 한다. 그러니 쉬운 길이 아니다. 참된 스승을 만나 옳은 길로 가고 있다는 것만으로도 행복할 수 있다. 스스로의 독자적인 공부는 그만큼 길을 잃고 헤매게 될 뿐이라고 확신한다. 모든 길에 끝이 없듯이 풍수공부에도 끝이 없다. 그저 최선을 다해 정진하는 길 뿐이다.

풍수의 실체를 찾아서

CHAPTER 02 혈이란 무엇인가

풍수를 공부하면서 과연 혈(穴)이 무엇인가 하는 고민을 항상 가지고 있었다. 경험적 실증적 학문을 공부하고 그런 쪽으로 직업을 가지고 지금까지 실체가 있어야 진실로 아는 학문을 접하고 살았기에 풍수를 접하고 공부하면서 혈의 실체가 과연 존재하고 내 눈으로 확인하고 또는 과학적인 증명이 가능한가 하는 의문을 가질 수밖에 없었다.

우리가 몸담고 살아온 동양적인 학문의 체계에는 경험적 요소보다는 관념적이고 철학적인 면이 강하기에 서양에서 발전해 온 방향과는 확연히 다르다. 현대에 이르러 우리는 과거에 알았던 동양적인 학문의 체계에서 벗어나 경험적이고 통계적인 학문을 체계적으로 배우게 되었다.

그러나 수 천년의 세월동안 우리의 정신세계에 흐르는 사물을 대하고 사고하고 그것을 실생활에서 표현하는 관념적인 면을 바꿀 수는 없기에 현대를 사는 우리는 근본적인 정신과 학문적인 이론이 어느 지점에서 충돌하고 있기에 혼란스러움을 겪는 경우가 허다하다.

지금 이 글을 쓰고 있는 필자의 경우는 혼란이 가중될 수밖에 없었다. 지금이야 어느 정도는 극복을 한 셈이지만 어느 순간에는 오른손잡이가 왼손으로 칼질을 하고 있는 느낌을 지울 수가 없었던 경우도 많았다.

풍수는 동양학의 한 산물이다.

역사를 고증하기에는 필자도 한계를 느끼지만 우리나라에도 청동기 이전부터 집단생활을 시작하면서 이미 풍수적인 사고가 생활에 적용되었다고 보는 견해가 옳을 것이다. 거주지를 정하고 신을 모시는 장소를 만들고 죽은 이들을 묻는 의식에 이미 자생적 풍수론이 정립되었을 것이며 그것이 주술적 종교적 행위와 섞여서 전승이 되었을 것으로 본다. 또한 이웃 중국의 영향을 받으며 지금까지 풍수론이 변해가면서 현재에 이르렀을 것이다.

서양에서도 이런 풍수적 행위가 없었던 것은 아니라고 본다. 중세부터 내려온

다우징이라는 것을 보면 그건 일종의 풍수행위로 수맥을 찾거나 광물을 찾은 것으로 보인다. 중세 수도사들에게 독립수행이나 기도를 금한 이유가 그런 행위로 좋은 기운처를 찾아가 이른바 영통하는 것을 금지하기 위해서였다 하는데 그런 기운처를 찾는 것도 일종의 풍수행위로 보는 것이 타당할 것이다. 최근에 중국의 풍수이론이 건너가 구미와 유럽의 서점가를 점령하기 이전에 이미 그들도 지구에 좋은 기운이 흐르고, 그것이 인간생활에 이로운 점이 있다는 것을 간파했다고 보아야 하겠다.

이 글을 쓰는 목적이 혈(穴)이란 무언인가 하는 것이고 그에 더해 그것이 어떻게 만들어지는지 그리고 그것을 찾아내는 풍수인들의 여러 양태를 거론해 보고 올바른 자세가 어떠한지 고민해 보고자 하는 것이다.

그렇다면 혈은 무엇인가?

백과사전을 찾아보니 '음택의 경우 시신을 안장하는 장소' 정도로 규정을 해 놓았다. 풍수학인들은 더 구체적으로 얘기를 할 수 있을까? 마치 물이나 공기나 하늘이 무엇인가 하고 물었을 때 대답을 못하는 정도가 아닐까 생각이 된다. 그래서 청오경이나 금낭경을 다시 들춰보아도 확실하게 혈이 무엇인지 언급해 놓은 게 없다.

금낭경의 귀혈론에 "穴有三吉이요 葬有三凶한데 天光下臨이요 地德上載라" 라는 글귀로 귀혈에 대한 기술이 있는 정도다. '혈에는 세가지의 길한 것이 있고 장사를 지내는 데는 세가지의 흉함이 있는데 천광은 아래로 내려와 비치는 것이고 땅의 덕은 위로 올라가 실리는 것이다' 라는 내용으로 보인다. (최창조 역 금낭경 인용)

그 다음 글귀가 세 가지의 길함인데 크게 주목할 내용은 아니다. 물론 기감편 첫머리에 말하는 '장사를 지냄은 생기를 타야 한다' 라는 글귀에 나오는 생기가 오히려 혈의 정의에 가까울 것이다.

다른 고전적인 서적들도 비슷하다고 보면 될 것이다. 혈의 정의를 정확하게 '이것이다' 라고 말한 서적은 필자가 고전에 약한 탓인지 찾지를 못했다.

그래서 현대에 발행된 풍수책들을 뒤져보기로 했다. 우선 최창조 교수의 1984년 작인 '한국의 풍수사상' 이란 책을 보니 '혈이란 용맥 중 음양이 합국되고 산수의 정기가 응결된 곳을 말한다' 라고 정의했다.

이 말로 혈이 무엇인지 알 수 있을까? 필자는 이해가 잘 되지 않는다. 그 다음에 기술한 정혈법에서 '혈이란 음택의 경우 시신이 직접 땅에 접하여 그 생기를 얻을 수 있는 곳이며, 양기의 경우 거주자가 실제 삶의 대부분을 얹혀 살게 되는 곳이다' 라고 기술했다. 이 글은 조금 더 이해가 가시는지!

이세복 감수의 '정통풍수의 이론과 방법' 이란 책에는 혈의 생성원리라고 하여 장경이나 청오경의 글귀만 가져다 놓았으니 참고가 되질 않고, 유종근 최영주 공저의 '한국풍수의 원리' 라는 책에는 혈상을 표현하기를 사람의 얼굴로 표현해 혈이 코에 해당한다고 기술하고 이마를 승금으로 그리고 인목 상수 등을 기술해 놓았는데 그 또한 이해가 쉽지 않은 게 사실이다.

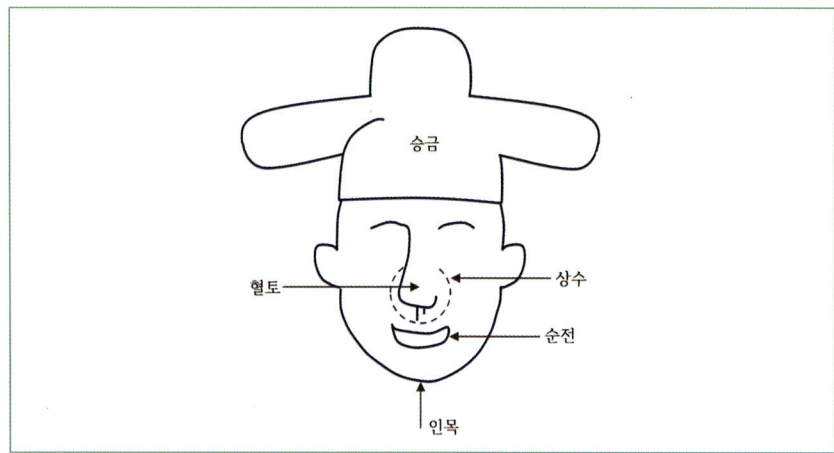

▲ **혈상** 한국풍수의 원리에서 퍼옴

지금까지 여러 서적들을 뒤져봐도 확실한 애기가 없는 것으로 보이는데 여러분들은 혈을 어떻게 정의하고 어떻게 만들어 지는지 알고 계신다고 생각하시는지 궁금하다. 본인도 그런 고민을 하면서 지금도 공부를 하고 있는 셈이다.

내 나름대로의 생각을 정리해 보겠다. 그것이 옳고 그른지는 아직도 확실하게 말할 수 없다고 본다. 그게 내 자신의 편협된 가정이나 결론일 수 있으며 그런 것들이 언젠가는 다시 정립될 수도 있을지 모르기 때문이다. 다만 스승을 모시고 배우면서 듣고 보고 느낀 것이기에 나름대로 정립이 되었고 그것이 답이 길 바랄 뿐이다.

우선 혈은 땅에서 기운이 응집된 곳이다.

그 기운이 우리가 아는 地氣 또는 生氣라고 보면 맞을 것이다. 그것이 보편적으로 말하는 혈의 정의가 될 것이다. 땅의 기운이 계수즉지(界水則止) 즉 물을 만나 기운이 멈춰 응결되는 곳이 혈이라고 말하는 것이다. 그런데 우리가 흔히 말하는 水는 눈에 보이는 물도 있고 지하수도 있다. 기운이 물을 만난다는 것은 눈에 보이는 큰 물도 있고 작은 웅덩이도 있고 지하를 옅게 흐르는 물도 있고 깊은 지하수맥도 있는 것이다. 그것을 만나 기운이 멈추는 곳을 일단 혈이라고 정의하고 싶다.

그런데 그 기운은 어디서 오는가? 즉 地氣로 표현되는 생기맥은 어디서 오는 것인가?

전통적인 풍수이론에서는 그것이 조종산-조산-주산을 거치며 기운이 흐른다고 본다. 본인 또한 그 이론에 전적으로 동감한다. 기맥이 살아서 인체의 혈관처럼 또는 한의학에서 말하는 경맥처럼 땅속을 흐르는데 그 흐르는 방향이 위에서 아래로, 큰 곳에서 작은 곳으로, 높은 곳에서 낮은 곳으로 흐르는 양상을 가지며, 그 기운의 설기를 막아주기 위해 생기맥의 양쪽에 수맥이 동행하는 것이다.

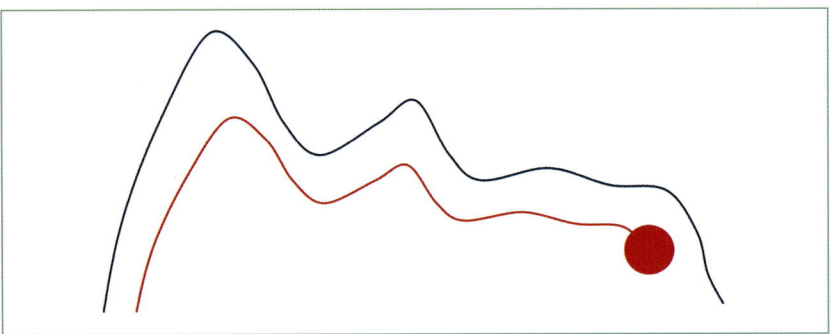

▲ **기맥의 흐름에 대한 개념도 1** – 혈의 생성 원리

즉 주산에서 용맥으로 흘러 들어오는 생기맥은 좌우에 수맥으로 동반하고 흐르게 되고 산의 위이굴곡이나 박환을 거치면서 기운 또한 거칠고 센 것에서 순정한 기운으로 바뀌게 되는 것이다. 기맥이 흐르는 깊이는 좌우상하가 힘있게 진행하게 되고 혈처에 이르러 생기를 모으기 위해서는 결인속기라는 과정을 거친다. 즉 기운이 빠져 나가지 않도록 하고 순정한 기운을 증폭시키기 위해 결인을 하고 속기를 하게 되는 것이다.

이 기운이 입수처에 이르러 혈에 이르게 되는데 그 기운이 멈추기 위해 또 다시 좌우로 갈지자 행보를 하면서 멈추게 되는 것이다. 이 때에 반드시 혈이 만들어지는 전면에 물이 있어야 하는 것이고 그것이 눈에 보이든 아니든 기운을 멈추게 하는 것이다.

주산에서 용맥을 따라 기맥이 흐르고 그 기운을 보호하기 위해 기운의 양 옆에 수맥이 동반한다. 기맥의 기운을 순화시키고 멈추게 하기 위해 용맥은 박환을 거듭하고 위이굴곡하며 내려오다가 결인(結咽)처를 지나면서 속기(續氣)의 과정을 거친 후 입수처를 지나 기운이 멈추게 된다. 이때 기운이 지나는 앞쪽에서 물이 작용하여 기운을 멈추게 만드는데 그 물이 수맥이거나 아니면 눈에 보이는 물인 것이다. 즉 계수즉지의 원리가 작용한다. 이때 지하수맥이 기운을 막아주는 경우에는 수맥이 흐르는 방향에 따라 기운이 회전하면서 혈처에서 돌게 된다.

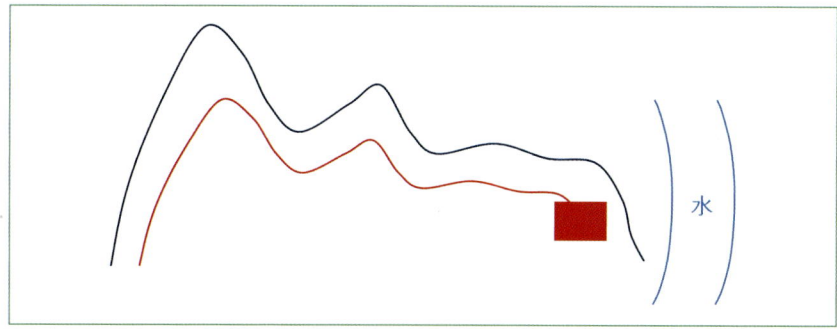

▲ 기맥의 흐름에 대한 개념도 2 – 혈처의 생성원리

앞에서와 같은 이치로 기운이 멈추는데 기운의 진행방향에서 물을 만나는 경우에 기맥은 진행하다가 물의 방향을 따라 돌지 않고 혈처에 쌓이는 현상으로도 기운이 멈추게 된다.

그러면 기운은 왜 멈추는가?

정확하게 말하면 솟아올라 혈자리에서 빙글빙글 돈다고 본다. 입수처에서 속도를 줄인 생기는 수맥을 만나 멈추며 솟아오르게 되는데 이때 혈전의 횡수맥대가 진행하는 방향으로 회전하면서 생기가 솟아 오른 것으로 보는 것이 본인의 견해다. 그럼으로써 혈처는 생기맥이 일정한 높이로 솟으면서 그 기운을 골기로 전달해 준다고 보는 것이다.

그것을 앞의 그림에서 도식화 해본 것이다. 즉 혈은 생기가 솟아 멈춘 자리이며 장경에 말하는 땅위의 오행의 기운과 땅 아래의 오기의 기운에 더하여 골기가 만나 기운이 멈춰 있는 곳 이라고 본다. 즉 혈이란 생기가 멈추며 솟은 자리라고 말할 수 있다.

두 번째로 생기맥이 용맥을 타고 흐르다가 큰물을 만나면 기 기운이 멈추면서 혈을 만드는 원리가 있다는 것이다. 이 때에는 혈의 기운이 돌지를 않고 멈추어서 기 기운이 쌓이는 것이다. 그 또한 물을 만나 기운이 멈춘 경우이다.

금낭경의 인세편(因勢篇)에 세(勢)와 형(形)이란 것이 나온다.

인세편 전체가 그것을 해설해 놓은 것인데, 세는 결국 산이 진행하면서 기운을 실어 나르는 것이라고 보고 형이라는 것은 일정한 지형[사격]을 갖출 때 생기가 멈추게 되고 그 멈춘 기운을 전기(全氣)라고 정리해 놓았다. 즉 전기가 만들어 지기 위해서는 세가 필요하고 형을 갖추어야 한다고 말하는 것인데. 그것이 음양의 법칙이나 체(體)와 용(用)의 관계처럼 떨어질 수 없는 관계이고 세와 형이 갖추어질 때 전기 즉 생기가 머물며 혈을 만든다고 한다.

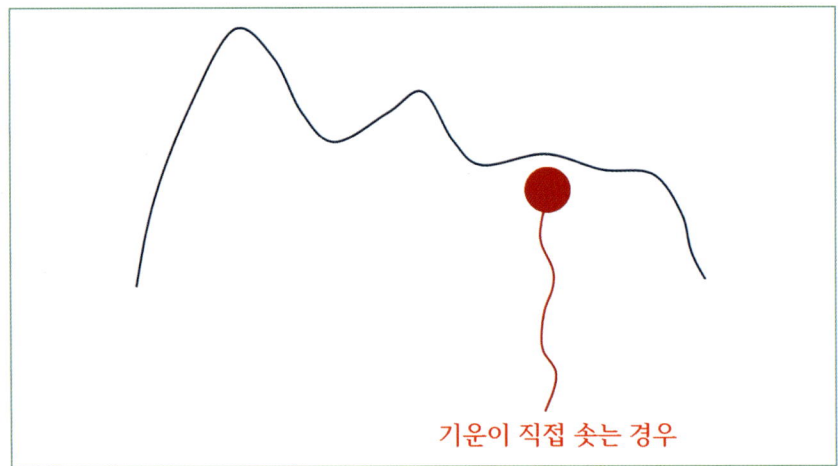

▲ 기맥의 흐름에 대한 개념도 3 – 혈이 생성되는 원리

다른 한가지는 기운이라는 것이 지구의 안에서 생성되어 지각으로 전해지는 것으로 맥을 타고 흐르는 것이 아니라 직접 솟구치는 경우도 드물게 있으며,

여러 맥이 한군데로 모이며 혈을 만드는 경우도 있다고 한다. 또 다른 경우도 있는데 수맥이 둘러싸면서 기운이 머무는 경우도 혈을 만드는 것으로 본다.

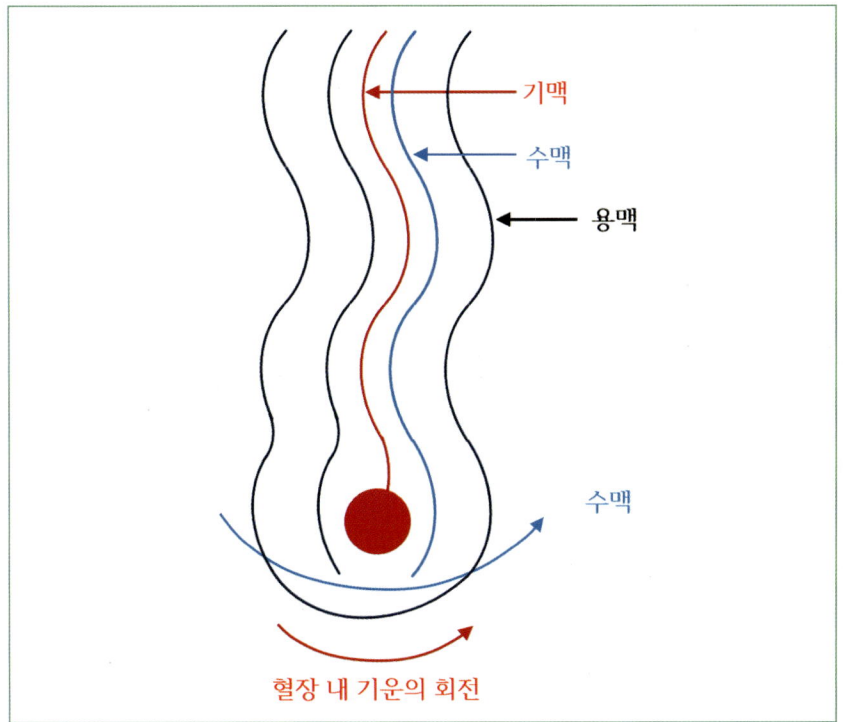

▲ 혈의 형성

횡수맥이 기운이 설기하는 것을 막아주면서 내려오다가 수맥을 만나게 되면 기운이 멈추고 수맥의 진행방향에 따라 솟아 오르며 기운이 뭉치는 현상이 일어난다. 즉 기맥의 양쪽에도 수맥이 따라 진행하며 기맥이 멈출 때에도 물이 작용하여 혈을 만든다. 혈을 생성하고 남은 기운은 앞의 횡수맥을 넘어 다시 진행하면서 다시 물을 만나면 다시 멈추게 되고 혈을 만들게 된다.

혈이란 생성원리가 결국은 계수즉지에 있으며 생기는 항상 일정한 방향으로 흐른다는 것이다. 물론 도수맥(渡水脈)이 없는 것은 아니다. 섬으로 연결된 맥들이 큰 도수맥임은 물론이다. 그것은 위에서 아래로 흐르던 맥이 물을 지나가며 만든 맥인데 그 때는 생기맥이 바다속에서 진행하는 용맥 내에 흐르다가 섬에서 다시 진행하는 경우다. 물론 어느 분이 주장하는 것처럼 용맥의 아래서 거꾸로 거침없이 올라오고 용맥을 횡단하고 하늘에서 날아다니고 큰물을 거침없이 건너 역룡하는 생기맥은 본 적도 없고 존재하지도 않는다고 본다. 그건 전통적인 풍수이론도 아니고 풍수의 바이블 격인 금낭경 등 고전에서도 본적이 없다.

기운의 종류- 지기만 있는 것이 아니다

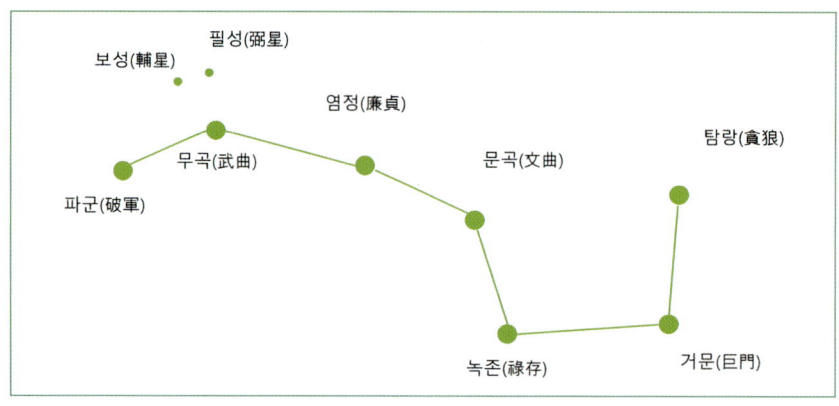

▲ 九星 구궁이니 구성이니 하는 말들은 복희씨 팔괘에서 유래된 개념으로 풍수학에서도 구성으로 그 개념이 들어 있다. 우주의 기운이 북반구에서는 북극성을 통해 들어오고 그 기운이 북두칠성을 통해 전달된다고 보는데 그것이 천기로 표현이 된다. 물론 이런 기운의 전달 이외에도 천기는 하림하는 것으로 본다.

그런데 문제는 여기서 끝나지 않는다. 청오경이나 금낭경에 나오는 天光下臨 이란 구절의 내용이 무엇일까? 우리가 산이나 혈의 九星을 한 번씩은 보고 들었을 것이다. 그 구성점이 북두칠성의 별의 구성과 이름이 같다는 것을 아시는지?

국자를 엎어 놓은 모양의 북두칠성에 각 별의 이름이 있는데 탐랑-거문-녹존-문곡-염정-무곡-파군 순으로 자리를 잡았고, 무곡 근처에 두 개의 별 이름이 좌보 우필 까지 합쳐 구성을 이룬다. 칠성신앙에서 보면 북두칠성의 각 별마다 인간의 건강과 수명 등을 관장하는 바가 다르다고 하며 지금도 민간신앙이나 증산도 계통에서는 이런 내용들이 남아 있다.

신라 때 자장율사가 부처님의 진신사리를 들여와 봉안한 곳을 적멸보궁이라 하는데 그 자리들이 구성점에 해당하는 것으로 보이며 이런 자리들 중 하늘의 기운이 하림하는 것으로 보인다. 즉 북두칠성의 별이 땅으로 기운을 내려 주는 자리라고 보는 것이다. 구체적인 기술을 피하겠지만 그러한 천기하림의 자리가 이 땅의 수많은 곳에 존재한다. 그 자리들이 수행터로 사용되는 곳도 많고 음택으로 용사된 자리도 여럿 보았다.

김해의 수로왕릉이 우리나라에서 가장 큰 천기점일 것이다. 영천의 이당묘 순창의 김극뉴묘 등등 수많은 자리들이 천기점이다. 북두칠성의 기운만 지상에 내려오는 것은 아니기에 다른 별들의 기운에 의한 천기점도 무수히 많다고 볼 수가 있다. 즉 천기점이 이 땅에 매우 많다는 것으로 추정이 되며 그것을 우리가 다 알아내지 못할 뿐이라는 것이다.

그러니까 이 땅엔 땅으로 흐르는 지기에 의해 만들어지는 지기점(즉 지기로 만들어진 혈자리)이 있고 하늘에서 천기하림하는 천기점도 있다. 천기와 지기가 합일하는 자리도 있고 천기만 있는 자리, 그리고 지기만 있는 자리 등 다양하다. 또한 천지기 합일점에서 두 기운의 크기가 다른 곳도 존재한다. 같은 지역 내에서 천기와 지기가 가까이 붙어 있는 경우도 있고 또는 둘의 간격이 벌어져 있는 경우도 있다. 덕소의 김번묘소가 대표적인 천지기 합일점이다.

▲ **설악산 봉정암 사리탑** 구성의 요소 중 염정화성에 속한다.

그런데 천기를 읽지 못하는 분들은 천기점의 자리에 서서도 그 자리가 무맥지라고 볼 수 있을 것이다. 어느 지사가 영천의 이당묘를 무맥지라고 자기 사이트에 대서특필 한 것을 본 적이 있다. 그 자리가 천기점임을 모르는 소치일 뿐이다. 우주의 기운을 다섯 가지로 분류하는데 그것이 오행이고 천기점은 대부분 화기에 해당하는 것으로 보이며 오행분류상 다른 기운도 존재하지만 우리가 확실하게 느끼지 못하는 부분도 있다고 본다.

금낭경에 땅의 기운은 다섯가지가 흐른다는 구절이 나오는데 그 기운 또한 오행의 기운이다. 그러므로 정확히 말하면 혈자리의 성격이 다섯가지로 분류될 수 있는 것이다.

한 가지가 더 있다. 그것은 생기점으로 표현하게 되는데 이는 일종의 지기가 솟아오르는 현상을 말한다. 생기는 바람을 만나면 흩어진다고 한다. 맞는 말이다. 그런데 생기가 혈처에서 땅 위로 솟아올라 장풍이 잘 된 보국에서 머물게 되는 자리를 생기점으로 본다. 땅의 기운은 계속하여 올라오며 그에 따라 흩어진 생기는 계속 보충이 되는 현상이 나타난다. 그렇지만 그 기운은 한군데 모이지 못하고 바람을 만나 흩어지기에 감지하기가 쉽지 않고 수행처로 사용되기에 적합할 것이다.

이런 기운을 필자는 월정사에서 처음 느꼈다. 그 후 국내 여러 사찰에서 생기점을 그 후에 보게 되었다. 이런 생기점 자리는 사람들이 많이 모이는 현상으로 나타나는 것으로 추정이 되는데, 아무리 산 속 깊은 곳의 사찰이라도 생기점에 있으면 내방객이 많은 현상이 일어난다.

그러므로 생기점 또한 기운의 자리 즉 혈처라고 봐도 무방할 것이다.

혈처를 어찌 찾을까?

풍수학이란 결국은 땅의 좋은 기운 즉 혈처를 찾아 그 용도에 맞게 사용하는 일이다. 우리가 주로 음택에 관심을 가지고 풍수적 수요를 해결해온 것으로 보이지만 그것은 조선조로 들면서 유교적 효의 개념이 중시되면서 한쪽으로 치우쳐 풍수학이 적용된 예일 뿐이다.

오래 전부터 땅의 기운을 찾아 그 용도에 맞게 사용했으니 도읍을 정하고 왕궁을 짓는 일에서부터 수행지를 만들어 사찰을 세우거나 일반 양택지를 정할 때도 좋은 기운을 찾는 것이다. 거기에 더해 죽은 이들의 집인 음택에 대하여도 풍수론이 크게 적용이 되었던 것인데 그 수요가 후기로 갈수록 강해졌다고 본다.

오래 유지되고 지금도 사세가 확장되는 사찰들을 방문해 보면 그 곳에 좋은 기운을 점한 대웅전이나 부속건물이 있음을 알 수 있다. 또한 김수로왕릉처럼 매우 오래된 음택들에서도 똑같은 현상을 찾아볼 수 있다. 수로왕릉 이야말로 한반도에 남아 있는 주인이 밝혀진 가장 오래된 음택으로 이른바 만대향화지지(萬代香花之地)에 해당될 정도로 좋은 자리인데, 그 외에도 신라왕릉이나 고려조에 조성된 분묘들이 지금까지 수호되는 자리들을 보면 좋은 자리를 점한 경우가 많다. 이런 자리들은 아마도 당대의 지사들이 자리를 잡았을 것이며 땅의 기운을 제대로 찾은 경우라고 할 것이다.

그렇다면 혈을 찾는 방법(審穴)은 무엇인가.

다들 '용 공부 3년이요, 혈공부 10년이라' 라는 얘기들을 한다.(한국 풍수의 원리에서 인용)

또한 거기에 더해 용은 경락과 비슷하고 혈은 경혈점 즉, 침 놓는 자리와 같다고 말한다. 그러면서 장경의 이른바 '호리지차 화복천리(毫釐之差 禍福千里)'를 인용한다. 물론 그 외에도 장황한 산의 그림과 함께 설명이 이어지지만 아무리 보아도 이해가 되지 않는 내용을 말한다. 거기에 더해 정혈법으로 여러 방법을 들지만 실제로 혈을 찾는데는 한계가 있어 보인다.

풍수를 연구하는 각 학파들 마다 정혈법에 대하여 논의도 많고 실전으로도 가르치는 것으로 보인다. 예전에도 스승을 따라 답사를 다니며 정혈법을 가르치는 경우가 많았다고 들었다.

대부분의 풍수 번역서에 다음과 같은 그림이 있다. 혈의 사상이라 해서 모든 혈이 이런 형태를 대부분 갖기에 이런 개략적인 그림을 올려 놓는 것으로 보인다. 그러나 위의 그림으로 혈을 찾기란 불가능하다는 것을 다들 안다. 현장에 서서 땅을 보고서야 혈상을 파악하게 되니 말이다.

와겸유돌의 혈상을 찾았다고 해서 그것이 진짜인지 가짜인지를 또 어찌 판단할 것인가? 어떤 이들은 산 정상에서부터 맥을 따라 내려오며 마지막에서 혈을 찾는 이들도 있다고 하며, 패철을 놓고 사격의 좌향을 논하며 혈증을 찾는 이들도 있다. 추나 엘로드 등 기구를 들고 기운을 찾는 이들도 있고, 그 외 다른 방법들도 많이 행하는 것으로 알고 있다. 그런 행위들의 옳고 그름이야 다 말할 수는 없지만 단 한가지 땅의 기운을 정확하게 안다면 그것 이상으로 좋은 방법은 없을 것이다.

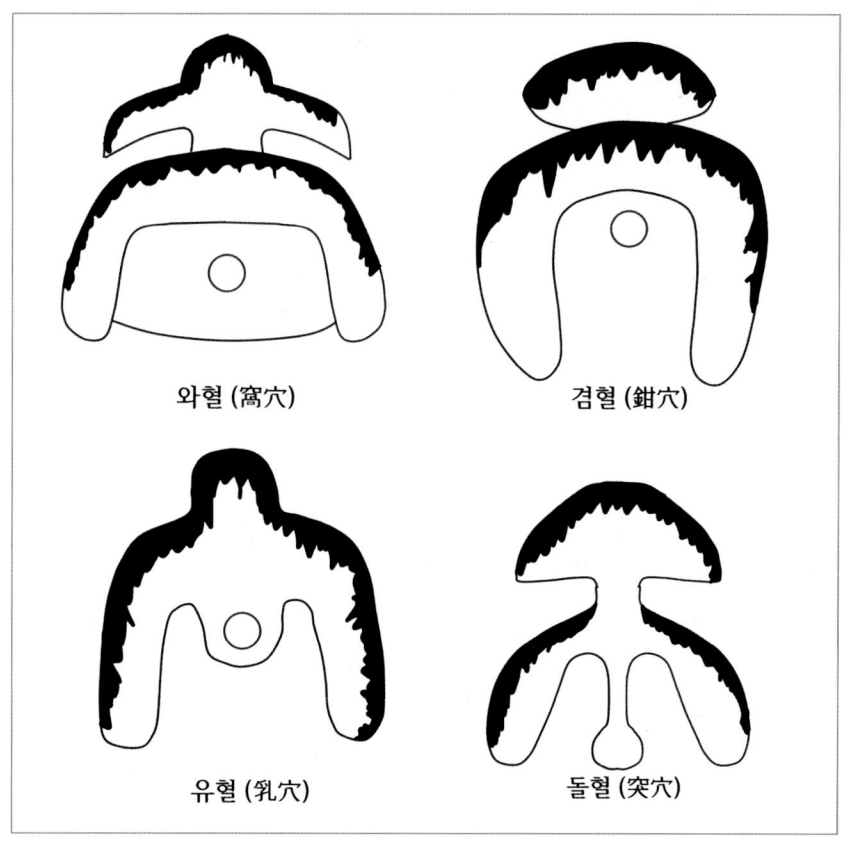

와혈 (窩穴)   겸혈 (鉗穴)
유혈 (乳穴)   돌혈 (突穴)

그것이 용을 밟아 보는 것이든 만두형세를 찾는 것이든 기구를 들고 행하는 것이든 아니면 패철을 이용하는 것이든 간에 상관이 없다. 오로지 땅의 기운을 알 수 있는 방법이면 그것이 풍수의 중요한 요체일 뿐이다. 풍수공부의 초기에 답사를 따라 다녀 보면 혈처를 제대로 가르쳐 주는 인도자가 없었다. 다들 자기주장만 하는데 인솔자에게 궁금한 점을 물어봐도 제대로 된 답을 알려주질 않고 오히려 답을 피하는 경우가 많았다.

▲ 〈오빈 묘소〉 안성시 양성면 덕봉리   안성 덕봉리에는 혈의 사상에 해당되는 와겸유돌의 혈상을 모두 볼 수 있다 하여 풍수 답사들을 많이 한다. 그 중 와혈의 교과서로 불리는 오빈의 묘소다. 이 자리는 전형적인 와혈의 혈상을 가졌지만 기운이 없기에 허화로 본다.

후일 공부를 더해 보니 답은 한가지였다. 땅의 기운을 제대로 보는 공부를 해야 하는 것이었다. 즉 곽박이 설파한 생기(生氣)를 찾아야 하는 것인데 그 방법을 알려줄 스승이 없었던 것이 문제였는지도 모른다. 곽박 이래로 생기를 찾는 방법에 대하여 일목요연하게 이거다 라고 가르쳐 준 스승이 없다 보니 그 생기를 찾는 방법이 제대로 전수되지 못한 것으로 보인다. 그저 소수에게 구전심수로 그 방법이 전수되다가 맥이 끊긴 것이다.

답사를 다니다 보면 고려 말까지 조성된 사찰이나 음택들의 경우 땅의 기운을 제대로 이용한 경우가 많은 것을 보면 그때까지는 아마도 그런 기운을 감지할 수 있는 분들이 꾸준히 이어져 왔던 것으로 보인다. 조선조에서 성리학이 고착되고 불교가 억압받으면서 그 맥이 끊겨 땅의 기운을 찾는 전수자의 명맥이 끊긴 것이 아닌가 한다. 예전에 육관 손석우 라는 지가가 땅속을 유리알처럼 볼 수 있다는 말을 했지만 과연 일반인으로써 쉽게 믿어지지 않을 것이다.

그래도 기감 이외에는 답이 없다고 본다. 땅의 기운을 제대로 읽을 수 있는 기감을 가진다면 충분한 것이다. 그것으로 정확한 혈처를 찾을 수가 있다고 본다. 즉 기감수련을 통해서만 혈처를 정확히 찾을 수가 있다. 현장에 서서 주변을 둘러보고 용을 밟아 보고는 위 아래로 왔다갔다 한들 땅을 정확히 봤다고 할 수 없다. 그렇게 해서 어찌 땅의 기운을 알 수 있다고 보는가? 서양에서도 다우징이란 방법으로 땅의 기운을 읽었던 것 같다. 그것으로 수맥을 찾고 기맥을 찾아서 물을 찾고 좋은 자리를 찾아 수도원을 짓거나 성당을 지었다고 본다. 현대에도 광물탐사는 물론 석유시추에서도 그 '다우징'을 하는 사람들을 최종적으로 동원한다고 들었다.

우리에게도 전통적으로 기감을 수련하고 전수하는 때가 있었다. 다만 그 맥이 끊겼고 그래서 풍수론들이 서책이나 형기 위주로 고착이 되어서 내려왔다. 그러니 지금이라도 기감수련이 풍수공부의 요체임을 알아야 한다. 단 전제조건으로 기감의 전수자가 자신의 기감에 탁한 기운이 들어가는 것을 막을 정도로 고도의 수련을 거친 분이어야 함이 중요하다.

지금도 기감을 가지고 있고 자신의 그것이 옳다고 믿는 이들이 널려 있다. 그런 분들을 보면 대체로 탁기로 인하여 땅을 제대로 볼 수 없는 경우가 대부분이었다. 한마디로 제대로 된 기감을 가진 지사를 보기가 쉽지 않았다.

이 땅에 존재하는 기운들을 말했지만 그것이 결국 혈처라고 말하면 될 것이다. 그 혈처가 지기가 흐르다 멈춘 생기처일 수도 있고 천기가 하림하여 머무는 천기점일 수도 있으며 생기가 솟아올라 머무는 생기처가 될 수도 있다. 그것을 알아보고 풍수적으로 인간에 이롭게 활용하는 것이 풍수의 목적인 것이다.

지금까지 기술한 내용을 믿지 못하는 분들이 많을 것이다. 실제로 경험해 보고 배우질 못한 부분일 테니 더욱 그러할 것으로 본다. 필자 또한 여러 해 동안 공부를 한다고 허송세월 하다가 스승님의 가르침에 겨우 눈을 떴고 그러면서 공부의 지평이 넓어졌다. 과거에 비하면 공부를 하는데 있어서 방향을 잡은 것이고 크게 한번 대오각성 했다 할 만큼 풍수에 대한 감을 잡는 계기가 되었다.

모로 가도 서울만 가면 된다는 속담이 있다. 이 말이 풍수공부에도 적용이 되는 모양새다. 어쨌든 어떤 식으로 공부하던 땅의 성질을 알고 이용을 하면 되는 것이라고들 말하는 것이다. 그렇기에 자신의 주장을 강하게 내비치는 경우들을 많이 본다. 필자 또한 그런 경우일 것이다. 그런데 공부의 방향이 아무리 달라도 가장 기본적인 사항은 같아야 한다고 본다. 그건 전통적인 풍수론에서 벗어나서는 안된다는 것이다.

금낭경을 자꾸 들춰내고 거론하는 것이 그 책이 일종의 풍수 바이블이기 때문이다. 다만 그 내용을 아직도 전체를 이해하지 못했기에 자세히 들여다보면 그 안에 답이 숨어 있기 때문이다. 어디서 뚝 떨어진 이론은 아마도 없을 것이다. 고전에 답이 있다는 얘기로도 말할 수 있다.

이 글을 공개적으로 내놓으려면 용기가 필요할 것으로 본다. 견해가 다른 분들에게 욕을 먹을지도 모르기 때문이다. 전통적인 풍수공부에 더해 기감론을 주장하고 실천하는 필자로써는 공부의 깊이가 더해지면서 한발이라도 앞으로 나간 후에 보고 배운 것을 공개하는 것이니 글의 내용이 거슬리더라도 크게 책망은 하지 말기를 바랄 뿐이다.

아직도 공부중이기에 내상을 입으면 회복이 더디고 오래간다. 그러니 이 글을 어느 학인의 개인적인 주장이라고 봐줘도 무방하겠다. 논쟁의 대상이 된다면 땅의 기운이나 천기를 보여줄 방법이 사실상 없기 때문에 자기주장만 한다고 나무랄게 분명하다.

최근에는 이른바 엘로드로 땅의 기운을 측정하고 혈을 찾는다는 분들을 많이 만난다. 그분들 나름대로의 방법으로 도구를 들고 혈을 찾는 방법이기에 존중한다. 다만 그것이 자신의 마음에 따라 움직이고 땅의 기운에 따라 움직이지 않는다면 그것이야말로 큰 우를 범하는 일이 된다.

자기수행과 정진으로 얻은 기감에 의해 땅의 기운을 읽어야 하는데 그것이 어렵다 보니 실제로 도구를 든다 해도 심혈이 되지는 않는다고 본다. 우선 자신의 몸을 정히 하고 수행이나 정진으로 얻은 기감이 되어야만 그 가치가 있을 것이다. 그런 도구들 때문에 어느 한 자리를 두고 갑론을박이 이어지며 자신만 옳다고 하다 보니 본질인 풍수는 없어지고 말싸움만 남게 되는 경향이 농후하다.

풍수의 실체를 찾아서

CHAPTER 03 땅의
기운에 대하여

선사시대부터 인간의 삶이 시작되면서 땅을 이롭게 이용하려는 움직임이 있었다. 부족의 장은 자신을 따르는 이들의 안전하고 풍요로운 삶을 만들기 위하여 거주지를 정하고 제사터를 정하거나 죽은 이들을 매장하는 절차 등을 주관하며 땅을 선택하고 이용했다. 이런 것들이 문자로 정리된 학문은 아니지만 일종의 풍수론이었다.

문명이 발달해 문자로 정리하고 이론적으로 논리를 세워서 그것이 풍수지리학이라고 이름을 붙였지만 그 이전에도 풍수적 활동은 존재했던 것이다. 청동기 시대의 유물인 고인돌을 보면 그 자리가 정확하게 기운 자리에 만들어진 경우를 많이 보게 된다. 당시에도 땅을 보는 안목이 있었음을 증명하는 것이다.

▲ 〈고인돌〉 고창

땅의 기운을 파악해 인간의 삶에 이롭게 적용하는 것이 풍수학의 요체일 것이다. 그 기운을 파악하려는 노력이 곧 풍수지리학이며 인간의 삶이 지속되어 갈수록 그 학문이 기록화 하고 축적되어 내려온 것이 현대에도 적용되는 것이다. 땅의 기운을 파악하려는 노력이 다각적으로 행해지게 되었고 그러면서 풍수학의 여러 유파가 생겨나게 된 것이 아닌가 한다.

풍수를 공부한 이들은 모두가 땅에 기운이 흐른다는 것을 인정한다. 즉 땅에는 지기가 흐르는 곳과 흐르지 않는 곳, 그리고 지기가 머물며 응결하는 곳이 있다고 한다. 그 지기는 어디에서 오는가? 그것은 지구 중심에서부터 오는 것으로 본다. 즉 지구의 안쪽에서 발생한 에너지가 지기의 형태로 지표면을 일정하게 흐르는 것으로 보는 것이다.

대부분이 높은 곳에서 낮은 곳으로 흐른다 하며, 때로는 드물게 지구 안쪽에서 직접 솟는 기운도 있다고 보는 것이다. 그래서 풍수를 공부할 때 조종산이니 조산이니 또는 주산을 따라 기운이 온다고 얘기한다. 그 기운이 머문 자리가 혈이라고 표현하는 것도 대부분 공통적인 생각인 것 같다. 그런 자리에 장례를 치르거나 양택지를 조성하거나 수행지를 만들어 사용하면 된다고 보는 것이 풍수인 것이다. 그 지기를 찾기 위해 많은 노력들을 하고 그것이 풍수공부인 것도 맞다.

그런데 그 지기를 제대로 찾기가 쉽지 않다. 그런 방법들이 다양해 그것을 배우려고 노력하며 예로부터 풍수를 口傳心授의 학문이라고 했는지도 모른다. 형국론이나 형기론으로 찾으려 하고, 이기론을 대입하기도 하며 기감을 이용해 땅의 기운을 찾는 등 다양한 방법이 동원되고 심지어 기운을 측정하는 도구까지 등장했다. 어떤 방법이든 땅의 기운을 정확히 알 수 있다면 그것이 정답이다. 더 이상의 좋은 방법은 필요가 없다.

그런데 현실은 어떤가! 다들 자신의 방법이 옳다고 하며 각각의 이론을 내세우기 바쁘다. 자신만의 독창적 이론이라며 들고 나오는 이들도 많다. 강을 건넌 후에는 배를 버려야 하고 고기를 잡은 뒤엔 그물이 필요 없다는 주장을 하면서 고래의 풍수론을 부정하는 이들도 많다. 심지어는 풍수서적을 보지도 않으며 스승을 찾아 수학하지도 않고 자신이 풍수에 정통하다는 이들도 있으며 주술적 행위까지 하는 경우도 보게 되니 참으로 어지러운 풍수계를 목도하게 된다. 그렇게 많은 주장을 하는 가운데 땅의 기운을 정확히 파악하는 이는 많이 보지를 못했다. 자기주장만 난무하지 남의 의견도 듣지를 않는다.

그런데 땅에는 좋은 기운만 흐르는 게 아니다. 흉한 기운도 있으며 水氣도 땅의 속과 겉을 흐른다. 답사를 다니다 보면 어둡고 습하고 흉한 기운을 온몸으로 느끼게 되는 곳이 있고 그곳을 빨리 벗어나고 싶은 곳이 있다. 그런 곳에는 결코 좋은 기운이 있을 수가 없다. 물의 기운은 더욱 어렵다. 눈으로 보이는 대강수나 하천의 기운도 땅에 작용하지만 지하에 흐르는 물도 그 자체로 땅의 기운이다. 그래서 땅의 기맥이 흐르다가 물을 만나면 멈춘다는 界水則止의 풍수 논리가 성립한다. 즉 보이는 물 앞에서도 기운은 더 이상 나아가지 못하는 것이고 그것은 지하에 흐르는 수맥에도 해당이 된다. 그러니 수맥을 모르면 땅의 기운이 진행하는지 멈추는지 알 수가 없는 것이다.

땅의 기운은 높은 곳에서 흐를 때 그 기맥의 양쪽에서 수맥이 흐르며 기운이 흩어지는 것을 막아준다고 본다. 거기에 더해 기운이 물을 만나면 더 이상 나아가지 못하고 응결되는 것으로 보는데 그곳이 곧 혈자리인 것이다. 기맥이 나아가다가 수맥을 만나도 기운이 멈추며 솟구치게 되는데 수맥이 흐른 방향으로 돌면서 기운이 솟구쳐 일정한 높이에서 머물고 남은 기운은 수맥을 넘어 다시 진행한다고 본다. 그렇기에 수기는 기운을 멈추게 하는 중요한 요소가 되는 것이다.

기맥에 더해 땅에는 여러 가지 기운이 혼재한다.

엘로드를 드는 분들께 질문해 본다. 만약 지표 근처에 다량의 자기를 가진 철분 즉 자철석이 매장되어 있다면 그 기운이 엘로드의 움직임에 영향을 준다고 보는가 아니면 영향이 없다고 보는가? 아니면 그곳에 철광석이 묻혀 있는 걸 엘로드로 확인할 수 있는가?

고수 일수록 그런 것을 느끼고 파악해 땅의 기운을 알 것이다. 광물을 예로 들어봐도 그 기운들이 각각 다름을 이해해야 한다. 석회석과 화강암의 기운은 다르며 그 외에 수많은 광물이 모두가 땅의 기운에 영향을 줄 수밖에 없으니 땅의 기운을 알기가 쉽지 않다. 그저 엘로드를 들고 돌아다닌다고 해결될 문제가 아니다.

그만큼 땅의 기운을 파악하기가 쉽지 않다. 겉으로 드러난 암괴들을 보고 자리를 선호하는 이들도 많이 본다. 그 정도로 암석이 땅의 기운을 대변한다면 땅 속에 묻힌 큰 암괴들은 더 큰 영향을 줄 것이 뻔한 이치인데 땅을 파보지 않고도 그 기운을 느낄 수 있다면 누구도 그가 고수임을 인정해줄 것이다.

장경에서 이른다.(地氣五行)

지기에는 오행이 있다고! 즉 땅의 기운을 크게 다섯 가지로 분류해 그 기운이 각각 다르다고 본 것이다. 그런데 작금의 지사나 스승들이 그것을 언급하고 구분해 줄 능력이 있는가? 아니면 장경이 말한 것이 틀린 것인가? 지기에도 각각의 성질이 다른 기운이 있다는 사실을 알아야 한다. 답사시에 생지나 음택들을 보면 그 기운이 어떤 성격인지를 파악해 보아야 한다. 그것을 확실히 구분한다면 그 자리의 기운이 부귀빈천에 해당하는 지 자손의 번창과 건강에 관련이 있는지 알게 해 준다고 본다.

땅에 어린 기운을 알았다고 그게 끝이 아니다.

동양학에서는 우주만물의 기운이 상호작용을 하며 영향을 준다고 본다. 그게 동양만의 생각은 아니었던 것으로 보이는 게 서양에서도 점성술이 발달하고 성당이나 수도원의 기운을 찾아가는 것을 보면 알 수 있다. 즉 동양의 천문학이나 칠성신앙이나 서양의 천문 점성술은 우주의 기운이 인간에게 미친다고 본 것이 아닐까 한다. 즉 땅에도 우주의 기운이나 별의 기운이 내리는 것으로 보는 것이 타당하다.

모른다고 해서 부정할 일이 아니다.

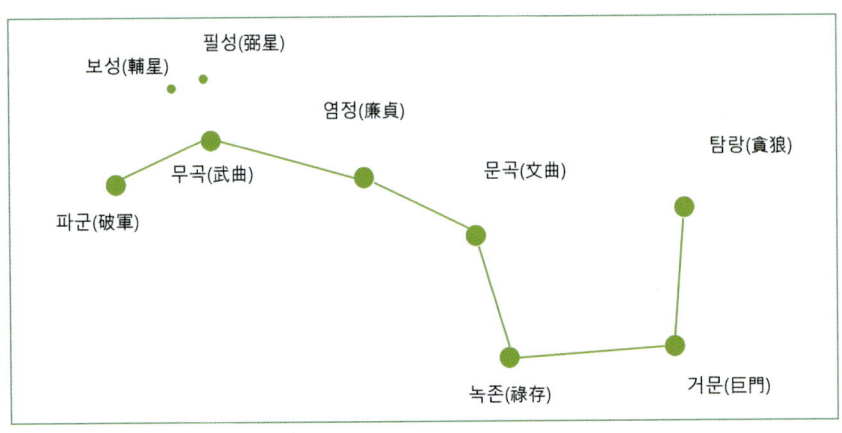

우리가 풍수 서적을 보다 보면 무심코 외우고 지나가는 것이 있는데 그것이 九星論이다. 즉 산의 구성이나 혈의 구성을 이야기 하는 걸 보게 되고 그것이 결국 별(星)의 기운을 표현한 것인데 그저 모르는 척 넘겼을 뿐이다. 우리가 북두칠성의 일곱 개의 별과 두 개의 보필성을 합쳐 구성을 이야기 하는데 그게 결국은 별의 기운이 땅에 내리는 것을 증명한다.

우주에 별이 무수히 많고 그 별마다 직간접적으로 영향을 준다고 보는 것이 타당하다. 칠성신앙에 의하면 우주의 모든 기운이 북반구에서는 북극성을 통해 모이고 그 기운을 북두칠성이 땅으로 전해주는 것이라고 보는 것 같다. 각각의 별마다 관장하는 기운이 달라 인간의 수명과 건강 질병 부귀들을 관장한다고 본다. 북두칠성의 아홉 개의 별 이름이 구성이며 각각마다 하는 역할이 나뉘어져 있다는 얘기다. 이런 걸 종합해 보면 땅에는 분명히 천기가 하림함을 알 수 있다.

드물지 않게 땅에는 생기가 올라오는 곳도 있다.

이런 기운은 바람을 만나면 흩어지기에 인간이 이롭게 사용하기에는 한계가 있을 수는 있다. 그래도 오래 된 사찰이나 수 백년 이상 살아가는 노거수에는 가끔씩 땅의 기운이 솟아 혈처에 머무르지 않고 지상으로 올라오는 경우를 볼 수 있다. 만약 사찰이 그런 생기가 있는 자리라면 신도는 물론이고 관광객들의 발길도 많아지는 것으로 본다.

또한 노거수가 오랜 세월동안 살아가는 자리도 생기가 있기에 가능한 것이 아닌가 한다. 노거수 주위에는 생기 뿐 만 아니라 천기가 하림하는 자리도 여럿 보았다. 대표적으로 원주 반계리 은행나무나 문경의 대하리 소나무가 대표적인 예일 것이다.

결론적으로 말하면 땅에는 좋은 기운과 나쁜 기운이 흐른다.

그 기운에는 지기 · 수기 · 천기 · 그리고 생기가 대표적일 것이다. 생기는 지기의 일종이므로 앞의 세 가지가 땅의 기운을 결정하는 삼요소로 보면 좋은 것이다. 좋은 자리가 만들어지기 위해서는 지기가 응결하거나 천기가 하림해야 하는데 거기에 수기가 어울려 기운을 멈추게 하는 것이 아닌가 한다. 그렇게 자리가 만들어지기 위해서는 전통적 풍수이론인 藏風得水의 기본 원리가 적용이 되는 것이다. 그렇게 서린 땅의 기운에는 천기만 내리는 곳이 있고, 천기와 지기가 같이 있는 곳이 있는데 둘의 크기가 같거나 차이가 나는 곳이 있으며. 천기와 지기가 가까이에 따로 존재하는 경우도 있고[예를 들어 운곡 원천석 묘소와 부인 묘소], 지기만 따로 존재하는 경우도 있는 것이다.

천기가 있는 자리는 주로 수행지나 귀격이 강한 음택지 등에서 볼 수 있으며 천지기가 합쳐진 경우에는 자리의 기운이 천기나 지기가 단독으로 있을 때보다도 더 커진다는 것을 알 수 있다. 지기만 있는 경우에도 기운의 크기가 다양해서 아주 큰 자리보터 소지소혈까지 다양함을 볼 수 있다. 우리가 몰라서 못 보는 것이지 기운이 없어서 인정을 안하는 것은 아니라고 본다.

예를 들어 영천의 광주이씨 이당 묘소, 합천의 반남박씨 박소 묘소, 그리고 순창의 김극뉴 묘소를 답사할 때 기운이 전혀 없다고 말하는 분들을 보는데 그것을 그분들이 지기는 살필 줄 아는지 모르나 그 자리에 내리는 강한 천기를 모르기 때문에 일어난 일이라고 본다. 그런 자리들은 천기만 있는 곳이니 지기만 내세우는 이들은 당연히 무맥지인 것이고, 아는 만큼 본 것이다.

풍수공부는 어렵다. 서적을 들춰봐도 혈(穴)이 무엇인지 정확히 기술해 놓은 것을 본 적이 없다. 오히려 이해가 되지 않는 이기론이나 잔뜩 늘어놓은 것들이 많고 실제로 기운을 측정하는 방법들을 가르쳐 주거나 땅에 어린 기운을 제대로 논하는 자료는 없다. 그렇다고 그런 것들을 제대로 가르쳐 주는 스승은 더욱 찾기 힘든 게 현실이다. 설혹 스승을 만난다 해도 구전심수의 험난한 길을 제대로 이어받기란 지난한 일이니 풍수공부는 어렵다.

이 글을 읽는 풍수인들도 공감하기 보다는 이해되지 않는 허무한 잡설이라고 치부하는 이들도 많을 것이다. 땅에 어린 기운을 이해하고 찾아내는 것이 어려운 만큼 받아들이기가 쉽지 않을 것이기 때문이다. 여러 해를 공부하고 답사 다니면서 초기에 몰랐던 것을 더 알게 되고, 예전 답사지를 다시 가면 부족했던 과거의 공부가 이젠 부끄러울 정도로 느껴지는 게 풍수공부가 아닌가 한다.

풍수의 실체를 찾아서

CHAPTER **04** **남양주 – 천마지맥에 서린 세도정치의 힘**

백두대간의 13정맥 중 한북정맥은 대성산-광덕산-가리산-청계산-운악산 으로 이어지며 크고 작은 산을 내다가 한강에 이른다. 그 사이에 8개의 지맥을 내게 되는데 가평 운악산에서 남하하는 맥을 천마지맥이라고 부른다. 천마지맥에 속한 산들은 주금산-철마산-천마산-백봉산-고래산-예봉산으로 이어지다가 한강에서 멈추게 된다.

남양주는 천마지맥의 주금산에서 예봉산에 이르는 천마지맥의 대부분을 차지하고 있으며 동으로는 명지지맥과 북한강, 서쪽으로는 수락지맥 그리고 남쪽으로는 한강이 자리 잡은 지역이다. 즉 천마지맥의 대부분이 남양주 지역으로 그 지역에서 천마산과 백봉산에 큰 기운을 담고 있고 도성 100리 내의 지역인지라 선현들의 묘역으로 많이 사용되던 곳이다.

한북정맥인 죽엽산의 일부와 수락지맥인 용암산과 수락산의 동쪽지역도 남양주에 속한다. 동으로는 축령지맥인 축령산이 병풍처럼 두르면서 은두산 까지 이어지는데 천마지맥과의 사이를 구운천이 흐르고 중간에 가곡천이 합류한 후에 북한강에 이른다.

남양주의 큰 하천은 왕숙천인데 천마지맥과 수락지맥 사이의 물이 모여서 흐르고, 남양주에 이르러 엄현천, 학림천, 봉선사천을 받아들여 수세가 크게 커진 후 더 내려가면 오남천, 용정천, 사릉천이 합류하면서 구리시와 경계를 이루게 되는데, 이때에 수락지맥의 물인 용암천이 합류하게 되고 수세가 강처럼 커진 다음 한강에 합류한다. 즉 남양주는 북으로는 한북정맥에서 시작된 천마지맥의 큰 산들로 막혀있고 동으로는 축령산과 북한강이 경계를 이루며, 서쪽으로는 수락지맥과 왕숙천이 구리시와 나뉘게 된다. 남으로는 한강이 돌아나가게 되면서 큰 산들과 강 사이에서 왕숙천과 그것을 이루는 지천의 주변에 도시가 형성되어 있다.

역사는 길지 않아 1980년대에 양주의 일부와 구리, 미금 등이 합쳐져 남양주시로 되었는데 천마지맥이 북한강과 한강이 합류하는 데서부터 왕숙천이 합류하는 지점 그리고 수락지맥의 일부 사이가 남양주시가 되었다. 그 안에 세조의 광릉이 자리를 잡았고 흥선대원군묘가 위치해 있으며 고종과 순종의 능인 홍유릉도 자리를 잡았다. 또한 공빈김씨의 성묘, 인빈김씨의 순강원이 있으며 광해군의 묘소도 천마산 자락에 있다. 결국 남양주는 천마지맥이 강하게 내달리다 한강에 이르러 힘을 쏟아내는 지역이므로 큰 자리들이 많이 산재하고 예로부터 사대부들의 신후지지로 많이 이용된 것으로 보인다.

이 장에서는 남양주를 천마산권 백봉산권 그리고 죽엽산권으로 나누고 마지막으로 한강조망권을 살펴보는 것으로 하겠다.

그 권역마다 역사에 이름을 남긴 인물들이 잠들어 있고 왕권을 탈취한 인물과 빼앗긴 이들이 잠들어 있으며 역사의 한 장을 화려하게 장식한 가문의 내력이 숨어 있다. 거기에 조선의 500년 역사가 끝나면서 조성된 고종과 순종의 홍유릉이 자리를 잡았고 그 과정에서 수많은 사대부들의 묘소가 이장이 난 역사도 있으며, 세도정치로 당쟁의 대미를 장식한 안동김씨들의 묘소와 함께 그들의 정신적 사상적 휴식처였던 지역도 이곳이다.

또한 조선 최고의 사상가이자 실학자였던 다산 정약용의 거처와 묘소가 지금도 한강에 기대어 남아 있는 곳이며, 기묘명현인 청풍김씨 김식의 후손들도 한강변에 영면처를 정한 곳이다. 남한강과 북한강이 만나 합류한 지역에는 당대의 실학자인 다산 정약용이 남긴 유적과 묘소가 자리했고 (누님과 여동생을 명나라 황제와 혼인시킨) 좌의정을 지낸 한확의 묘소도 천마지맥의 끝에 자리했다.

백봉산을 지난 천마지맥은 적갑산-예봉산-예빈산을 지나게 되는데 한강을 만나기 전에 큰 산군을 형성하고, 길게 반도처럼 이어지다가 한강에 이른다. 결국 남양주의 동쪽은 북한강을 사이로 양평과 경계를 이루고 한강을 사이에 두고는 하남과 광주를 경계 짓는다.

죽엽산권- 광릉과 봉선사

▲ 〈광릉〉

천마지맥인 운악산에서 백호방으로 수원산을 낸 후 남서진 하면서 죽엽산을 낸다. 죽엽산의 남쪽 끝이 운악산이고 그 곳에 광릉이 자리한다.

1468년 세조가 졸했다. 향년 52세였고 집권 14년 만이었다. 36세의 나이에 계유정란을 일으켜 전권을 장악하고 2년 뒤 조카인 단종을 밀어낸 뒤 보위에 오른 그였다. 왕권을 강화하고 강력한 중앙집권정책으로 나라의 기강을 잡아 나갔던 그는 말년에 불교에 의지하며 많은 사람을 죽이고 왕위를 찬탈한 죄책감을 떨쳐보고자 했다.

재위는 14년이었고 예종에게 왕위를 물려주었다. 세조의 신후지지로 논의되던 장소는 처음엔 세종의 영릉 근처였던 것으로 왕조실록에 기록이 되어 있으며, 그곳에 좋은 자리가 없다 하니 광주이씨 이지직 묘역[성남]도 거론이 되다가 결국은 현 광릉의 자리인 정흠지의 묘역으로 정해졌다.

정창손의 할아버지 정부와 아버지 정흠지의 묘소는 남양주 진건읍으로 이장이 되었고 같은 묘역에 자리한 류씨네 묘소 또한 이장이 되었다. 1468년 11월에 광릉을 조성했는데 예전의 격식에서 석관을 없애고 백회를 쓰는 방법으로 조성하여 이것이 왕릉조성의 모범이 되었다고 한다. 1489년 정희왕후가 졸하자 바로 옆의 용에 장사를 지냈고 이런 형식을 동원이강릉이라고 한다. 광릉이 조성된 후 주변의 숲이 보존이 되어 지금까지 이르게 되었다.

이 자리를 두고 쌍룡농주형(雙龍弄珠形)의 명당이라고 칭하는 이들이 많다. 그러나 이 자리는 자리가 될 수 없는 곳이다. 아직 박환이 끝나지 않은 곳에 봉분을 조성했다. 한북정맥인 죽엽산에서 직접 낙맥하다가 운악산으로 내려오는 맥은 능에 이르러서도 험한 기운을 털어내지 못했다. 자리가 되지 못하는 곳이다. 이런 자리에서 형기를 논한들 소용이 없다. 왕권을 잡기 위해 많은 사람들을 죽음으로 내몰고 핍박한 결과인지 그의 자리는 부부 모두가 좋은 자리를 점하지 못했다.

세조의 뒤를 이어 왕위에 오른 예종은 1년을 넘기지 못하고 졸했고 조카인 자산군에게 왕위를 넘겨준다. 그는 자신의 아들인 제안대군에게도 자리를 물려주지 못했다. 세조비인 정희왕후가 선택한 이는 자신의 장손자인 월산군도 아니고 그의 동생인 자산군 이었다. 후일 제안대군은 후사가 없었고 월산대군은 35세에 요절했는데 그의 부인이 박원종의 누이로 연산군의 황음의 대상이 되었다는 설이 있고 그것이 박원종이 중종반정을 일으킨 원인이라고도 전해진다.

세조 사후에 왕실은 편하지 않았다. 결국은 증손자인 연산군이 다른 증손자인 중종에게 왕권을 넘겨주는 반정이 일어났다. 역사적으로 드러난 고손들인 인종과 명종을 보면 인종은 재위 9개월에 졸하고 후손이 없었으며 명종 또한 후사를 두지 못했다. 이런 모든 것들이 세조의 광릉에서 연유한 것은 아니겠지만, 그 자리는 다른 이들의 평이 어떨지 몰라도 좋은 자리는 아니라고 단언한다. 광릉 조성 후에 영릉도 천장되었는데 세종과 세조의 묘소가 자리잡은 후에도 왕실은 흉사가 겹쳐 일어났다.

앞에서도 언급했지만 세조의 후손들은 단명하는 이들이 속출하다시피 했고 절손되는 후손들도 많았던 것으로 보인다. 성종의 치세에 잠시 안정이 되었다고 보여 지지만 그 조차도 40세를 살지 못한 것이고 , 연산군도 반정으로 왕위를 잃는 일이 있었다. 결국 명종조에 이르러 그의 아들인 순회세자가 조졸하고 나니 적손은 손이 끊겨 더 이상 왕위를 물려줄 적손이 없는 지경에 이르렀다. 이런 사실들을 종합해 보면 광릉을 명당으로 보기에는 무리가 따른다.

▲ 〈봉선사〉

죽엽산에서 낙맥하다가 용암산을 세우고 남으로 향하던 맥이 수리봉을 일구는데 그 안에 봉선사가 자리를 잡았다.

이 절은 고려 때 창건되었고 정희왕후에 의해 봉선사로 개칭이 되면서 왕실의 원찰이 된 곳이다. 임진왜란에서 전각이 대부분 소실되고 대웅전만 살아남았고 절에 모셔진 세조의 어진은 이이첨에 의해 의주로 옮겨졌다고 한다. [이이첨은 이극돈의 후손으로 인조반정에서 자신과 아들 4형제가 죽었고, 그 이후로 광주 이씨는 큰 인물을 내지 못했다] 이후에도 절은 전란에 소실되었고 최근에 중수했다. 이 절의 대웅전 자리가 천기하림의 좋은 자리가 되는 곳이다.

죽엽산의 모든 기운이 이 자리를 위해 있는 듯하다. 참으로 좋은 천기수행지에 대웅전을 지었다. 이런 자리가 어찌하여 전란에 많이 휩싸였는지 궁금할 정도로 자리가 좋다.

초가을 궂은 날에도 사찰에는 많은 불자들이 모여 참배하고 기도하고 수행하는 모습이 이채롭다. 형기적으로도 잘 갖춰진 사격으로 둘러싸여 아늑한 느낌이다. 왕실의 원찰이고 특히 세조를 위한 절이었기에 재정이 넉넉했을 것으로 보이는데 최근에는 절 앞쪽에 개발을 너무 해서 산만한 느낌이 든다. 좌청룡이 짧게 가깝게 두른 반면 용암산에서 수리봉을 거쳐 내려온 외백호는 일자로 길게 나와 둘러싸고 수구까지 진행하는데 그래서 이 절이 일종의 연소혈이라고 보아도 좋을 것이다.

광릉수목원을 지난 봉선사천이 휘감고 도는 모습도 좋은 곳이다. 수도권에서 이 정도의 천기점을 가진 자리를 보았으니 대단한 일이다. 아마도 한북정맥 내에서 수행지로는 가장 큰 곳이 아닌가 싶다. 죽엽산권에서 모인 물이 봉선사천을 이루고 구곡지현으로 흘러가는 모습이 이 사찰을 위해서 만들어진 듯 보일 정도로 빠져 나가는 모습이 좋다. 사찰 안에 들어서면 깊은 산속에 들어온 것처럼 아늑하고 포근한 자리인데 기운까지 갖춘 곳이다.

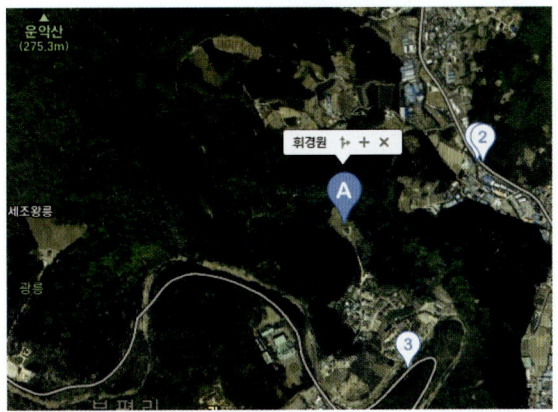

▲ 〈휘경원〉

봉선사 맞은편에 휘경원이 자리한다. 휘경원은 순조의 생모인 수빈 박씨의 묘소로 이 자리가 초장지는 아니다. 순조 23년에 수빈박씨가 졸하자 초장지는 양주에 자리했다가 순강원 근처로 이장 후 풍수적으로 불길하다 하여 철종 때 이 자리로 옮겼다고 한다.

이 자리는 순조가 등극한 후에 초장을 거쳐 이장이 된 자리인데 용케도 좋은 자리를 점했다. 순조나 그의 손자인 헌종의 사후에 이장이 되었으니 그들의 왕위계승에 영향을 준 자리는 아닌데 자리는 좋으니 아이러니 하다.[이런 예는 철종의 친부인 전계대원군의 현재 묘소가 좋은데 이 묘소 또한 철종의 등극 후에 이장된 자리다] 휘경원은 순조 때 처음 이장했고 철종 때 재이장한 자리이므로 순조의 등극에는 영향을 주지 않았고 철종 14년에 최종 이장되었으므로 순조의 손자인 헌종의 등극에도 영향을 주지 않은 것으로 본다.

▲ 〈순강원〉

죽엽산에서 이어지는 용암산이 남으로 맥을 내어 수리봉을 일구고 더 남쪽 끝에 천검산을 냈는데 그 아래에 순강원이 자리한다. 순강원은 선조의 후궁인 인빈김씨의 유택으로 인조의 할머니가 되는 분이다. 수원김씨인 인빈은 외사촌 언니이자 명종의 후궁이었던 경빈이씨가 궁으로 데려다 길렀는데 명종의 정비인 인순왕후의 심부름을 하다가 후궁으로 추천이 되었다.

선조는 정비인 의인왕후 박씨[반남박씨 박응순의 딸로 사간 박소의 손녀딸]와는 후사가 없었고, 인목왕후 김씨[연안김씨 김제남의 딸]가 의인왕후 사후에(1600년) 정비가 되어 영창대군을 낳았다. 영창대군은 계축옥사에서 희생이 되었고 인목대비는 서궁에 유폐되었다가 반정 후 대비로 생을 마쳤다. 선조는 공빈김씨와의 사이에 임해군과 광해군을 두었는데 임진왜란 당시에 분조에서 활약한 광해군이 후일 보위를 물려받았고(1608년), 여러 구설에 오르내리던 임해군은 광해군이 왕위에 오른 후 제거되었다.

인빈김씨는 공빈과 사이가 좋지 않았으나 공빈이 졸하자 선조의 총애를 받으며 4남 5녀를 낳았고 그 중 정원군의 아들인 능양군이 후일 반정으로 왕위에 오르게 된다. 인빈은 이산해 등과 결탁해 서인을 조정에서 몰아냈고 선조는 광해군을 멀리하고 인빈의 소생인 신성군에게 왕위를 물려줄 생각이었으나 그는 임란도중에 졸했고, 그 전에 광해군은 신성군이 살아 있을 때 세자로 책봉이 되었다. 인빈은 생모가 졸한 광해군을 옹호했고 광해군은 은혜를 잊지 못했다고 전한다.

선조는 조선 최초로 적손이 아닌 방계손으로 왕위에 올랐기에 끊임없이 적통시비를 받는 구실이 되었다. 세조 때부터 형성된 훈구파들은 중종과 문정왕후 사이의 소생인 명종이 후사가 없자 중종의 서자 덕흥군의 3자인 하성군을 왕위에 올렸다. 마지막 훈구대신인 동고 이준경이 주도하여 그를 왕위에 올렸는데 그 이후 훈구파들은 쇠락해 갔고 사림이 득세하면서 붕당정치가 시작되었다.

여기서 선조의 왕위등극에 대하여 풍수적으로 고찰을 해 보겠다.

지사들마다 동작동 국립묘지에 자리한 창빈안씨 묘소를 선조의 등극의 요인으로 말하고 선조 이후의 왕들이 모두 그녀의 후손이라고 말한다. 그런걸 보면 선조 이후의 적어도 몇 대 왕들은 창빈안씨 묘소의 발음이라고들 말하는 것으로 보인다. 그도 그럴 것이 태조 때부터 적손으로 이어지던 왕위가 적손이 끊기는 일이 벌어졌고 그 자리를 중종과 창빈안씨 사이에서 서자로 태어난 덕흥군의 3자가 차지하게 되었으니 아마도 창빈안씨를 주목하게 된 것으로 보인다.

▲ 〈창빈안씨 묘소〉 동작동

창빈안씨는 안탄대의 딸로 성종비인 정현왕후[자순대비]를 시봉하다가 중종의 후궁이 되었다. 안탄대는 안산 안씨로 중종반정의 공신에 올랐다고 한다. 그의 딸인 창빈안씨는 1549년에 졸했고 그 다음해인가 덕흥군에 의해 현 위치로 이장되었다.

당시 20대 초반이었던 덕흥군은 이 자리가 좋다는 풍수적 조언을 듣고 이장했다고 전한다. 그 이후로 모든 왕들이 창빈의 후손이어서 그랬는지 이 묘소는 숙종 때 상석도 세우고 묘소를 크게 정비했으며 신도비까지 세웠다.(나무위키 참조)

이후로도 사초를 하고 관리한 흔적이 역력하며 특히 전순에 흙을 보토한 흔적은 지금도 확연히 나타난다. "이곳이 좋은 터였음은 창빈의 후손의 번창여부를 보면 알 수 있다. 그가 죽은 지 130년 만에 후손은 1000여명으로 불어난다. 이후 조선이 망할 때까지 조선의 왕은 모두 창빈의 후손이었다" (김두규 교수)

창빈안씨 묘소에 대하여는 그야말로 칭찬 일색이다. 게다가 대통령제를 도입한 한국의 근대사 이후 4명의 대통령 묘소도 창빈묘 근처에 있음을 주지시키는 글도 있다. 그러나 창빈안씨 묘소는 자리가 아니며 선조 이후의 왕위에 오른 분들에게 좋은 영향을 준 자리도 아니다. 힘도 없는 지각에 용사된 자리일 뿐이다.

박정희 전 대통령 묘역에서 바라보면 내청룡의 맥이 감아 도는데 그 끝에 달린 지각에 용사되었다. 현재 김대중 전 대통령 묘역 아래에 자리를 했는데 김 전 대통령 묘역에 흙을 엄청나게 보토해서 묘를 조성하여 뒤가 조금은 부후해진 모습이지만 이는 현대에서 일어난 인작이 가미되었음을 말해줄 뿐이다. 당판의 보토를 심하게 해서 앞을 채웠지만 힘이 없는 지각의 모습은 변하지 않는다. 일종의 쥐수염(鼠鬚) 형태로 용이 변화도 없이 붓끝처럼 축 빠진 것이 눈에 거슬린다. 이런 자리를 두고 선조와 그 이후 왕들의 등극에 도움을 주었다고 말하는 것은 어불성설이다.

한마디로 힘이 하나도 없는 지각에 용사된 자리일 뿐이다. 용이 변화가 없이 힘없이 내려온 곳에 무슨 혈이 맺힌단 말인지 의아스럽다. 선조와 그 이후의 왕들이 창빈안씨의 후손이라고 주장한다면 그 말은 창빈의 아들인 덕흥대원군에게도 해당되는 말이다. 즉 "덕흥대원군의 아들이 선조이고 그 이후의 왕들도 모두 그의 후손이다" 라고 말할 수 있을 것이다.

이 장에서도 남양주 별내면 지역을 기술할 때 덕흥대원군의 묘소에 대하여 쓸 예정이니 더 이상 거론을 하지 않겠다. 결론은 창빈안씨 묘소는 제왕지지가 아니라는 것으로 말할 수 있다. 사실 현 현충원이 자리한 곳은 관악산의 맥이 한강을 만나기 전에 마지막으로 기봉한 서래산의 아래에 해당되는 곳으로 산의 모양이 말발굽의 형태를 띠고 있다.

형기적으로 볼 때 그 형태가 좌우 용호에 해당되어 큰 보국을 이루고 그 안에 자리를 숨겨 놓았음은 물론이다. 그 곳에서 좌우 용호의 균형이 잘 잡힌 곳이 어디인가 눈여겨 보면 답을 알 수 있을 것이며 또한 서래산의 맥이 한강을 만나기 전에도 자리를 만들어 놓았지만 출입에 제한이 있는 곳인 관계로 답사가 불가하다.

순강원은 인빈김씨의 묘소로 풍수적으로 아주 좋은 자리이다. 인조의 등극에 큰 영향을 주었다고 본다. 후에 기술하겠지만 인조는 증조할머니인 창빈안씨의 묘소보다는 덕흥군 묘소와 더불어 조모인 인빈의 묘소역량으로 왕위에 올랐다. 물론 정권에서 밀려난 서인의 반정으로 왕위계승 순위에서도 밀려나 있던 인조가 어부지리로 왕위에 올랐지만 광해군을 제외하고도 선조의 많은 아들들이 있었는데 그 중에서도 정원군의 아들인 능양군이 택해져서 보위를 물려받은 이유가 인빈묘인 순강원에 있다고 본다.

그만큼 순강원의 자리가 좋으며 천마산권에 자리한 성묘[공빈김씨]를 기술할 때 인빈묘와 비교해 볼 예정이다. 그러고 보니 인조 이후의 왕들은 모두 인조의 후손이 되는 것으로 보면 되겠다. 왕족에서 밀려났던 남연군 이구가 인조의 아들인 인평대군의 후손으로 양자를 가게 되면서 아들인 흥선대원군이 왕실의 가까운 척족이 되고 아들이 고종으로 등극하게 되는 것도 인조 쪽에 발을 댔기 때문일 것이다.

용암산의 맥은 수리봉-천검산을 거쳐 퇴계원 쪽으로 나아가면서 곰돌산을 내고는 끝이 난다.

천마산권

철마산의 남쪽에 솟은 천마산은 동으로 송라산을 내면서 북한강에서 멈춘다. 남서방으로 나온 맥은 관음봉-된봉-바로건너산으로 이어지다가 사능천을 만나 끝이 난다.

세조가 왕위를 찬탈하고 단종을 영월 청령포로 보내면서 정순왕후 또한 신분이 부인으로 떨어졌다가 단종이 죽임을 당하자 관비의 신분이 되었다고 한다. 그나마 세조가 그녀를 정업원[비구니의 처소]으로 보내 보호를 했고 그녀는 평생을 단종을 그리며 보냈다. 중종 때인 1521년 81세의 나이로 졸하자 친정도 쑥대밭이 되었으니 장례를 치를 장소조차 없었던 것을 단종의 누이 경혜공주의 시가인 해주정씨네 선산에 예장했다고 한다.

▲ 〈사릉〉 진건읍 사능리

그 후 숙종 때 사릉으로 능호가 정해졌다. 이 자리는 천지기 합일점으로 상당히 좋은 자리다. 능 전체가 기운이 충일하는 자리로 아주 좋은 자리를 점했지만 후손이 없으니 아쉬울 뿐이다.

천마산에서 남서쪽으로 맥이 나오는데 관음봉을 일군 후 더 진행하여 된봉을 낸다. 된봉에서 두 갈래의 맥이 나와 한 맥에는 임해군, 광해군의 묘소가 있고 그 끝에 사릉이 자리한다. 다른 맥에는 공빈김씨의 성묘와 함께 풍양조씨 시조인 조맹의 묘소가 있다. 왕위를 빼앗은 세조와 빼앗긴 단종의 왕비 묘소가 죽엽산과 천마산에 각각 자리하는데 두 분 다 한북정맥에 자리를 잡았다.

세조의 묘소는 정맥에 속하는 죽엽산에 자리했고 사릉은 한북정맥의 지맥인 천마지맥의 천마산에 자리를 잡았는데 두 묘소의 거리가 왕숙천을 사이에 두고 얼마 되지 않는다. 빼앗은 자의 묘소는 좋지 않은데 반해 빼앗긴 이의 묘소는 참으로 좋은 자리인 것도 아이러니다.

천마산의 관음봉에는 그 안에 성묘 임해군 묘, 광해군 묘를 품고 있다. 선조는 의인왕후 박씨와의 사이에 후사가 없었고 공빈김씨와의 사이에 임해군과 광해군을 두었고 공빈은 선조의 총애를 받았다.

▲ 〈성묘〉 공빈김씨 묘 남양주 진건읍 송능리

공빈은 광해군이 2살 때 졸하게 되면서 선조의 총애가 인빈김씨에게로 넘어갔고 선조는 인빈의 아들인 신성군을 세자로 삼아 왕위를 물려주려 했으나 신성군이 임란의 와중에 죽고 광해군이 분조를 이끌면서 공을 세우자 그에게 왕위를 물려주었다. 공빈의 자리는 지기가 충만한 좋은 자리다.

앞서 언급한대로 선조의 등극에 그의 아버지인 덕흥대원군 묘소의 영향이라고 기술했는데 광해군의 등극에도 덕흥대원군의 묘소가 큰 영향을 주었다고 보며 그에 더해 모친인 공빈김씨의 묘소가 작용했다고 볼 수 있다. 그런데 인조반정이 일어나고 인빈의 손자인 능양군이 왕위에 오르게 된다. 여기에 반전이 있다고 본다. 순강원에 자리한 인빈김씨의 묘소가 공빈의 묘소를 능가하는 자리가 되니 광해군이 인조에게 밀린 것이 아닌가 한다.

정치적으로야 서인이 대북파를 몰아내고 왕을 다시 세워 전권을 잡았다지만 풍수적으로 본다면 인빈의 묘소역량이 공빈의 묘소를 능가하는 것으로 보는 것이다. 선조부터 방계로 왕통이 이어지다가 광해군은 조카에게 왕통을 물려주고 말았는데 그런 결과를 풍수적으로 본다면 두 묘소의 차이로 인한 것이 아닌가 한다.

앞에서 언급할 때 창빈안씨의 후손이 조선 중후기의 왕들이 모두 해당된다 하지만 정확히 말하면 인빈김씨의 후손이 조선 중후기의 모든 왕들이라고 말하는 게 더 함축적이다. 창빈의 후손도 맞지만 창빈의 손자인 선조 이후에 왕의 자리가 다시 한 번 요동을 치면서 인빈의 손자에게로 왕위가 넘어가는 반정이 일어났다. 인조반정이 당쟁의 와중에 서인에 의한 정권탈취라는 역사적 사실을 부인하는 것은 아니지만, 풍수적으로 볼 때 그 이면에 성묘와 순강원의 역량의 차이로 인해 승자와 패자가 갈렸다고 볼 수 있다.

성묘 근처에 임해군의 묘가 자리를 잡았다.

그는 임란 중에 왜군의 포로가 되어 전쟁수행에 방해가 되었고 전후에도 악행을 일삼아 원성을 들었는데 결국 광해군이 즉위한 후에 죽임을 당했다. 조선의 왕자 중 악행을 일삼아 욕을 먹은 이들이 있는데 임해군은 둘째 가라면 서러울 정도의 인물이었고 이복동생인 순화군 또한 그에 못지않았다. 임해군 묘는 큰 의미가 없는 곳이다. 아이러니 하게도 공빈김씨와 두 소생인 임해군, 광해군의 묘소가 모두 한 구역에 있다.

광해군은 선조의 둘째 아들로 태어나 1608년 왕위에 올랐고 그 때 나이가 38세였다. 임란의 와중에 분조를 이끌며 세자에 올랐지만 그 또한 서자였기에 정통성 시비에서 자유로울 수가 없었다. 선조는 인목왕후와의 사이에서 영창대군을 얻었지만 그가 세상을 떠날 때 영창대군은 2살에 불과했고 너무 어린 나머지 왕위에 올리지 못했다. 결국 왕위를 광해군이 물려받았고 실권을 쥔 대북파는 계축옥사를 일으켜 영창대군을 죽여 버렸다. 광해군은 정치적으로는 치적이 있었으나 당파싸움의 와중에 인조반정이 일어났고 폐모살제의 패륜적 군주로 몰려 15년 만에 왕위에서 물러나 강화도로 유배되었다. 그의 아들인 폐세자 이질이 땅굴을 파고 탈출하다가 잡혀 죽었고 폐세자빈은 자살을 했으며 부인 유씨도 병에 걸려 죽었다. 광해군은 그래도 살아남아 유배지를 옮겨가며 67세의 나이로 죽었다. 그의 묘소도 공빈 묘소 근처에 자리를 잡았지만 좋은 곳이 아니다. 출입마저 제한하고 있는 것으로 보이며 멀리 산능선에서 그의 묘를 볼 수 있었다.

▲ 〈풍양조씨 시조 조맹묘소〉

공빈김씨 묘소 아래에 풍양조씨 시조인 조맹의 묘소가 있다.

물론 조맹이 고려 개국공신이니 공빈의 묘소보다 수백년 전에 묘소가 조성되었다. 공빈이 졸하자 조맹묘소의 뒤에 자리가 있다 하여 공빈을 모시게 되고 조맹묘소는 파묘를 면하고 평장을 했다고 전한다. 후일 광해군이 폐위되고 공빈의 묘소가 격하되면서 조맹묘소는 다시 성분이 되었다고 한다. 조맹은 고려 개국공신으로 이 지역 견성암 자리에서 도인으로 살다가 태조 왕건을 도와 공을 세웠다고 하며, 이곳의 과거 지명인 풍양을 본관으로 하는 풍양조씨의 시조가 된 것이다.

그의 묘소는 천지기 합일점으로 좋은 자리이다. 훈이 크지는 않지만 정확하게 용사되었고 시조묘소에 걸맞는 자리를 차지했다. 형국론으로 괘등혈(掛燈穴)에 해당된다고 하며 묘소에 오르다가 용의 아랫부분에 물이 나는 자리[진응수]를 볼 수 있기도 하다. 조안이 수려하며 특히 천마산에서 내려온 맥이 길게 외백호를 두르고 안대의 역할까지 하며 내청룡 또한 가깝게 호종해 준다.

이 용맥에서 사용할 수는 없지만 공빈 묘소의 뒤에 천기점의 자리가 숨어있다. 용맥이 길지는 않지만 변화가 심하고 부후하니 용맥상에 세 개의 자리가 생겨난 것으로 보인다. 풍양조씨는 조선 말에 세도정치의 일각을 차지하며 가문의 명성을 날렸다.

송능리에서 제왕지지에 해당하는 빈자리를 보았다. 숨어있는 이 자리는 쉽게 용사될 자리가 아니었다.

진건읍 용정리에서는 이른바 구룡쟁주(九龍爭珠)로 볼 수 있는 자리가 숨어있다. 관음봉에서 서진하던 맥의 끝에 자리했고 혈자리를 둘러싸고 여러 용들이 머리를 내미는 형국이었다. 부귀겸전의 대혈이지만 누가 쉽게 차지할 자리는 아닌 듯 했고 뒤의 용맥상에 묵묘가 널려 있었다. 근처에 원주변씨 시조인 변안렬의 묘소가 있는데 초장지가 아닌 것으로 보이며 자리는 좋지 않고 시조 부인의 묘소만 아주 작은 혈에 든 것으로 보였다.

백봉산 권역- 덕소와 삼패 그리고 일패까지

천마지맥이 한북정맥에서 출발해 한강과 북한강 그리고 왕숙천 사이에서 끝나게 되는 구역이 남양주의 대부분을 차지하며 백봉산이 천마지맥의 힘을 남양주 일대에 내려놓고 대강수인 북한강과 한강을 만나기 전에 큰 산을 일구면서 끝이 난다.

천마지맥의 주된 산은 결국 천마산과 백봉산이며 한북정맥에서 갈라질 때는 너무 거칠어 들이 협소하며 백봉산을 지난 후에는 대강수인 한강에 직접 부딪히며 마지막 기운을 쏟아서 그런지 넓은 평야를 만들지 못했다. 따라서 남양주 대부분이 천마산과 백봉산을 기대어 형성이 된 것이다.

백봉산 권역에는 조선의 두 황제인 고종과 순종의 홍유릉이 자리를 잡았고 덕소 구역에 안동김씨의 세도정치의 원천이 되는 터전이 있으며 삼패에 청풍김씨 문의공파의 묘역도 있다. 일패 지역엔 여흥민씨의 묘소들이 존재하고 각각의 지역으로 나누어 기술을 해 보겠다.

백봉산의 맥은 크게 세 갈래로 나눌 수 있는데 남서진 하는 맥에 홍유릉을 비롯해 일패의 여흥민씨 묘역 그리고 반남박씨 박응순의 묘역이 있다. 남으로 내려오는 중출맥에 덕소의 김번묘역과 삼패의 김식 묘역이 자리를 잡았으며 나머지 맥이 적갑산 예봉산 예빈산으로 이어지는 맥으로 한강에서 끝이 난다.

먼저 홍유릉을 보면 백봉산의 맥이 비스듬이 내려오다가 수리봉을 냈고 그 맥에 자리를 잡았다. 조선 말의 망국의 왕이면서 일제의 입김이 작용했을 것으로 보이는 묘소들은 역사적 가치만 있을 뿐이지 좋은 자리는 아니다. 조선의 왕릉이나 능원 중에 좋은 자리를 점한 경우는 드물다. 호사가들은 당대의 최고의 지사들이 최고의 자리를 잡았다고들 하지만 현재 남아 있는 자리들을 평가해 보면 좋은 자리는 드물다고 본다.

▲ 〈홍릉〉 금곡동

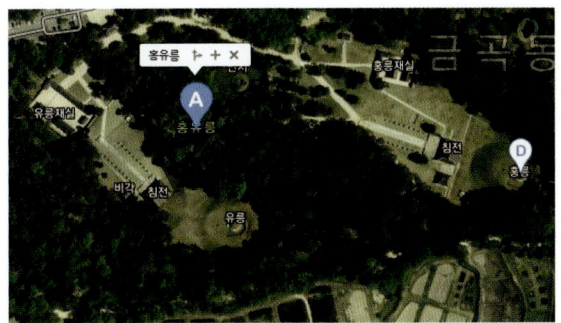

▲ 〈홍유릉〉

구리의 동구릉을 예를 들어도 건원릉 이외에는 좋은 자리가 없다고 단언할 수 있다. 홍유릉을 조성하느라 기존의 양주조씨 묘역이 이사를 나왔지만 고종이나 순종이 차지한 자리는 좋은 곳이 아니다.

1895년 을미왜변으로 명성황후가 시해되자 지금의 청량리 부근에 장사를 지냈고 홍릉으로 이름을 붙였는데, 1900년에 고종의 유택을 이곳 금곡동에 미리 준비를 하였다고 한다. 이런저런 사정으로 미루어지다가 1919년 고종이 승하하자 이곳에 능을 조성하면서 명성황후도 이장을 해서 모시고 이름은 그대로

4장 남양주 – 천마지맥에 서린 세도정치의 힘 69

홍릉으로 정했다. 무라야마 지준이 기록한 것을 참고해 보면 홍릉을 조성할 때 관여한 지사들의 이름부터 묘제 장식까지 상세히 기록이 되어 있으며 이 자리가 매화낙지형(梅花落地形)의 길지에 해당된다고 한다.

순종이 승하하자 옆에 유릉을 조성했는데 그 자리는 천심십도(天心十道)의 자리에 해당한다고 기록이 되어 있다. 홍유릉을 조성하기 위해 수많은 왕족과 사대부들의 묘소가 이장이 되었다고 한다.(박종인의 땅의 역사)

매천 황현의 '매천야록'에는 2만여 기의 묘소가 이장되었다고도 전한다고 한다. 그 중에는 선조의 국구이자 의인왕후 박씨의 아버지인 박응순의 묘소도 있다.

예전에 그의 묘소를 답사했을 때 초장지로 알고 기록을 해 두었는데 나중에야 이장지 임을 알고 큰 실수를 할 뻔 했다는 것을 알았다. 또한 양주조씨 조말생과 후손들의 묘소들이 110여기가 이장이 되어 수석동으로 옮겨졌다. 두 묘소의 조성을 위해 다른 묘소들까지 상당수가 이장이 되었음은 물론이다. 망국의 황제들에게 일제가 좋은 자리를 제공할 리가 만무한데 이 두 자리는 실제로 평할 가치조차 없는 자리로 보는 것이 타당하다.

▲ 〈박응순 묘소〉 남양주시 일패동

홍유릉을 지나 말락처에 자리잡은 박응순의 묘소다. 선조의 국구이자 의인왕후 박씨의 아버지인데 좋은 자리를 잡았다.

물론 의인왕후의 발음은 이 자리가 아니고 합천의 박소 묘에서 기인한다. 이 자리는 그저 혈적한 자리 정도로 보면 될 것이다. 그나마 손자 대에서 양자를 들였으니 의미 없는 자리가 되고 말았다. 청룡방에 아들 박동언과 전순에 양 손자 박황의 묘소가 같이 있지만 좋은 자리는 아니다. 예전에 답사했을 때 이 정도로 자리가 되는데 대가 끊긴 이유를 알 수가 없었다. 그런데 알고 보니 앞에서 언급했듯이 이 자리는 홍유릉의 조성으로 이장이 된 묘소다. 금곡동에서 처가인 전주이씨네 선산으로 이장이 되었다.

이 지역은 세종의 아들인 계양군 이증의 후손들이 소유했던 곳으로 보이며, 박응순 묘소의 청룡방에는 성종의 왕자 경명군의 후손인 이민승과 그의 친일파 아들들의 묘소가 자리를 잡고 있다. 박응순 묘소는 예전에 답사 시에 초장지인 줄 알고 기록을 했었는데 후에 자료를 찾아보니 이장묘 였다. 국구의 묘소가 석물이 별로 없고 초라할 때 알아보아야 했는데 박응순의 자리가 혈적한 것에 큰 의심을 하지 않은 오류가 있었다. 박응순은 아들인 박동언이 후손을 남기지 못해 박황을 양자로 들였다. 딸인 의인왕후도 후손을 두지 못했다.

1931년 일제하에서 무라야마 지준(村山智順)이란 일본학자가 당시에까지 전해오거나 유행하던 풍수에 관한 모든 것을 집대성해서 '조선의 풍수' 라는 책을 냈다. 그 내용이 방대해 풍수의 의의나 법술에서부터 묘지에 관한 풍수등의 실증사례는 물론 전설적이거나 민간에 떠도는 이야기들 까지도 망라했으며, 주거풍수 그리고 도읍의 풍수까지도 기술을 했다.

보검의 칼끝에서 왕비가 속출

"경기도 양주군, 서울에서 약 20리 망우리 고개의 오른쪽에 민(閔)씨의 묘가 있다. 그 묘는 금곡에 있는 이왕가의 홍릉의 백호에 해당되며 천마산에 대해서는 회룡고조격을 이루고, 천마산의 지맥 호적산에 보검출갑형(寶劍出匣形)이 되어 있다. 전하는 바에 따르면 이 묘는 민영의의 13대조가 왕비와 재상이 속출할 땅으로 선정한 것이다. 그 중 보검의 칼끝에 쓴 조상의 후손이 더욱 영달했다고 한다. -중략-

그 말처럼 대를 경과함에 따라 고관대작이 속출했다. 근세에는 이왕가 3대에 걸쳐 왕비가 나왔다.〔흥선대원군 부인 여흥민씨, 고종비 명성황후, 순종비: 필자 주〕 -중략-

고종이 금곡의 홍릉을 왕릉으로 선정하기 위하여 묘지를 중심으로 20리 안의 땅에 무덤을 쓰는 것을 금하고 원래에 있었던 것도 이장시켰다. 이때 이전된 묘지는 660여기에 이르렀으나 민씨가의 무덤은 그대로 두었다.(무라야마 지준의 조선의 풍수의 내용이며 최길성 번역본을 옮김)"

▲ 〈민제인 묘역〉 남양주시 일패동

남양주 일패의 민제인(閔齊仁)과 그의 아들 손자의 묘소다.

그는 중종 때 문과에 급제해 호당에 들었으며 을사사화에서 윤원형의 편에 섰다. 그 후 관직을 삭탈당하고 유배지에서 졸했다. 그의 묘소는 백봉산에서 남서쪽으로 나온 맥의 끝에 자리를 잡았다. 위에서 천마산의 지맥이라고 말한 것은 잘못 기술된 것으로 보인다. 천마산과 백봉산 사이에 사릉천이 길게 흐르는데 그걸 간과했으며 이 자리는 백봉산-문재산으로 이어지다가 남으로 방향을 튼 맥이 남하하다가 황금산을 내기 전에 솟은 작은 봉에 기대어 있다.

현장에서 서서 보면 민제인부터 민사용, 민여건, 민여준의 순으로 묘소가 자리를 잡았는데 용의 모양이 검(劍)이라고 볼 수 있을 정도로 비슷하게 생겼음을 알 수 있다. 하지만 이 묘역에서 민제인 묘소 위쪽에 자리가 비어 있고 맨 끝의 민여준 묘는 좋은 자리에 들었다. 말 그대로 보검의 끝자리를 차지한 민여준 묘가 좋은 곳이다.

형기적으로 보검출갑형은 맞는 것으로 보이지만 민여준 묘소만 정혈에 들었다. 게다가 민여건은 후손이 없으니 영향을 줄 수 있는 묘소도 아니다. 또한 이 자리로 인해 여흥민씨에서 고종과 순종의 비가 나왔다고 말하는 것은 어불성설이다. 계대 차이가 너무 나기 때문에 전혀 영향을 줄 수가 없다.

민여건은 아들이 없어 민여준의 아들인 민기(閔機)를 양자로 들였다. 민기의 아들이 민광훈이고 손자가 삼방파인 민시중, 민정중, 민유중이다. 민유중의 딸이 인현왕후인데 민여준 묘로 인해 민시중 형제가 영달하고 인현왕후가 왕비에 올랐다고 말한다면 그건 가능할지도 모른다. 하지만 흥선대원군 부인 여흥민씨부터 고종 순종에 이르는 왕비들은 이 묘역과는 전혀 관계가 없다. 어쨌든 민여준의 묘소로 인해 다시 가문이 일어나기 시작했다.

그의 아들인 민기의 묘소는 제천 백운에 자리를 잡았고 인현왕후를 낸 자리로 거론이 되지만 그 자리는 냉지일 뿐이라고 본다. 고종의 홍릉을 조성하면서 수많은 묘소가 이장될 때도 살아남은 이 자리는 보검출갑형의 자리는 맞는지 모르지만 명성만큼 좋아보이지는 않는데 민제인 묘 위에 큰 자리가 숨어있고 민여준의 자리가 좋은 정도이다.

대전지역에 자리를 잡았던 여흥민씨 민충원 후손들이 남양주로 터전을 옮긴 듯 보이며 민제인 묘소는 이장되었을 가능성도 배제할 수가 없다.〔민제인이 1549년에 졸했고 1558년 초장지에서 이곳으로 이장되었다 한다. 청욱 신석우 선생〕 그의 선조들 묘소가 모두 대전 지역에 남아 있으며 민제인 삼대가 일패에 잠들어 있으니 충분히 의심이 간다. 그의 신도비를 보아도 그런 기록은 없다.

▲ 〈민광훈 묘소〉 일패동

인조 때 출사한 민광훈은 호조참의를 지냈는데 1659년에 졸해 초장지를 충주로 정했다가 31년 뒤인 1690년 숙종 때 이장되었다고 한다. 전에 어느 글에 이 자리를 초장지로 기술한 적이 있는데 자료〔화암의 세상만사-블로그〕에 신도비를 정리한 내용을 참조해 보니 틀린 기술을 했다. 이 자리로 인해 인현왕후가 나온 자리는 아니다. 다만 자리는 민씨 묘역 내에서 가장 좋은 자리를 점했다. 이 자리야말로 백봉산에서 나온 맥이 다시 백봉산을 조산으로 바라보는 회룡고조의 자리로 보인다.

이장 후에 후손들에게 좋은 영향을 주었을 것으로 본다. 초장지에서 31년을 있었으니 그 자리도 후손에게 영향을 줄 충분한 시간이 있었다고 볼 수 있다.

이 묘소 이후로 여흥민씨 삼방파는 본관인 여주 쪽으로 주거를 옮겼는지 묘소가 대부분 여주에 남아 있다. 민시중을 비롯한 3형제 묘소뿐 아니라 그 후손들 대부분이 여주 쪽에 자리를 잡았으며 여러 번 이장을 한 묘소들도 많고 찾을 수 없는 묘소도 후대로 갈수록 많아져 그 자취를 알 수가 없다.

일패의 여흥민씨 묘소는 이름값 답게 큰 인물들이 나왔는데 민여준의 아들 손자의 영달에 이어 삼방파 삼형제가 나왔고 인현왕후를 배출했으며 그 이후로도 진(鎭)자 항렬에서도 큰 인물이 나오는데 일조를 한 것으로 보인다.

덕소와 석실-세도정치의 본산

백봉산이 남으로 맥을 내면서 한강을 만나기 전에 자리를 낸 곳이 덕소의 김번 묘역이다. 맨 처음 김번의 묘소가 들어선 후 5대손인 수(壽)자 항렬까지 여러 대의 묘소가 산재해 있는 곳이다.

▲ 〈김번 묘소〉 덕소

안동 소산에서 상경한 김번은 30대에 문과에 급제해 평양서윤을 지냈고 처가 남양홍씨네의 산인 이 지역을 차지한 것으로 보인다. 백부이자 승려였던 학조대사의 소점으로 알려진 그의 자리는 세간에 옥호저수형(玉壺貯水形)으로 알려졌고 대단한 명당으로 소문이 난 곳이다. 학조대사(1431-1514)는 신미대사의 제자로 속리산 복천암에 그의 부도가 남아 있다. 그는 중종 때까지 활동한 인물로 옥룡사를 중수하고 해인사와도 인연이 있었던 것으로 보인다. 풍수에 해박한 지식이 있었는지 자신의 부도자리도 대단한 자리에 만들어졌다.

김번(1479-1544)과 나이차이가 있을 터이지만 부자간으로 살았다고 전해지는 것과 학조의 장수(83세)를 비추어 보면 김번묘소가 학조의 소점이라고 단장할 수 있는 개연성이 크다고 본다.

안동 소산에서 장동으로 상경한 김번과 그의 형이 문과에 급제하면서 신안동 김씨들의 번영이 시작된다. 백부인 학조의 재산을 물려받아 재물이 넉넉했던 김번과 그의 아들 생해는 한양에서 교류의 폭을 넓혀 갔고 손자인 김극효는 당대의 명문가인 동래정씨 정유길의 사위가 된다.

김생해와 김극효는 문과급제를 못했지만 김극효의 아들 김상용과 김상헌이 문과에 급제해 서인의 중심으로 활동하게 되면서 일차로 가문의 영광이 시작된다. 선원이 영의정 청음이 좌의정에 올랐는데 선원은 병자호란에서 자결[폭사]하고 청음은 대표적 척화신으로 심양에 끌려갔다 오면서 가문의 이름이 높아졌다. 김번의 증손 대에서 상신 두 명이 나오면서 본격적으로 김번 묘소의 발음이 시작된다.

어느 지사는 이 자리를 무맥지라 하고 다른 분들은 점혈의 잘못이라고 말들을 하지만 천지기 합일점에 정확하게 용사된 자리다. 이른바 옥호저수의 명당에 정확하게 점혈이 되었고 형기적으로 기룡혈(騏龍穴)에 해당하는 곳이다. 누구는 조선 8대명당이라고 말하는데 그런 기술의 신뢰성 유무를 떠나 조선시대에 용사된 묘소 중 단연 발군의 자리라고 본다. 이 자리로 인해 세도정치의 기틀이 마련되었다고 말하기엔 계대가 너무 벌어진다. 그러나 세도정치의 뿌리에 이 자리와 김수항의 자리가 기저를 이루고 있다고 확신한다. 그만큼 자리가 좋은 곳이다. 전설처럼 광중에 물을 부었느니 하는 얘기는 꾸며낸 미사여구에 불과할 것이다. 이 자리를 본 안목있는 지사가 있었고 그 분이 학조대사일 것으로 보는 견해가 타당하다.

백봉산에서 남서쪽으로 흐르던 맥이 남으로 방향을 바꾸면서 갈미봉을 내기 전에 크고 단단한 용맥을 낸다. 남서진 하던 맥이 갑자기 기봉한 후에 용이 낮아지면서 결인속기를 하고 묘역 뒤에서 살짝 기봉해 입수봉을 만들고는 호리병 모양을 뉘여 놓은 듯 둥그런 모양을 두개 만들었는데 뒤의 봉에 자리가 되었다. 이런 모양을 두고 옥호저수라 한 듯 보이며 자기안(自驥案)으로 보이는 앞봉우리에 희미하지만 내팔거팔(內八去八)의 사격이 보이는 것으로 기룡혈임을 알 수가 있다.

이 자리를 두고 설왕설래 말이 많지만 대명당이라는 주장에 동조한다. 참으로 좋은 자리임을 부정할 수가 없다. 청룡이 길게 감싸고 백호방에 겹으로 감싸며 내려가는 것도 좋다. 특히 백호는 이 자리의 기운을 끌고 내려오다가 기운을 내려놓고 진행하는 호종사이며 그렇기에 백호방에 큰 자리가 없다고 본다. 자기안을 가졌고 그 앞으로 금체봉의 안산이 가로막아 더욱 좋은데 조산군 또한 화려한 사격을 자랑하는 전형적인 장풍국이다.

덕소의 김번 묘역 내에는 아들인 김생해의 묘소부터 김극효, 김대효 그리고 김상헌, 김광찬 부자의 묘소가 산재해 있지만 제대로 된 자리가 없다. 김대효는 손이 없어 김상헌을 양자했고 김상헌은 아들이 초졸해 다시 김상관의 아들인 김광찬을 양자했다. 일산일혈(一山 一穴)이라거나 천리행룡에 일석지지(千里行龍 一席之地)라는 말은 이런 자리에 해당이 될 것이다. 너무도 큰 자리를 만들었기에 나머지 자리가 되지 않은 것이다.

이 묘역에서 김생해의 자리가 주혈이라는 주장을 하지만 그의 자리도 무맥지일 뿐이고 묘소 앞에 아주 작은 기운이 있지만 묘를 쓸 정도가 되지 않는다. 백호방에 김창협, 김수증, 김상용 등의 묘소가 자리를 잡았지만 좋은 자리는 없다. 특히 선원 김상용의 묘소는 와혈의 형태를 가졌고 보국이 좋아 보이며 화려한 조안을 가졌지만 자리가 아닌 것은 분명하다.

김상헌의 양자인 김광찬의 묘소는 원래 석실서원 근처에 있었던 것으로 추정이 되며 이후 이장한 것으로 보인다.

석실서원은 조말생 묘소[이장지] 근처에 자리했던 것으로 보이며 지금도 표석이 남아 있다. 김상헌 이후로 장동김씨들은 덕소와 석실을 그들의 정신적 휴양지로 삼아 학문도 연마하고 교류의 장으로 썼으며 벼슬에 물러나 휴식의 공간으로 사용했다고 한다.

안동김씨들은 석실에 서원을 세우고 청음 김상헌과 선원 김상용을 모셨으며 이후로도 김수항, 민정중, 이단상, 김창협, 김창집, 김조순 등을 배향했고 학문의 맥도 이어갔다. 연안이씨 월사 이정구의 손자 이단상은 김수증, 김수흥, 김수항 형제들과 골고루 사돈관계를 맺은 분이다.

▲ 〈김상관 묘소〉 율석리

김상헌은 아들을 두었으나 조졸하자 조카인 김광찬을 양자로 들였다. 김광찬의 친부는 김상관이다. 김광찬의 세 아들이 김수흥, 김수증, 김수항인데 그들의 영달에 김상관의 묘소가 크게 작용한 것으로 본다. 이 자리는 천기점으로 상당히 좋은 자리다. 이른바 삼수육창(三壽六昌)으로 대표되는 세도정치 이전의 시기에 신안동 김씨들의 인물들이 이 묘소의 영향을 받았을 것으로 본다.

덕소의 묘소들 중 김번 묘역을 본 후에 다른 묘소들을 소홀히 보고 지나가는 경향이 있지만 이 묘소는 반드시 보아야 하는 자리다. 김번 묘소 이후로 이 묘소만큼 후손들에게 좋은 영향을 준 묘소는 없다. 김생해, 김극효의 묘소는 물론이고 김상헌의 아들인 김광찬의 묘소는 좋지 않다. 김상관의 증손자들인 김창집 이하 창(昌)을 돌림자로 하는 형제들이 이 묘소의 영향을 받았을 것이다. 그들은 정치는 물론 문화예술계에서도 이름을 날리며 삼수육창이란 용어를 만들어냈다.

김상관의 아들인 김광찬의 묘소는 앞에서도 언급했듯이 좋은 자리가 아니고 오히려 흉이 강한 자리다. 그의 초장묘가 석실 근처에 자리를 잡았다가 김상헌 묘소 아래로 이장되었다는 얘기가 전한다. 현 자리는 흉이 크다고 본다.

덕소에 자리잡은 묘소들 중 김번의 묘소가 특대혈에 해당하고 일산일혈의 명혈이라고 보며, 나머지는 혈적한 자리조차 없다. 어느 지사가 김생해의 묘소가 정혈이고 그 아래 김상헌의 묘소가 좋다 하지만 그 자리는 둘 다 정혈을 차지하지 못했다. 김생해의 묘소 앞에 작은 기운자리가 있지만 그 자리는 체백한기도 누울 수 없는 곳으로 매우 작다. 다만 청룡맥상에 조성된 김대효의 묘소가 혈적한 곳인데, 자리는 크지 않으며 거기에 더해 그는 아들이 없어 김상헌을 양자로 들이게 되니 영향을 줄 수 없는 자리다.

덕소 내에 다른 자리들인 김수증, 김창협, 김상용의 자리도 좋지 않다. 선원 김상용의 자리에 서서 보면 와혈의 형상을 갖추고 조안의 화려함이 특별하지만 혈적하지 않은 자리일 뿐이다. 한마디로 정리하면 김번묘소를 만들기 위해 모든 역량이 한자리로 모인 것이고 백호방의 맥들은 일종의 호종사에 불과한데 그곳에도 많은 묘소들이 자리를 잡고 있는 셈이다.

▲ 〈김수항 묘소〉 율석리

환국의 와중에 유배지에서 김수항이 졸했다. 아들인 김창집은 가솔들을 이끌고 낙향했다고 한다. 그의 묘소는 김번묘소 다음으로 좋은 자리를 점했다. 천지기 합일점으로 장동김씨가 본격적으로 세도정치에 들어가기 전에 마지막 큰 자리를 점했다. 김번 묘소에 비하면 약간 낮은 단계의 자리로 또다시 엄청난 자리에 들었다. 김수항 사후에 그의 후손들은 큰 고난에 처하게 된다.

김창집이 신임사옥에서 죽고 아들인 김제겸과 손자인 김성행이 죽게 되면서 장손가문이 거의 멸문의 길로 들어선다. 그래서인지 이 자리를 좋다고 평하는 이들이 적다. 그래도 이 자리로 인해 김창집이 영의정에 오르고 창자 돌림 형제들이 제대로 이름을 날렸으며 미호 김원행이란 유학자도 나오는 게 아닌가 한다.

당시에는 상신을 배출하는 것보다 훌륭한 성리학자가 가문에서 나오는 것을 좋아하던 시기였다. 또한 이 자리가 세도정치의 기틀을 마련하는 힘을 비축하는 자리라고 보는 것이다. 그렇다면 김수항부터 증손자인 김성행 까지의 비정상적인 죽음의 원인은 어디에 있을까? 그 원인을 김광찬의 묘소에서 찾고 싶다. 그 자리가 그만큼 나쁜 것으로 본다.

장동김씨들은 풍고 김조순이 문과에 급제하고 출사해서 순조의 국구가 될 때까지 암흑기를 모내게 되며 김창집의 묘소부터 덕소를 떠나 여주 양평으로 자리를 잡게 된다. 그 묘소들 중 세도정치의 직접적인 힘을 주는 묘소들이 여럿 있다. 그럼에도 덕소의 김번 묘소나 김수항 묘소가 힘을 축적해 후일 세도정치를 시작하는 원동력이 된다고 보는 것이다. 덕소의 김번 묘소야말로 조선시대에 용사된 묘소 중 으뜸이 아닌가 한다.

▲ 〈김번 묘역〉덕소

천마지맥이 천마산을 지나 백봉산을 일군 후 남진하는 맥은 예봉산 쪽으로 길게 내려가고 서쪽으로는 문재산으로 가는 맥을 낸다. 중출맥이 덕소와 율석리 방향으로 내려오며 보국을 형성했다. 청음 묘소 뒤의 높게 솟은 주산이 과협을 형성하면서 김번 묘소 쪽으로 우선룡하는 맥을 냈고 그 맥에 기룡혈을 만들었다. 본신룡에서 좌우로 작게 용호를 내서 선익의 형태를 만들었고 묘소 앞에서 다시 용이 솟아 안산을 만들었다.

그 안산에도 거팔 형태의 사격이 희미하게 붙어 있으며 안산의 끝에 암괴가 드러나 있다. 좌우 용호가 잘 감싸는데다가 조안의 금성체가 특히 아름다운 곳이다. 이런 자리야말로 천리행룡에 일석지지란 말을 써야 할 것이다. 참으로 좋은 자리를 점해준 지사의 안목에 감탄할 자리다.

▲ 〈하남 장용득 묘소〉 율석리

근현대의 한국 풍수지리의 한 페이지를 장식한 분들을 들라면 대부분 청오 지창룡, 하남 장용득, 그리고 육관 손석우를 든다. 각각 다른 풍수론으로 일세를 풍미하며 업적을 남겼고 특히 하남은 많은 제자까지 남겨 지금까지도 그의 제자들이 풍수계에서 중추로 활동하고 있다.

하남은 부친상을 당해 장례를 치른 후 집에 화재가 발생하고 인명이 상하는 등의 재난이 있자 풍수학에 입문했다고 한다. 전해 듣기로 하남은 명리학자 이었다 하며, 굴지의 재벌과 연계가 있었다 한다. 그는 형기위주의 풍수론으로 많은 제자를 길러냈고 특히 황골이 출토된 구광터를 중시했다고 한다. 이 자리는 망우리에 계셨던 부모님의 유택이었는데 이 자리로 이장했다가 다시 고향으로 이장한 후, 1995년 하남이 졸하자 이 자리에 안장했으며 지금 서 있는 비석은 원래 부모묘소를 조성할 당시에 있던 것이라 한다.

전하는 바에 따르면 이 자리도 황골이 출토된 자리라고 하기도 한다. 이 자리에서 서서 보면 안산의 일자문성이 단정하게 서 있는 것을 보고 용사를 한 듯하다. 그런데 이 자리는 너무 내려와 용사된 곳으로 수맥에 해당하는 곳에 용사를 했다. 바로 뒤에 석중혈(石中穴)로 자리가 숨어 있는데 이름답게 노출된 바위가 둥그렇게 원을 만들어 놓았다. 그 자리에서 보면 안산과의 눈높이가 적당하게 보이며 자리 또한 천기와 지기의 합일점으로 좋다. 용맥을 뒤로 거슬러 올라가면 과협처를 만나는데 결인이 잘 된 후에 용이 다시 솟구치며 진행하다가 이 용의 주혈을 숨겨 놓았다. 그 자리가 매우 크지만 쉽게 알아볼 수 있는 곳은 아니다.

삼패의 청풍김씨

청풍김씨는 조선 중후기에 4대6상으로 유명한 청풍부원군계와 김육 김좌명으로 대표되는 청로상장군계로 나뉜다. 청풍부원군계는 충주지역에서 세거하다가 김우증이 의왕을 사패지로 받으면서 그 곳으로 이주해 살았다.

김우증의 손자 대에서 손이 끊기자 오창지역에 세거하던 김후의 후손 중에서 김계[김숭의의 아들로 김여광의 9촌 조카]를 양자했고 후일 그의 후손이 사대육상이란 영광을 만들어냈다.

▲ 〈김식 묘소〉 삼패

청로상장군계인 김식은 기묘명현이다.

그는 현량과로 벼슬을 시작해 고속승진 하다가 기묘사화로 인해 목숨을 잃는다. 그가 거창에서 졸하자 그의 장지를 이곳으로 정했다. 아마도 외가인 사천 목씨네 선산으로 온 듯 하며 이후로 그의 후손들의 묘역이 된 것으로 보인다. 아들인 김덕수는 몸을 피신해 은거해야 했고 기묘사화의 와중에 그나마 외가의 산에 자리를 잡은 셈이다. 김식과 모친 사천목씨의 묘소는 가까이에 있고 둘 다 좋은 자리가 아니다. 한강이라는 대강수가 바로 보이는 이 자리는 수살을 피하기 어려워 보인다. 그의 후손들은 한동안 숨어 지내거나 단명하거나 출사하지 못한 채로 생을 마감한 것이다.

▲ 〈김덕수 묘소〉 삼패

기묘사화 당시 김덕수는 도망자 신세가 되었다. 그는 장골에 무재가 있다 하여 추포령이 내려졌지만 여장을 하고 숨어 지냈다고 한다. 그 후에도 출사하지 못하고 평생을 처사로 보냈다. 그의 묘소는 삼패의 선조묘소를 안산으로 하는 자리에 용사되었다. 이 자리가 청로상장군계를 영달로 이끄는 시작점이다. 참으로 좋은 자리를 점했고 드디어 그들의 영광이 그의 증손인 김육에 의해 꽃이 피었다. 백봉산의 맥이 남서진 하다가 덕소의 김번 묘역을 낸 후에 한강을 만나기 전까지 야산을 일구며 진행하는 곳이 삼패지역이다.

김번 묘역의 청룡맥이 계속 진행하여 김식묘역에 이르고 한강을 만나며 김상용 묘역을 벗어난 외백호 맥이 김덕수 묘역으로 들어온다. 한강을 만나기 전에 시계 반대방향으로 틀면서 자리를 만들었는데 특징적으로 대강수인 한강이 살짝 보일 듯한 곳에 만들어졌다. 수구를 잘 막은 것과 더불어 백호방에 여러 겹의 용을 내서 허함을 막아주는 곳이다. 비산비야의 낮은 구릉에 자리를 잡았지만 정확하게 용사를 했고 한강의 수살을 피했다.

▲ 〈김비 및 김흥우 묘소〉 삼패

삼패에 김식 이하 후손들의 묘소가 산재해 있는데 김식 묘역에서 단 한자리 좋은 곳을 보았다. 그 자리가 김육의 증조부인 김비의 묘소다. 삼패지역은 대강수인 한강이 큰 물을 만들고 돌아가는 지역으로 웬만해선 수살을 피하기 어려운 형태이다. 김비 묘소는 주봉이 입수처로 입수봉 바로 아래에 바짝 붙어 자리를 만들었다. 수살을 피하기 위한 장치로 내청룡도 좋지만 백호가 잘 발달해 있다. 바로 아래 자리인 김흥우 묘소부터는 수살을 받아 자리가 좋지 않다.

김덕수 묘소와 더불어 김비의 묘소가 좋기에 김육과 김좌명, 김우명 그리고 명성왕후가 배출된 것으로 본다. 김덕수 묘소 주변으로 김육의 묘소와 김좌명의 이장묘가 자리를 잡았지만 김육묘소는 기운이 너무 작고 김좌명 묘소는 무맥지일 뿐이다.

▲ 〈청풍김씨 묘역〉 삼패

백봉산의 맥이 덕소를 지나 한강에 이르기 전에 마지막으로 기봉한 지역이 삼패의 청풍김씨 묘역이다. 김식과 그의 후손들의 묘소가 산재해 있는데 한강이라는 대강수의 수살을 피해 자리가 만들어져 김덕수와 김비 묘소가 자리가 되었다. 그 외에도 청풍김씨들의 세장지 답게 많은 묘소들이 자리를 잡았는데 좋은 자리를 보지 못했다.

한강변의 수석동에는 안동김씨들의 정신적 휴식처로 청음과 선원 이하 여러분들을 모신 석실서원이 자리를 잡았었는데 대원군의 서원철폐로 사라지고 그 자리에 팻말만 하나 서 있다. 이 지역에는 양주조씨 조말생과 그의 후손들의 묘소가 홍유릉 조성 당시에 이장이 되어 자리를 잡았다. 조말생 묘소는 이장지임에도 아주 큰 자리를 차지했지만 사후 수백년이 지난 다음에 이장이 되었으니 풍수적으로 공부거리가 되는 것 외에는 의미가 없다. 인조의 국구인 양주조씨 조창원의 묘소도 이장이 되어 이 지역에 자리를 잡았다.

예빈산권

천마지맥이 백봉산에 이른 후 여러 자리를 만들고는 남쪽으로 갑산-적갑산-예봉산-예빈산을 내고 남한강과 북한강이 만나는 지점까지 이른다.

▲ 〈한확 묘소〉 조안면 능내리

천마지맥의 끝에 해당하는 예빈산의 말락처에 자리잡은 한확의 묘소다. 조선 초에 명나라 황실과 자신의 누이들이 혼인으로 맺어져 큰 권세를 누리며 좌의정에 올랐으며 청주한씨의 양절공파를 대표하는 인물이다. 그의 묘소는 예빈산의 중출맥에 자리를 잡았는데 좌우로 잘 감싸는 용호와 더불어 외청룡에서 나온 쇠발산을 안산으로 삼아 잘 짜여진 장풍국에 점혈한 곳이다.

천지기 합일점으로 매우 큰 자리다. 국세 또한 잘 짜여졌고 암공수인 한강이 이 자리를 감싸는 모습도 좋은 곳이다. 이 자리의 청룡맥에 이보다 훨씬 큰 자리가 생지로 숨어 있다. 잘 내려오던 용이 솟으며 갑자기 넓어지는 모습이 혈적함을 증명하는 듯 아름다운 곳인데 임자를 만나지 못하고 숨어 있다.

예빈산의 맥이 길게 이어지며 쇠발산을 내고 그 끝에 다산 정약용의 생가인 여유당과 묘지가 자리했다. 그는 반계 유형원과 성호 이익의 사상을 계승한 실학자로 정조의 총애를 받았으며 1801년에 일어난 신유사옥으로 길고 긴 유배 생활을 마치고 이곳에서 학문에 열중했다. 그의 생가인 여유당과 묘소는 좋은 자리는 아니다. 특히 묘소는 용세가 약한데 비해 수세가 너무 강하여 자리가 될 수 없는 곳이다.

수락산 권역-의령남씨와 덕흥대원군

수락지맥은 용암산-깃대봉-수락산-불암산-망우산-아차산으로 이어진다. 수락산의 동쪽 사면 일부가 남양주에 속하고 남진하던 맥이 불암산을 일구는데 그 끝에 남재와 남을번의 묘소가 자리한다. 남양주와 구리시를 구분 짓는 것은 수락지맥과 불암산에서 발원한 용암천으로 별내 지역은 왕숙천의 서편에 해당하고 수락산과 불암산 등의 큰 산 아래에 자리하게 된다.

▲ 〈남을번 남재 묘소〉 별내동

구정 남재와 그의 부친 남을번의 묘소는 불암산 밑에 자리했다. 태조 이성계와 친구였던 구정은 태조가 자신의 신후지지와 바꾸자는 제안에 동구릉에서 이 자리로 신후지지를 정하게 되었다 전한다.

이 자리는 불암산에서 내려온 일맥이 갑자기 솟구치며 이른바 돌혈을 만든 곳이다. 구정과 남을번의 묘소가 둘 다 정혈에 들었으며 구정의 묘소가 더 좋다. 비룡승천(飛龍昇天)의 좋은 자리로 의령남씨 남을번의 가문이 동생인 남을진의 가문보다 번성하는데 큰 역할을 했다. 남재의 세 손자인 남지, 남간 그리고 남휘의 현달에 기여한 것으로 보인다. 그 후로도 의령남씨는 조선 말까지 명문가로 성장하며 대제학을 6명 내는데 그 출발점에 두 분의 묘소가 좋은 역할을 하고 그 후로도 후손에서 좋은 자리에 들면서 명문가가 되었다. 도시화로 인해 불암산에서 내려온 맥의 흔적을 찾을 수는 없지만 아마도 강한 암기를 지닌 불암산에서 변화가 심한 맥이 내려 왔을 것이다. 사행(蛇行)으로 흘러가는 청룡방의 용암천의 모양이 좋고 조안은 천마지맥의 끝에 해당하는 곰돌산의 맥에서 취했다.

의령남씨의 여러 가문 중에서 남을번의 가계가 크게 번성했고 동생인 남을진의 가문은 그러하질 못했다. 왕자의 난에서 남재의 동생인 남은이 희생되면서 그 가문도 몰락했고 결국 남재의 아들인 남경문〔조졸함〕의 세 아들이 가문을 일으켰다. 그들이 명문가를 이루게 되는데 상대적으로 남간의 후손들이 제일 크게 번성했고 장파인 남지의 후손들도 인물들을 냈다. 남간의 후손 중 추강 남효온의 사촌인 남효의의 후손이 조선 말까지 큰 인물들을 냈다. 그에 비해 남휘의 후손은 남이가 역모로 몰리면서 번성하지 못했다.

▲ 〈남효의 묘소〉 별내면 청학리

남효의의 부친은 남회로 생육신 추강 남효온과 동시대를 살아간 것으로 추정이 된다. 남회는 큰 벼슬 없이 살았고 남효의도 삼촌인 추강과 연좌되어 출사가 늦었다. 그래도 그는 판서를 지냈고 남간의 후손 중 처음으로 출사를 한 인물이다. 그의 후손들에서 의령남씨의 큰 인물들이 많이 나온 셈이다. 이 자리는 귀격이 강한 좋은 자리다. 이 자리로 인해 후손들이 자리를 잡아 가면서 여러 인물이 배출되었다. 물론 진천에 자리한 부친 남회의 자리가 더 크긴 하지만 연속으로 좋은 자리에 들면서 가문이 번성해 갔다. 그의 고손 이내에는 큰 인물은 없고 후대로 갈수록 큰 인물이 나는데 6대손 남용익이 대제학에 오른다. 남효의 이후로 좋은 자리를 점한 후손이 있을 것으로 보인다.

그 후로도 남유용이 대제학 남공철이 대제학에 오르는 등 4명이 이 가문에서 나온다. 그 시발점이 남회와 남효의 묘소로 보인다.

▲ 〈덕흥대원군 묘소〉 별내면 청학리

덕흥대원군은 중종과 창빈안씨 사이의 아들로 명종의 이복형이다.

그는 왕손으로 행실이 나빠 세간의 욕을 들으며 31세의 짧은 생을 마감했다. 20대 초반에 자신의 생모인 창빈안씨묘를 이 지역에서 동작동으로 이장했고 후일 그의 삼남인 하성군이 왕위(선조)에 오르며 사후 대원군으로 추증이 된 인물이다. 다들 선조와 그 이후의 왕위계승에 대하여 창빈안씨묘를 지목하지만 그와 다른 견해를 앞서 기술했다. 개인적으로 덕흥대원군의 묘소가 제왕지지라고 보며 선조의 등극에 큰 힘을 준 자리로 본다. 내룡에 힘이 있고 천지기 합일점이며 제왕의 기운을 품고 있다. 안산이 겹으로 들어와 일자문성을 만들고 태양이 떠오르듯 둥근 일월사도 조산군에 자리했다. 특히 이 자리에서 돋보이는 것은 주산에 해당하는 수락산의 첨봉이 조응한다는 점일 것이다. 참으로 위용있는 모습이다. 정상에서 맥이 급하게 내려오면서 암기를 털어내고 변화하던 용에 자리를 만들었다.

수락산에 더해 국사봉으로 추정되는 첨봉이 조화를 이루고 우뚝 섰다.[이른바 천을태을의 형세] 수락산에서 내려온 불암산의 맥이 조안을 이루고 국사봉의 맥 또한 허결처를 감싸 큰 국세의 장풍국을 만들었다. 이 자리에 서면 힘이 넘치는 사격들이 조화를 이루고 있는 모습에 감탄하게 된다.

▲ 〈덕흥대원군 묘소〉

수락지맥의 용암산에서 수락산으로 이어지며 강한 기운을 한껏 내뿜고 화강암의 암기를 그대로 드러내고 있다가 남쪽으로 이어지며 동으로는 국사봉을 내서 보국을 만들었다. 조산격인 수락산이 현장에서 사사 보면 웅대한 첨봉으로 보이며 온통 암괴로 구성되어 있어 장엄해 보인다. 급하게 낙맥하면서 좌로 돌던 맥이 튼튼한 용을 내면서 큰 장풍국을 만들었다.

현장에서 보면 수락산 만큼은 아니지만 동북방에 탐랑봉을 세워 천을태을(天乙太乙)의 조화를 이루고 안산이 외백호에서 나와 일자문성을 이룬다. 조안에 아름다운 사격이 도열했고 전체적으로 국세가 힘이 있어 보인다.

남양주라는 지명은 1980년대에 이 지역이 통폐합 되면서 새로 생긴 것이다. 이전부터 양주 등 여러 지역으로 나뉘어 있었지만 우연인지 천마지맥을 포함하는 지역이 남양주란 이름을 얻으며 분리되었다. 천마산과 백봉산에 기댄 용맥에 왕릉을 비롯해 능, 원, 묘 들이 자리를 잡았고 명문가의 묘소들도 가문의 흥망과 더불어 오랜 세월 동안 보존이 되어서 풍수공부에 더할 나위 없이 좋은 지역이 된 셈이다.

세조의 광릉이 있고 그 대척점의 단종비 정순왕후의 사릉이 있으며. 광해군과 그의 모친 공빈의 묘가 자리 잡았는데 반정으로 왕권을 잡은 인조의 할머니인 인빈김씨의 순강원도 이 지역에서 같은 산 아래에 자리를 잡은 인연이 있는 곳이다.

천마지맥의 백봉산과 대강수인 한강의 조화를 이루는 곳에 세도정치의 뿌리인 장동김씨들의 선영이 자리했고 보검출갑형이라는 민씨네 묘를 비롯해 다른 명문가인 청풍김씨 의령남씨들의 묘소도 자리했다.

이 밖에도 수많은 가문의 묘소들이 자리를 잡았지만 답사의 발길이 미치지 못한 곳이 더 많은 것이다. 그래도 남양주의 좋은 자리는 한번쯤은 발길이 닿았다 하는 생각이 든다.

풍수의 실체를 찾아서

CHAPTER 05 동기감응
(同氣感應)

풍수학을 다들 동기감응의 학문이라고 말한다.

즉 같은 기운을 가진 후손에게 조상의 유해[遺骸: 시신이 육탈이 된 후 골기가 형성된 상태]가 좋은 기운을 받을 때 그 기운을 전해주는 것을 동기감응이라 하고 그것을 풍수의 요체라고 한다. 물론 양택풍수라는 개념도 있지만 그것은 초기의 풍수에서는 없던 것으로 보이니 음택풍수 에서의 동기감응이란 것이 풍수학의 출발인 것은 확실하다.

금낭경에 '人, 受體於父母' 라는 글귀가 나온다. 사람은 부모로부터 그 몸을 받는다는 뜻이다. 그 글귀의 해석에도 자식이란 부모가 남겨놓은 몸(遺體)이다 라고 말하며, 사람은 무릇 부모로부터 삶을 받았기 때문에 그 유체를 받은 것이다 라고 말한다. 즉 부모의 몸을 빌어 태어나 같은 몸을 가지게 된다는 뜻일 것이다.

이어서 말한다. '본해득기, 유해수음(本骸得氣요 遺體受蔭)' 라고. 이것은 부모의 유해가 모든 자식들의 근본이 되고 그 유해가 좋은 기운을 받으면 자식들에게 음덕(蔭德)이 온다고 얘기한다.

금낭경에는 풍수를 공부하는 이들이 동기감응을 이야기할 때 거론하는 글귀도 등장한다. '是以銅山西崩에 靈鐘東應이어라'. 이 이야기는 많은 책에서 동기감응을 이야기할 때마다 인용하는 것인데, 서쪽의 구리광산이 무너지니 동쪽의 영험한 종이 울리더라 라는 뜻이다. 그 내용을 구체적으로 해설해 놓은 내용을 인용해 보겠다.

"한나라 이양궁에서 어느 날 저녁 아무 이유 없이 종이 스스로 울었다. 동방삭이 있다가, 반드시 구리광산이 무너진 일이 있을 것이라고 말하셨다. 머지 않아 서쪽 땅 진령(秦嶺)에 있는 구리광산이 무너졌다는 소식이 왔는데, 날짜를 헤아려 보니 이양궁의 종이 울린 그날이었다. 이에 황제가 동방삭에게 어떻게 그 일을 알 수 있었냐고 물으니 동방삭이 대답하기를, 〈무릇 구리는 구리광산에서 나온 것입니다. 그러니 두 氣가 감응하는 것은 사람이 부모로부터 몸을 받는 것과 마찬가지 이치입니다〉라고 하였다"

장경에는 또 동기감응의 원리로 나무에 꽃이 피면 방안에 있는 밤에서도 싹이 난다는 이야기도 한다. 즉 동기감응에 대하여 여러 예를 들어 설명하는 것으로 보인다.(최창조 역 금낭경 인용)

현대인들에게 동기감응을 설명하기에는 쉽지 않다. 앞에서 언급한 금낭경의 내용들이 쉽게 다가오지 않는 내용들인 것이다. 그렇기에 일반인들에게 한마디로 동기감응을 이해시키기에는 어려움이 따른다. 그렇다고 그냥 믿으라 하기엔 체계적으로 경험적 학문을 습득한 이들에게는 통하지도 않는 일이다.

그래도 한 가지는 확실하다. 조상과 부모의 영향을 받아 사람이 태어나고 서로 같은 유전자를 일정부분 공유하는 것은 확실하다. 그러니 동기감응을 현대적으로 해석할 때면 으레 유전자의 동질성에 대하여 예를 들게 된다. 하지만 웬만해서는 받아들이기 힘든 면도 있으니 오히려 동기감응에 대하여 설명하면 할수록 어려워질 수밖에 없다. 차라리 편하게 받아들이도록 하는 게 옳은 면도 있다고 본다.

풍수론이 孝사상에 입각해 성립이 된 것으로 본다면 굳이 동기감응을 설명할 필요도 없다. 그저 부모의 유해를 살아계실 때처럼 편안히 모시고 좋은 기운에 들게 하여 체백의 안녕을 도모하는 것이 효라는 개념으로 생각한다면 편할 것이다. 그렇게 함으로써 후손이 좋은 영향을 받는다면 좋은 일일 것이니 말이다. 굳이 과학적 증명이 필요 없다고 보는 것이 편하기도 하다.

풍수를 공부하면서 소위 답사라는 것을 많이 하게 된다. 필자도 수년에 걸쳐 수천기의 선현 묘소들을 답사한 경험이 있다. 그 결과를 종합해 내린 결론은 소위 명문가로 일컬어지는 가문의 흐름에서 적어도 3-4대에 걸쳐 한자리 이상은 풍수적으로 좋은 기운에 조상의 유해를 모신 것을 보았다. 즉 명문가들의 공통점으로 조상의 유해를 좋은 곳에 모셨다는 것이 있었고, 그런 가문도 어느 특정인의 후손에서 크게 인물이 나는 것도 보게 되었다. 그런 것들을 보면서 적어도 풍수론의 근본인 동기감응이 실재한다는 것을 체감하게 되었다.

예를 들어 논산의 연산을 중심으로 시작된 광산김씨 김문의 후손들에서 그 성씨의 대부분의 영광이 있었는데, 그런 영예를 만들어준 묘소는 순창의 말명당이라 불리는 김극뉴의 묘소와 연산 고정리의 김호 묘소가 크게 영향을 미친 것으로 보인다.

그 가문에서도 특정 후손으로의 발음이 일어나는 경향을 보이는데 , 김호-김계휘-김장생-김반 으로 이어지는 후손이 크게 일어난다. 김반의 후손에서도 김익겸의 아들 대에서 형제 대제학 삼대 대제학을 내는 것이며 다른 후손들은 한미해졌다가 특정후손의 가문으로 영예가 이어지는데 그 기저에 다시 좋은 자리가 작용하는 것이다.

연안이씨에서도 저헌 이석형의 후손 중 가장 번성한 가문은 월사 이정구의 가문인데 그의 조부인 이순장의 묘소에 기인해 3대 대제학을 만들어 냈다. 그 후에는 월사의 손자인 이만상의 가문이 크게 일어나는데 그 원인은 이만상의 아들인 이봉조의 묘소가 대단히 큰 자리에 들었기 때문으로 보인다. 그런 예를 들 수 있는 경우는 많다. 반남박씨 별칭인 옥관자 서말이 났다는 가문은 기묘명현인 사간 박소의 후손들이 대부분 영달한 것이며, 광주이씨 이당의 후손들이 한동안 번성한 것도 이당과 그의 아들인 둔촌 이집의 묘소의 영향으로 보는 것이다.

청풍김씨 사대육상의 원천은 의왕의 김인백 부인묘에 기인하며, 신안동김씨 세도정치의 시작은 김달행 묘소로 보지만 그 근본적인 시작은 덕소의 김번 묘소로 보는 견해가 있으며, 그 외에도 예를 들자면 무수히 많은 것이다. 이런 것들이 동기감응을 증명해 주는 예들이며 , 결국은 풍수학이란 것이 과거의 예를 도출해보고 현재에 이용하는 것이고 미래를 예측해 보는 학문이 되는 것이다.

▲ 〈사간 박소 묘소〉 합천군 묘산면 화양리   조선 중후기를 지나며 반남박씨들이 많은 인물을 내는데 그 대부분이 박소의 후손이다. 박응주를 시조로 하는 반남박씨는 조선조에서 문과급제자를 215명 내는데 상신 7명, 대제학 2명, 왕비 2명, 문묘배향자 1명도 있다. 그 중에서 박소의 후손에서 127명의 문과급제가 나왔고 상신도 6명으로 대부분을 차지하며 대제학과 왕비 그리고 문묘배향자도 박소의 후손이다.

동기감응에 대하여 얘기할 때 대답하기 곤란한 점은 또 있다. 우선 감응의 시기가 언제인가 하는 것이며 누구에게 감응이 되는 것인가 하는 문제가 중요하게 얘기 되지만 뚜렷한 답을 낸 경우는 보지 못했다. 우선 감응의 시기에 대하여 생각해 보면, 조상의 유해를 좋은 자리에 모신 후 얼마 만에 발음이 오는가 하는 문제에 대하여 논해 보겠다.

금낭경의 해설에서 나오는 대목을 인용해 본다. "오행의 생기와 地中의 生氣 그리고 유골의 생기, 이 세가지가 합하여 하나가 되면 福이 살아있는 자식들에게 가히 흘러갈 것이다"(최창조 역 금낭경에서)

이 내용을 보면 지중의 생기와 유해의 골기가 합해지면 후손에게 좋은 기운이 전달된다는 것을 말하고 있다. 부모가 돌아가신 후 장사를 지낸 후 땅의 기운과 더불어 체백이 골기를 형성한 후에 기운이 어울리면 동기감응이 된다는 것이다. 장사를 지낸 후 좋은 자리에서는 육탈이 서서히 이루어지게 되는데 그 시간이 약 5-6년 걸리는 것으로 본다. 그 기간이 체백이 골기를 형성하는 기간으로 본다면 적어도 장사를 지낸 후에 그 시간 이상이 지나면서 동기감응이 일어남을 추정할 수 있다. 그렇기에 우리 사회에서 평균수명 정도를 살다가 돌아가신 후 그 다음 후손이 대체로 증손이 태어나게 되고 골기를 형성하는 시간과 더해 보면 증손에서 가장 크게 동기감응이 일어남을 추정해 볼 수 있다.

그런 경우를 산정해서 보면 조부모가 일찍 졸한 경우에는 손자에게 영향을 줄 수 있는 경우가 늘어날 수 있고, 고조나 5대조 까지도 좋은 자리에서 골기가 지속된다면 좋은 영향을 줄 수 있을 것이다. 부모의 경우에도 일찍 졸했거나 골기가 형성되었을 때 자식이 왕성한 활동을 하는 경우에는 영향을 줄 수 있다고 보는 것이 타당하다.

그렇게 보면 증조부모의 영향이 가장 크게 작용하는 경우가 많을 것이고, 조부모나 고조부모의 영향도 받을 것이며, 경우에 따라서는 부모의 영향도 많이 받을 것이라고 결론을 내리는 것이 타당하다. 일부에서 주장하는 바 대로 부모의 영향이 가장 크다고 하는 것은 동의하기 어렵지만, 그 체백이 흉한 자리에 들었을 경우 그것으로 인한 害는 일찍 발현한다고 보기에 좋은 영향 보다는 나쁜 것이 먼저 자식에게 미칠 수 있다고는 본다.

동기감응의 방향을 살펴보면 그것은 더욱 난해하다. 명문가의 묘소들을 답사하고 나서고 그런 발음의 흐름이 일정하다고 볼 수 있는 근거는 찾을 수 없었다. 동래정씨 영남계에서 많은 상신이 나왔는데 그 흐름을 보면 대부분이 정광필과 그의 후손임을 알 수 있으며 그것을 다시 좁혀보면 그의 네 아들 중 정복겸의 후손에서 발음이 두드러짐을 볼 수 있다. 임당 정유길이나 정태화, 정지화, 정치화 등등 상신의 대부분이 그 가문인 것이다.

▲ 〈백강 이경여 묘소〉 세종의 아들인 밀성군의 후손들을 밀성군파로 부르는데 전주이씨의 많은 파 중에서도 발군의 업적을 남겼다. 그런 업적의 대부분이 이구수의 증손자인 이경여와 그의 후손들에게서 일어났다. 삼대 대제학도 그 산물 중의 하나이며 그의 손자들이 이관명, 이건명, 이이명이다.

전주이씨 밀성군파의 발음을 봐도 광원수 이구수의 후손만 영달했는데 그중에서도 백강 이경여와 그의 자손들로 영달이 국한되었다고 무방할 정도다. 파평윤씨의 대부분 후손이 판도공파와 소감공파인 것이나 밀양박씨는 규정공파가 후손의 대부분인 것도 이채롭다.

진주강씨 박사공파는 대부분의 후손이 강희맹의 후손이고 양주조씨 조태채의 아버지인 조희석의 후손이 조선 말까지 크게 영달해 가문의 영광 대부분을 차지하는 것을 보면 동기감응이 어디로 갈 것인지 그 흐름을 명확히 알 수는 없지만 어느 시점에서 조상의 골기가 좋은 기운을 만나 동기감응을 만들어 낸 것으로 보이는데 어느 후손에게 집중되는지는 알 수가 없다. 그래서인지 현대에 풍수학을 공부하는 이들은 그런 동기감응이 유전자의 일치성에서 찾기도 하는 것이 아닌가 싶다. 그것 또한 일정 부분 동의하지만 추정에 불과한 것이고 정확한 답을 구했다고는 볼 수 없다.

결론적으로 부모나 조상의 유해로 만들어진 골기가 지중의 생기와 만나 그 좋은 기운이 후손에게 전달되어 좋은 결과를 만들어 내는 것을 동기감응으로 말할 수 있다. 전통적인 효 사상에서 출발한 장례법은 부모의 사후에도 좋은 자리를 골라 체백을 편안히 유지하는 것이었고, 그 체백의 보존으로 골기가 형성되며 편안한 상태가 유지될 때 지기와 합해져 후손의 영달을 보여주는 것으로 본다. 결국 동기감응은 조상과 후손을 연결해 주는 일종의 보이지 않는 끈처럼 연결되어 조상의 골기가 후손의 길흉화복에 영향을 주는 것을 말한다고 할 수 있다.

인간의 모든 삶이 풍수적 관점에서만 좌우되는 것이 아니지만, 조상을 잘 섬기고 모시며 효를 실천하는 것이야말로 그 삶에 좋은 영향을 준다고 믿는 것이 진정한 효의 실천이고 그것이 동기감응으로 후손에게 답하는 것이 아닌가 한다.

풍수의 실체를 찾아서

CHAPTER 06 조선의 명문가와
그 형성과정

역성혁명에 의해 조선이 건국되자 기존의 지배계층에 큰 변화가 왔다.

고려 말부터 성리학에 기반을 둔 신진사대부들의 출현으로 조선 건국의 이념적 토대가 형성되면서 정도전과 같이 건국에 참여한 신진사대부들이 많았고 그들이 개국공신에 이름을 올렸는데, 그러한 참여를 토대로 가문이 번성할 기회를 맞은 것이다. 반면에 불사이군의 정신으로 개국에 저항한 사람들이 속한 가문은 쇠퇴해 한미한 가문으로 전락할 위기를 맞았다.

조선 건국의 개국공신은 총 43명으로 1등 공신에 배극렴 등 16명, 2등 공신에 윤호 등 11명 그리고 안경공 등 16명이 3등공신에 올랐다. 이후 김인, 한상경, 황희석이 추가되었고 일차 왕자의 난 이후 이방원등 왕자들이 추가되어 총 55명이 공신록에 이름을 올렸다.

반면 조선 개국에 저항하던 고려 유신들과 두문동 72현으로 대표되는 절개의 화신들은 가문이 일시에 몰락하는 아픔을 겪었다. 그중에서도 포은 정몽주는 선죽교에서 척살당한 후 태종 이방원에 의해 절의충신으로 추봉되고 가문도 보호를 받으면서 집안을 유지하게 되는 예외적인 일도 있었다.

그런데 공신록에 이름을 올렸지만 두 번의 왕자의 난을 거치면서 공신자격이 추탈되고 가문이 멸문이 된 경우도 있었는데 대표적인 인물이 정도전이다. 그는 조선 건국의 설계자이자 개국공신이었지만 일차 왕자의 난에서 정도전, 남은, 심효생[의안대군 이방석의 장인] 등이 희생되면서 공신에서 탈락하고 가문도 쇠하거나 멸문에 이르게 되었고, 다시 2차 왕자의 난으로 이방간과 박포가 피해를 보면서 가문이 쇠하게 되었다. 태종은 즉위 후에도 처남들인 민씨 형제들을 제거했고 따라서 민제의 가문은 후손을 이어가지 못했는데 왕권강화를 위해 행해진 이런 결과들로 가문의 부침이 크게 나타나게 되었다.

시간이 지나면서 개국공신들의 부침이 계속되었는데 세조가 왕권을 찬탈하는 과정에서 계유정난과 단종복위운동이 일어났고 그 때마다 많은 인물이 희생이 되면서 명문가의 지위에 있던 가문들이 쇠해 갔다. 대표적인 분이 김종서, 황보인 등인데 김종서는 본인은 물론 아들인 김승규 그리고 손자들 까지 희생이 되면서 가문이 멸하였다. 사육신들 또한 대부분 멸문이 되었는데 성삼문의 경우 본인과 부친 그리고 형제들이 모두 죽었고 아들들을 포함해 손자들 까지도 희생이 되면서 가문이 사라지는 아픔이 있었다. 이런 일들이 대부분의 사육신 가문에서 일어났고 따라서 가문의 대가 대부분 끊긴 것으로 보인다.

이로써 조선 건국 후에 명문가로 자리 잡은 가문도 크게 상처를 입으면서 주저 앉게 되었고 이들은 후에 신원이 되지만 너무 긴 시간이 흐른 뒤였기에 명문가로 다시 도약하는데 한계가 있었다.

▲ 〈동고 이준경 묘소〉 양평군 양서면 부용리 조부인 이세좌가 갑자사화에서 자결할 때 이준경의 부친을 비롯한 사형제도 희생이 되었고 그는 당시에 6살이었다고 한다. 괴산에서 숨어 살다가 2년 후 외가에서 자란 이준경은 형인 이윤경과 조광조의 문하가 되었다. 집안은 훈구파였으나 조광조의 제자로 사림에 몸담았고 명종 사후 선조를 옹립했다. 훈구파의 후손이면서 사림에 속했는데 을사사화 당시 사림을 보호하려 노력한 분이며 영의정을 지냈다. 광주이씨가 갑자사화에서 멸문을 당할 정도의 피해를 입었는데 후일 이준경과 그의 형인 이윤경이 영달했다.

사육신들의 희생과 비교되는 생육신들의 후손도 절개를 지킨 선조를 따라 은 거하게 되고 중앙에 진출하는 일이 불가해지면서 가문이 크게 일어나지 못했 다. 연안이씨 저헌 이석형처럼 단종 복위운동으로 사육신이 희생될 때 외직인 전라도관찰사로 나아가서 복위운동에 참여하지 않았고, 오히려 그 이후로 가문이 서서히 일어난 경우도 있었다. 또한 세조에 협조하면서 한동안 현달하는 가문이 생겨났고 정인지, 신숙주, 한명회, 권람 등이 이런 가문에 속한다고 볼 수 있다.

이런 과정에서 이른바 훈구대신들이 생겨났고 성종 대를 거치면서 사림파가 서서히 일어나면서 갈등이 시작되었다. 연산조에 이르러 두 번의 사화가 일어났고 그에 따라 많은 사림의 인사들과 훈구대신이 희생되면서 가문이 멸한 경우도 있었다. 특히 1504년에 일어난 갑자사화로 수백 명의 인물들이 죽거나 유배되면서 가문의 생존이 크게 위협을 받았고 중종반정 후에 신원이 되고 회복이 되었지만 그 피해를 고스란히 받은 가문이 적지 않았다.

▲ 〈윤원형과 정난정 묘소〉 파주 당하동 장경왕후 윤씨가 아들(후일 인종)을 남기고 졸하자 중종은 세 번째 부인으로 윤지임의 딸이자 윤원형의 누이인 문정왕후 윤씨를 계비로 들였다. 문정왕후가 아들(후일 명종)을 낳자 조정은 세자를 중심으로 한 윤임(장경왕후의 오빠)파와 경원대군(명종)을 중심으로 한 윤원형의 소윤으로 갈라졌다. 두 사람은 9촌 숙질간으로 결국 을사사화에서 문정왕후를 등에 업은 윤원형 일파가 승리해 대윤을 몰아내고 사림까지 제거했다. 윤원형은 권력을 독점했지만 문정왕후 사후 사림에 의해 그도 제거되었다. 미천한 신분으로 윤원형의 정실이 되어 정경부인에 올랐던 정난정도 윤원형과 동반자살로 생을 마감했다. 강력한 신분제 국가에서 서열을 철폐하려 했던 윤원형과 정난정의 말로는 자살이었다고 한다. 조선조에서 사대부의 부인이 아닌 신분으로 정경부인에 오른 분들이 세분 있었는데, 백사 이항복의 측실인 금성오씨와 진주성에서 순절한 논개 그리고 정난정 이었는데, 정난정은 직첩이 취소되었다.

반정으로 인해 다시 한 번 요동친 정국은 기묘사화로 사림이 큰 피해를 봤고 을사사화까지 겹치면서 훈구대신으로 명명된 가문의 후손들도 영향력이 약해졌다. 을사사화에서는 파평윤씨 장경왕후의 오빠인 윤임과 문정왕후와 동생인 윤원형 등이 대립하면서 사화로 이어졌는데 소윤 파 윤원형 등이 권력을 잡고 전횡하였다.

선조 때에 이르러 그동안 내재됐던 대립이 당쟁으로 이어졌고 미증유의 양란을 거치고 반정까지 겹치면서 조선사회에 큰 변화기 일어난 것으로 보인다. 그동안 번성했던 가문이 쇠퇴하고 새로운 명문가가 생기기 시작한 것이 이 때쯤 인 것이다. 대부분의 명문가가 당쟁과 전란을 겪으면서 서서히 자리를 잡아 간 것으로 보인다. 대표적으로 연안이씨나 광산김씨가 크게 성장하고 동래정씨나 반남박씨 등이 크게 일어나기 시작하는 것이 이 연간인 것이다.

조선 후기를 대표하는 명문가인 신안동 김씨들의 영광도 이 때부터 시작이 되었다.

인조반정 후에 서인들이 주류를 형성하면서 그에 속한 가문이 서서히 일어난 것도 변화였다. 반정의 명분은 광해군의 정책에 반대하는 것이었을지 몰라도 그 내면에는 서인이 실권을 쥐고 있던 대북파를 밀어낸 것이나 다름이 없었다. 또한 갑인예송과 경신환국 등 여러 환국을 거치면서 그 때마다 권력을 잡는 당파가 바뀌게 되면서 희생되는 인물들이 나왔고 그에 따른 가문의 부침도 심해졌다. 숙종 조가 지나면서 당쟁은 더욱 심해졌고 서인들은 노론과 소론으로 갈라지면서 정권의 주도권을 쥐기 위한 싸움이 이어졌으며 영정치세가 끝나면서 결국은 길고 긴 세도정치의 늪에 빠지게 된다.

조선의 명문가를 거론할 때마다 호사가들은 그 가문에서 대제학을 몇 명이나 배출했는지에 초점을 맞추고 얘기들을 한다. 이런 현상은 조선 중후기를 거치면서 계속된 기준처럼 보이는데 대제학이라는 벼슬이 직위로는 낮지만 그 상징성에 주목해 볼 때 일견 타당해 보이기도 한다. 대제학을 지낸 이들이 대부분 판서 이상의 벼슬에 올랐고 상신에 오르는 과정이었기에 그렇게 거론해도 될 것이다.

대제학이란 벼슬은 고려 말에 생겼는데 조선에서 태종 때부터 예문춘추관이 예문관과 춘추관으로 분리되어 예문관에 대제학을 두었고 세종 때 집현전에 대제학을 두었으나 세조 때 집현전을 폐하고 홍문관에 대제학을 두었다. 대제학이란 벼슬은 정2품의 품계로 임명되었고, 때로는 종2품으로도 임명이 되었는데 나라의 학문을 바르게 평가하는 저울이라 하여 문형(文衡)으로도 불렸다. 그 직책은 문과급제자만 임명이 되었고 원칙적으로 호당 출신이 우선적으로 임명이 된 자리였다.

정일품의 벼슬도 아닌 대제학이 그런 권위를 인정받은 이유가 있다고 하는데, 첫 번째로 들 수 있는 것이 타관을 겸직한다는 데 있었다. 예문관, 홍문관의 직위뿐만 아니라 예조 또는 형조의 판서를 겸하는 경우가 많았다.

둘째는 사실상 종신직이라는 데에 있다. 본인이 사퇴하지 않는 한 계속 직위를 유지할 권리가 있었으니 이는 왕의 임명권에 반하는 정도의 권한이 있었다는 것이다.

세 번째는 왕에게 독대하는 알현을 청할 수 있는 권리가 있었다. 왕조시대에서 정승들조차 왕을 알현하기 쉽지 않았고 독대는 불가능할 정도였지만 대제학은 그런 권리를 인정받았다고 한다.

이 외에도 형권(衡圈)이라 하여 후임 대제학을 추천할 권리도 있었으며 당대에 최고위 학문적 권위도 갖추어야 했지만 선대에서도 문제가 없어야 했을 정도로 오르기 까다로운 자리였다. 이러한 연유로 대제학 한명과 영의정 열 명을 바꾸지 않는다 할 정도로 대제학에 오른 걸 영광으로 생각하게 된 것이다.

그래서 대제학을 많이 배출한 가문일수록 명문가로 일컬어지게 되었고 조선조 통틀어 159명의 대제학이 배출된 가운데 연안이씨와 광산김씨가 7명의 대제학을 내면서 명문가로 우뚝 서게 되었다. 그들은 삼대에 걸쳐 연이어 대제학을 배출했고 부자 대제학, 형제 대제학의 기록도 세우면서 가장 많은 수의 문형을 배출한 것이다. 대구서씨가 6명의 대제학을 배출했고 그 가문에서도 삼대 대제학의 기록을 세웠다. 전주이씨가 대제학을 6명 배출한 가운데 세종의 아들인 밀성군의 후손에서 3대 대제학을 내서 명문가로 이름을 올렸고 그 외에도 신안동김씨, 의령남씨가 6명을 배출했다.

대제학을 다섯 명 낸 가문은 덕수이씨가 있으며 풍양조씨가 4명을 내서 그 뒤를 이었다. 3명을 배출한 가문은 안동권씨, 남양홍씨, 여흥민씨, 경주이씨, 연일정씨, 해평윤씨, 양주조씨, 고령신씨, 청풍김씨, 해주오씨 등이 있는데 이들의 가문이 대부분 조선의 명문가에 해당하는 것이다.

조선 초기에는 대제학을 지낸 분이 많지 않다가 반정으로 왕위에 오른 중종 조부터 숫자가 많아지기 시작해 선조 조에는 17명이나 임명이 되었으며 인조 때에도 13명이 임명이 되었다. 비교적 오래 재위한 숙종 때에는 22명이 그리고 최장기간 왕위에 있었던 영조 때에도 20명이 임명되었다. 조선 후기로 갈수록 대제학에 임명된 숫자가 많아져 159명이란 기록이 만들어진 것이며 한 명이나 두 명을 배출한 가문도 그만큼 많아졌다.

어쨌든 상신을 배출한 기록보다 더 영예롭게 거론이 된 대제학을 많이 배출한 가문일수록 명문가에 이름을 올리게 되었고 지금까지도 조선의 명문가를 거론할 때에는 그것이 기준이 되는 것이다.

물론 가문에 따라서는 상신을 많이 낸 동래정씨 같은 가문도 있고 왕비를 많이 낸 청주한씨 같은 가문도 있다. 판서를 많이 낸 가문도 있으며 문묘에 이름을 올린 가문도 사실은 대단한 영예를 부여 받은 게 사실이다. 그래도 그런 사실이 일정 부분 명문가라는 영예를 부여할 때 참고가 되지만 대제학이라는 기준으로 볼 때는 미흡한 부분도 있는 것이다.

대제학을 많이 내면서 명문가로 대접받는 가문도 많지만 그것보다도 더 중요한 역사적 사실은 국가와 백성을 위해 훌륭한 정치를 했거나 나라의 위기에서 분연히 일어난 분들을 배출한 가문이 오히려 영예를 나누어야 하는 것이 옳은 방향일 것이다.

조선조에서 일어난 역사적인 사건 중 정난이나 사화에서 왕권에 대항하거나 억울한 죽음에서 저항한 분들을 보면 비록 가문은 멸했으나 그 지조와 충절은 다른 어떤 영예보다도 가문을 드높인 경우도 많다. 또한 임진왜란과 병자호란에서 나라와 백성을 지키기 위해 분연히 일어난 분들을 배출한 가문도 그런 면에서는 명문가에 버금가는 인물을 배출한 것이다.

순조 때부터 신안동김씨의 세도정치가 60년간 지속되면서 세간의 평이 어떠하든 그들도 명문가로 발돋움 했다. 청음 김상헌부터 서인과 노론 그리고 노론 시파의 길을 걸었으며, 김수항과 김창집 등의 인물을 내다가 신임사옥의 고난을 겪어내던 그들이 왕권을 능가하는 세도정치로 가문이 일어났다. 세도정치 기간에도 노론 시파에 속한 가문은 꾸준히 인물을 배출했음은 물론이다. 세도정치가 끝나고 나니 이젠 외척인 여흥민씨들이 득세했다. 그들도 삼방파를 중심으로 서인과 노론의 길었던 가문으로 흥선대원군 부인 여흥민씨, 명성황후 여흥민씨, 순정효황후 여흥민씨를 이어가며 외척으로써 인물들을 배출했다.

1884년 갑신정변이 3일천하로 끝났는데 그 정변에 참여한 인물들을 보면 하나같이 명문가의 후손임을 알 수 있다. 우선 김옥균만 해도 김병기의 양자이자 신안동김씨. 박영효, 박영교 등은 조선 중후기를 관통하며 많은 인물을 낸 반남박씨고, 서광범, 서재필 등은 대구서씨이니 더 말할 필요가 없다. 홍영식은 남양홍씨, 윤웅렬은 윤취동의 아들이며 윤치호는 윤웅렬의 아들로 해평윤씨 윤근수의 후손이다. 그만큼 명문가의 뿌리가 깊다는 반증이며 그들의 대부분이 당쟁을 통하여 형성된 것이다.

즉 조선초기의 훈구세력이 명종 조에서 명을 다하자 사림이 득세하며 당쟁이 시작되었고 기축옥사를 거치며 동인의 몰락을 가져왔으며, 광해군을 옹립한 대북파가 인조반정으로 거의 사라져 버리자 그 후론 서인들의 세상이 온 것이다. 서인에 뿌리를 둔 가문이 득세하였음은 물론이고 이후 노론과 소론으로 붕당이 되면서도 주축은 여전히 노론으로 이어져 조선 말까지 간 셈이다.

그 과정에서 환국이 일어나면서 서인과 남인이 교대로 피해를 입기도 하고 승자 쪽에서는 가문이 계속 번성했다. 남인이나 소론의 가문에 속한 이들은 혹독한 시련을 보내다가 후기로 갈수록 지위를 잃어 갔으니 소론에 속했던 전주 이씨 덕천군파의 원교 이광사나 남인계열의 정약용 그리고 노론 벽파인 경주 김씨 추사 김정희 등은 유배로 일생을 마치다시피 밀려나면서 가문도 한미해졌다.

그래도 현재 거론되는 명문가를 보면 역사적으로 배출한 훌륭한 인물들이 즐비한 것을 사실이다. 그렇기에 모두들 그 가문을 명문가로 거론하며 부러움의 대상으로 삼는 것일지도 모른다. 지금도 그 후손들은 본인이 명문가의 후예임을 자랑스럽게 말할 정도로 자부심이 있는데 그런 정신이 살아 있기에 아직도 그 후손들에서 훌륭한 인물이 지속적으로 나오는 것도 사실이다.

그런 관점에서 보면 지금도 명문가는 존재하는 것이고 앞으로도 또한 그런 가문으로 이름을 올리는 경우가 생길 것이다.

필자가 글을 쓴 이유는 명문가가 생기는 과정을 족보를 통해 보면서 그 근원이 어디에 있는지를 특히 풍수적 요소를 기준으로 규명해 보려는 노력의 일환이며, 그것을 통해 조금이나마 조선조에서 명문가가 일어나 일정기간 유지하다가 소멸되는 과정을 보고 싶은 이유였다.

풍수적인 사고가 나라 전체를 지배했던 조선 조 내내 뿐만 아니라 지금까지도 사회의 일정부분에서 수용하고 연구하는 우리나라에서는 그런 면을 고려하지 않고는 명문가의 형성과정을 설명할 수 없다는 것을 확신하고 이 글을 쓴 것이다.

풍수의 실체를 찾아서

CHAPTER **07** 성씨와
족보의 역사

성씨의 발생과 분화

현대를 살아가는 우리는 과거를 잊고 사는지도 모른다. 빠르게 지나가는 시간 속에서 자신이 어디에 속해 있는지도 모르게 살아가고 있다.

지금은 누구나 하나씩 가지고 있는 성씨만 해도 불과 100여 년 전에는 없는 사람도 많았다. 없어도 크게 불편하지도 않았고 누구를 탓할 수도 없었다. 일제의 침략이 서서히 진행되던 1894년 갑오경장으로 지금까지 유지되던 신분제도가 일시에 무너지고 양반계급과 상인의 계급도 철폐되면서 기존에 성씨를 가질 수 없었던 노비계층도 자연스럽게 성과 이름을 가지게 된 것이다.

그 후로 1909년에 민적법이 생기면서 그동안 이름이 없던 천민들도 성과 이름을 가지게 된 것이다. 불과 100년 조금 더 전의 역사적 사실인데 우리는 누구나 자연스럽게 성이나 이름을 가지고 살았던 것으로 기억하고 있는 것이다.

갑오경장 이전에는 성이 없어도 크게 불편한 삶을 산 것은 아니었다. 신분상 하층민이기에 사회적 제약은 있었지만 오히려 돌쇠니 마당쇠니 하는 이름으로 불리면서 살아갈 뿐이었다. 그들 또한 갑오개혁 이후로 이름도 가지고 성씨를 가지게 된 것이다.

성씨라는 것은 혈연적 관계를 나타내는 부호인데, 이를 매개로 하여 일정한 인물을 시조로 하여 내려오는 것이다. 중국에서는 고대부터 제후들이 성씨를 사용하기 시작해 이후로 천자가 제후를 봉할 때 그 조상의 출생지로 성을 주게 된 것이 시작이라고 한다. 그런데 동일 혈통을 가진 사람 즉 같은 성을 가진 사람이 분산되었을 때 이를 구분하기 위해 씨를 부여했는데 이것이 본관의 유래인 것이다. 즉 성은 혈통의 연원을 말하는 것이고 씨는 같은 성을 가진 이들이 거주한 지역을 말하는 것이다.

우리나라에서 성씨가 사용된 것은 중국의 영향을 받았지만 그걸 이용해 개인을 구분하고 가문과 그에 따른 대수를 구분하는 것까지 발전하여 왔기에 세계적으로 그 유례가 없을 정도가 되었다. 삼국시대에도 성은 없었고 대부분 이름만 가지고 있었던 것으로 보인다. 그러다가 성씨제도가 저일 먼저 생긴 중국의 영향으로 삼국시대부터 한자로 된 성씨를 가지기 시작했고 시대의 변화에 따라 성씨 제도가 변화하면서 지금까지 이르게 되었다.

삼국 가운데 고구려가 성씨를 제일 먼저 사용하게 되었고 왕의 성씨를 고(高)씨라 칭했던 기록이 있다. 그 외에도 해씨, 을씨, 예씨 등 10여 성씨가 사용되었다고 한다.

백제에서도 왕의 성씨를 여(餘)씨로 하였다는 기록이 있으며 사씨, 연씨, 협씨 등 8대 성이 있었다고 전해진다.

신라에서는 박씨, 석씨, 김씨가 왕의 성으로 나오는데 박혁거세 석탈해 그리고 김알지의 탄생에 대한 설화가 전해진다. 그리고 신라의 6촌에 해당하는 성씨들이 있는데 이들이 이(李), 최(崔), 손(孫), 설(薛), 배(裵), 정(鄭) 씨 등이 이에 속한다. 또한 김유신의 경우에는 가락국의 시조인 김수로왕의 12대손으로 기록되어 있으며 신라에 가야의 멸망 후 귀부하여 왕족과 다른 김씨가 된 것으로 보인다.

고려가 건국되면서 본격적으로 성씨가 보급이 되었다. 태조 왕건은 개국공신에게 성을 부여했고 왕권의 강화를 위해서도 지방의 호족들에게 성씨를 주었기에 많은 성씨들이 이 때에 생겨났다.

개국공신들에게 사성한 경우가 많은데 악계홍씨 홍유가 그런 경유이다. 경주배씨 시조 배현경, 평산신씨 시조 신숭겸, 면천복씨 시조 복지겸 등이 사성을 받았다.

지방 호족에게도 사성을 했는데 명주의 왕순식이나 벽진이씨의 시조 이총언, 영천황보씨 황보능장 등도 왕건의 개국에 도움을 주면서 사성을 받은 경우다.

다른 경우로 왕건이 삼국을 통일하는데 군량을 대거나 도움을 주면서 사성이 된 경우가 있다. 문화유씨 유차달, 전의이씨 이도, 양천허씨 허신문 등이 이에 해당한다고 한다.

또한 고려의 개국공신으로 중앙에 진출하면서 성을 받은 경우도 있는데 안동권씨 권행, 안동김씨 김선평, 안동장씨 장정필, 청주한씨 한란, 남양홍씨 홍은렬, 온양방씨의 방계홍 등이 이에 속한다. 이들 외에도 원주원씨 원극휴, 파평윤씨 윤신달, 용인이씨 이길권, 청주이씨 이능희, 면천박씨 박술희, 아산이씨 이서 등 많은 성씨가 이 때에 한꺼번에 생겨났다.

동주최씨, 풍양조씨, 영광전씨, 선산김씨, 해평김씨, 봉화금씨도 이 때에 생긴 성씨다.

반대로 고려 건국에 협조하지 않은 호족들을 강제로 편입하면서 성을 준 경우도 있다. 성주이씨, 기계유씨 등이 강제로 사성을 받았던 것으로 보인다.

마지막으로 지방의 호족들에게 사성을 했는데 광주이씨, 한산이씨, 진성이씨, 합천이씨, 덕산이씨, 고흥류씨, 단양우씨, 고령신씨, 순창조씨, 동래정씨, 예안김씨, 반남박씨, 양주조씨, 무송윤씨, 목천상씨 등에게도 성을 주었다. 특히 고려 광종 때 쌍기에 의해 과거제도가 시행되면서 성과 본관이 없으면 시험을 보지 못하게 하여 응시자격이 있던 평민 이상의 계급들에게 널리 성씨가 보급되었다. 또한 중국에서 도래한 외래 성씨들도 들어오게 되는데 송나라가 남송으로 물러나면서 고려로 귀화한 성씨들이 있었고 이를 송 8학사라고 부르며 광주노씨, 충주지씨, 원주원씨, 청주경씨, 진주하씨, 현풍곽씨, 영산신씨 등을 거론하고 있다.

조선이 건국될 때까지도 성을 가지지 못한 인구가 전체의 반이나 되었는데 임진왜란이 일어나기 전까지 큰 변화가 없이 내려왔고, 임란 이후 공을 세운 평민이나 천민이 신분상승이 되면서 성을 가지게 되었으며 또한 몰락한 양반의 성을 사면서 신분제도가 깨지게 된 경우도 있었다. 이러한 과정은 병자호란 이후 더욱 심해졌고 민란이 지속되면서 조선 초에 전 인구의 10% 정도 되었던 양반의 숫자가 70%까지 상승하게 되었다. 이들이 성을 가지게 되면서 일부 천민을 제외하면 많은 숫자가 성을 가지게 된 것이다. 이후로 갑오경장을 지나 민적법이 발효되면서 전 국민이 성을 갖게 되었다.

일제시대를 거치며 창씨개명으로 혼란을 겪었고 현대에 이르러 귀화인들이 늘어가면서 많은 성씨가 새로 생겨나고 있다. 모계 성씨를 따르려는 움직임도 있고 부모의 성을 모두 기재하여 사용하는 등 현대에 이르러 성씨제도에 많은 변화가 일어나고 있다.

고려조에서 대부분 생겨난 성씨들은 현대에 까지 이어지면서 많은 변화를 겪으며 남아 있는데 가장 중요한 원칙이 지켜지며 오늘을 살아가는 현대인들에게도 자신의 뿌리와 소속 그리고 가문에서의 위치 등을 나타내는 자료로 인식이 되고 있는 것이다. 세계인들이 이름이 없는 경우가 없다고 본다면 우리만의 독특한 성명체계가 과학적인 근거가 있고 여러 가지 함축된 의미를 가지는 것으로 더욱 의미 있는 것이 아닐까 한다.

현재 우리나라에서 가장 많은 성씨는 김씨일 것이다. 그 중에서도 김해김씨가 400만 정도 된다고 하니 가히 대성이라고 본다. 그 뒤를 이어 밀양박씨, 전주이씨 등이 200만을 상회하고 경주김씨, 경주이씨 등이 100만이 넘는 대성에 속한다. 그 뒤를 이어 진주강씨, 경주최씨, 광산김씨, 파평윤씨, 청주한씨, 안동권씨, 안동장씨 등이 50만을 상회한다고 한다.

본관이 다르면 다른 씨족으로 보며 그런 분류로 본다면 매우 많은 성씨가 우리나라에 있는 것이다. 1930년대의 조사로 보면 김씨가 85본, 이씨가 103본, 박씨가 51본이 되었다고 하니 현재에는 더 많은 본관으로 분적이 되어 있을 것으로 추정이 가능하다. 어느 조사에 보면 이씨만 해도 200개 이상의 본관을 사용하는 것으로 되어 있는데 최근에 귀화하는 이들이 각각의 독립된 본관을 사용하는 추세를 본다면 이런 추계는 더욱 늘어날 것으로 보인다.

족보에 대하여

우리는 모두들 성씨를 가지고 있듯이 족보를 가지고 있다.

관심이 적어 소유를 하지 않은 경우가 많지만 본인의 조상과 부모와 자식들이 수록되어 있는 족보의 존재를 인식하고 살고 있다. 족보라는 것은 같은 씨족에 대한 계보를 기록한 것이다. 즉 어느 성씨의 시조로부터 성과 이름을 부계친족의 계대에 맞춰 기록한 것이다. 족보를 통해 종적으로는 시조로부터 본인까지의 계대를 알 수 있고 횡적으로는 동족원간의 친소원근의 관계를 알 수 있다.

족보는 결국 역사에 대한 기록인데 씨족의 유대와 단결성을 높이고 과거와 현재의 의미를 되새기는 중요한 가치를 지니고 있다. 그렇기에 족보를 분실하거나 소멸한 가문에서는 그것을 복구하기 위해 백방으로 노력하는 것이다. 족보를 제대로 앎으로써 자신이 속한 가문이며 출신지 그리고 항렬을 알게 되어 과거와 지금까지의 자신의 가문과 조상에 대한 지식을 공유할 수 있다.

족보도 성씨와 같이 중국에서 유래가 되었다. 고대 중국의 왕실에서 왕실의 계통을 기록하던 것이 그 시작이었다. 육조시대에 시작된 왕실의 족보는 한동안 중국의 황실의 계통을 기록하는 정도로 유지되었다. 북송 대에 소동파 삼형제가 만든 족보가 발달하여 후세에도 원형으로 삼게 되었다고 한다.

우리나라에서도 고려 중반에 김관의라는 분이 '왕대종록' 이란 저술을 냈고 그것이 족보의 효시라고 보는데 그것도 왕실의 세보를 기록한 것이었다.

우리나라 최초의 족보는 세종 5년에 만들어진 문화류씨 영락보라고 하는데 서문만 전할 뿐 현존하지 않고 있다. 그래서 현존하는 최초의 족보는 성종 7년

(1476년)에 만들어진 안동권씨 성화보로 보고 있는 것이다. 그 당시에 만들어진 족보는 이외에도 남양홍씨, 전의이씨, 여흥민씨, 창녕성씨 등의 성씨가 있다고 한다.

이렇게 시작된 족보는 초기에는 남녀의 구별이 없었고 친손과 외손의 구별이 없을 정도로 차별이 없었다. 사위의 이름과 벼슬까지 기록했고 외손까지도 모두 등재를 했으며 딸에 대한 차별도 없이 연장자 순으로 기록을 했다. 현재와 같이 남성 위주로 족보가 시작된 것이 아니었다.

족보가 처음부터 체계를 잡은 것은 아니다. 우선 가승보(家乘譜)라 하여 자신을 중심으로 시조 이하 중조나 파조를 거쳐 본인에 이르기까지 직계존속을 기록한 것이 처음에 시작되어 종가를 중심으로 이 기록을 유지한 것으로 보인다. 이 가승보에서는 고조 이하의 종원을 전부 수록하고 그 윗대는 직계선조만 기록한 것이 특징이다. 그런 용도로 파고조도 등을 만들어 휴대하고 다닌 것으로 보인다.

성리학이 고착되면서 족보의 중요성이 더해져 갔는데 동성불혼이 사회적 이슈로 대두되고 적자와 서자의 구분이 필요했으며 가문 내에서도 친소의 구분이 더욱 필요해지면서 가문마다 그 욕구가 커진 것이다. 특히 지배층인 양반사회에서는 족보가 조상이 남긴 사회적 위치나 문벌의 수준을 결정해주는 중요한 자료였기 때문에 그것을 더욱 정교하게 발전해 나간 것이며 그런 연유로 조선 후기로 갈수록 족보의 간행이 늘어 가문마다 심혈을 기울여 발간한 것이다.

영조 연간에 이르러 각 가문에서는 경쟁적으로 족보를 발간했으며 자신의 가문이 타 가문에 비해 월등하다는 것을 보여주기 위해 조상의 행적을 과장해 기록하면서 역사적 가치를 잃어가기도 하였다.

고려의 왕실에서 시작된 왕대실록이나 선원록이 조선에서도 계승되어 조선에서도 종친록이나 선원록을 만들었고 그것이 계속 발전하여 적서의 구별을 위한 국조보첩이나 열성팔고조도 등이 만들어졌다. 숙종 때에 선원록을 50권으로 발행했으며 그 후로는 수시로 수정하고 보충하면서 종부시라는 관청을 운영하였다.

족보의 종류를 보면 대동보라 하여 시조부터 각 파조의 후손까지 총망라한 것이 있고, 파보라 하여 씨족 내 각 파의 파조를 중심으로 후손들의 족보를 편성한 것도 있다. 최근에는 각 성씨마다 대동보의 양이 방대하여 파조별 족보를 따로 발행하는 경우도 많은 것으로 보인다. 이러한 종류로 세보라는 것도 있는데 파보와 크게 다르지 않다. 전에 기술한 가승보도 족보의 한 형태인데 최근에는 특별히 제작하지 않는 것으로 보이며 족보에 관심이 있는 사람들이 가끔씩 자체적으로 가승보를 만드는 경우를 필자도 보았다.

크게 보면 만성보라는 것도 있는데 그것은 각 성씨의 시조와 중시조를 중심으로 기술한 것인데 그런 종류로는 '조선씨족통보' '만성대동보' 등이 있으며 족보에 대한 관심이 떨어진 최근에는 발행되지 않는 것으로 보인다.

족보의 체계를 보면 우선 서문이나 발문을 먼저 싣고 그 후에 시조의 연혁을 싣는 경우가 많다. 그 외에 계보표를 계대에 맞추어 나열하고 부록을 올린 후 발간처를 마지막에 올린 경우가 많다.

족보를 보는 법은 우선 자신의 파를 알고 몇 대 후손인지를 안다면 쉽게 자신의 위치를 찾아볼 수가 있다. 또한 시조 아래 몇 대손 인지를 아는 것도 중요하다. 자신이나 부친 그리고 조부의 출생지를 알면 크게 도움이 되는데 그것을 역추적하면 중시조나 파조를 알 수 있고 그에 따라 자신의 위치를 찾을 수가 있는 것이다.

조선조 에서는 선조들을 족보에 기재할 때 이름과 더불어 자[字: 성년 후에 지은 이름, 친구들이 지어 주거나 스스로 지어 본명 대신에 부름], 호[號: 스승이나 어른으로부터 받은 이름, 이 또한 스스로 자호를 짓기도 함], 생년 졸년 그리고 과환[科宦 과거시험 합격여부], 자급[관직 등 이력], 증시[贈諡: 증직이나 시호] 그리고 묘의 위치 등을 적었다. 또한 배우자에 관한 사항도 적었는데 생몰년 부친 조부 등을 기재했고 묘의 위치 등을 적었다.

족보의 제작은 30년을 주기로 제작하는 것이 보통인데 그것을 한 세대로 보고 족보 제작 후 한 세대가 지나 그동안 빠진 종원들을 수록했던 것이다. 수단이라 하여 각각의 가문의 종원을 기록하여 수단유사에게 전달하고 이것을 종합해서 계대를 맞추고 틀린 부분을 교정하여 출판하는 것이 족보의 제작과정이다.

족보를 보다가 특이한 용어들을 보는 경우가 많다. 우선 이름을 기재할 때 이름 앞에 휘(諱) 나 함(銜)자를 보는 경우가 있는데 휘는 고인을 뜻하고 함은 생존해 있는 분을 뜻한다. 자와 호는 앞에 기술한 것을 참고하면 되는 것이고, 단(壇)은 묘소를 실전한 경우에 제사를 모시기 위해 설치한 가묘를 말한다.

조상을 기리기 위해 집을 짓는 경우가 많은데 그런 글자를 나타내는 것도 족보에 나타난다. 헌(軒)은 마루가 깔린 집을 말하고[오죽헌 등] 누(樓)와 각(閣)은 같은 의미로 쓰이는데 만대루 임청각 등이 이에 속한다. 대(臺)라는 글자는 경치를 보도록 높은 곳에 지은 것이 많은데 특별히 온돌을 깐 방을 같이 가지고 있는 경우도 본다. 경포대 등이 이에 속한다.

족보가 현대에 와서 의미가 축소된 면이 있는 것은 분명하다.

조선조 에서는 족보가 없으면 과거시험 조차 볼 수 없었으며 신분적으로도 차별을 받을 정도였다. 그렇기에 각 가문에서는 족보를 만들고 30년 주기로 계속 증편하는 것을 원칙으로 삼고 이를 실행하기 위해 큰 자금을 써 가며 공을 들인 것이다.

조선조 이래로 수많은 성씨가 존재하며 각 가문에서족보를 만들고 이어가기 위해 피나는 노력을 했음은 물론이다. 초기부터 족보를 발행한 성씨들은 지금도 대부분 명문가의 기틀을 유지하고 있는 것을 봐도 족보가 가문의 결속력을 높이고 조상의 얼을 이어가기 위하여 갖추어야 할 무엇이 있었던 것은 분명하다.

조선의 명문가를 거론할 때 약 30가문 정도를 열거하게 되는데 그들 또한 족보를 통해 자신들의 조상이 이룩한 업적을 지금까지도 영예로 알고 족보발행을 이어가고 있다.

필자는 명문가의 후예가 아니지만 개인적으로 가문의 족보를 소장하고 있는데 1919년에 발행된 기미보[파보]를 소장하고 있으며, 1976년에 발행된 대동보를 비롯해 2000년대에 간행된 파보와 함께 대동보 또한 소장하고 있으며 최근의 추세에 맞춰 인터넷 대동보도 열람하고 있다.

시대에 따라 족보의 위상은 바뀌지만 아직도 그 시대에 발맞춰 변신해 가면서 족보 또한 발전해 나가고 있다. 누군가는 조선을 표현할 때 기록의 문화를 가지고 있다고 한다. 왕조실록이나 승정원일기 등을 보면 수백년의 기록이 지금도 보존이 되어 있는데, 사대부 가문의 족보 또한 이러한 기록의 문화에서 파생된 장구한 역사의 기록이라고 보면 될 것이다.

풍수의 실체를 찾아서

CHAPTER 08 조선왕조의 풍수

조선은 성리학의 이념하에 건국이 되었고 그 이념을 실천하려고 노력한 나라다. 500여 년 간 나라를 유지하는 동안 성리학의 이념에서 벗어난 적이 없다. 고려 말 안향이 성리학을 들여온 후 신진사대부들이 태조 이성계를 도와 국가를 만들 때 통치이념을 성리학으로 삼았고 그 이념적 기반 위에 국가체제를 정비하고 백성을 교화해 나갔다.

포은 정몽주-야은 길재를 거쳐 김숙자-김종직으로 전수된 성리학은 조선 초부터 정치는 물론 학문과 문화의 정신적 지주로 자리를 잡았다. 김종직 이후로 성리학의 이념으로 무장한 사림이 정계에 진출하면서 선조 이후로는 그들이 정권을 주도해 나갔다. 이런 현상이 조선조 내내 지속된 것이다.

그러나 성리학의 이념으로 건국된 나라지만 그것은 정신적인 면을 지배하는 것이었다. 실제로 나라를 건국해 도읍을 정하고 궁궐을 짓고 관청을 배치하는 등의 실제적인 것들은 풍수론에 의존했다. 한양에 도읍을 정할 때 풍수론을 적극 활용했고 지사들을 동원했다. 궁을 조성하고 왕릉을 만들 때는 물론이고 일상의 모든 것에 적용된 것이 풍수론이었다고 본다. 이는 왕가나 지배층은 물론 일반 백성들에게서도 적용되는 것이다. 성리학이 지배층의 전유물이었다면 풍수론은 일반백성에게서도 똑같이 적용되는 학문이었다.

건국 후 도읍을 정할 때 계룡산 신도안을 고려했다가 취소된 것도 풍수론이 기저에 있었고 무학대사의 왕십리의 전설도 풍수론에 근거한 것이었다. 군주 남면론을 주장한 정도전의 논리가 인왕주산설을 주장한 무학대사의 풍수론을 이겼기에 궁궐이 북악산을 주산으로 삼게 된 배경이 되었다.

물론 개성이 지기가 쇠했다는 풍수론에 입각해서 새 국가의 수도를 정하게 된 것이 한양천도의 주된 원인이기도 했다. 정도전은 건국을 주도한 인물로 성리학의 계보에서 중요한 위치를 차지한 인물이면서 궁궐의 배치 등 주요한 풍수적 결정을 한 분이었다.

이런 풍수론은 조선조 내내 유행했다. 왕릉의 조성에서 가장 중요한 요소가 풍수였고 그들을 위한 풍수적 수요가 많았기에 풍수학 제조라는 벼슬이 있었고 지사를 선발하는 시험이 있었으며 그들의 이름이 지금도 전한다.

조선 중기에 일어난 임진왜란에서 명나라는 전쟁에 지리참모를 대동해 풍수적 조언을 받았다. 두사충 등이 그 전쟁에 참여한 후 지리참모로 역할을 했으며 조선에 귀화해 살면서 풍수적 발자취를 남기기도 했다. 사대부들도 겉으로는 풍수론은 홀대하면서도 자신이나 부모의 신후지지를 결정할 때는 풍수론에 입각해 자리를 잡은 기록이 많이 남아 있다.

예를 들어 한문 사대가인 택당 이식이 양평 쌍학리에 음택을 조성할 때 당대의 지사들에게 조언을 구했다는 기록도 있다. 일제 침략기에 무라야마 지준이라는 일본인이 조선에 들어와 보니 집집마다 사서삼경은 물론 풍수도참에 관한 서적이 쏟아져 나왔다고 한다. 그는 자료를 모아 '조선의 풍수'라는 책을 내기도 했다. 그만큼 풍수론이 조선조 내내 왕실과 사대부는 물론 백성들의 삶에 관여했고 그 경향이 지금까지 이어지고 있다.

왕실에서는 자신들의 왕통계승을 위해 궁궐을 지었고 왕릉을 조성했으며 자신들의 왕권을 넘보지 못하도록 하기 위해 풍수를 적극적으로 도입해 실천했고, 사대부들 또한 기득권을 유지하고 계승하기 위해 활용했으며 일반 백성들조차도 신분상승을 위한 방편으로 풍수를 실천했다.

조선왕조실록에서 '풍수학'이란 단어를 검색하면 약 220여 꼭지가 검색이 된다. 물론 풍수란 단어만 검색하거나 지리학까지 포함하면 더 많은 자료가 나올 것이다. 그만큼 조선에서는 풍수란 실용의 학문이 왕조에 미친 영향이 컸다.

왕조의 개창 후 태조 이성계가 졸하자 최초의 왕릉이 조성되었다. 태조는 생전에 현 동구릉으로 신후지지를 정했다고 전한다. 동구릉을 돌아보고 환궁하는 자리에서 근심을 덜었다는 망우리(忘憂里)라는 지명이 붙은 곳도 있다.

야사에 의하면 태조는 구정 남재와 신후지지를 바꿔서 태조는 동구릉으로 그리고 남재는 남양주 별내동으로 정했다는 얘기도 있다. 태조에게는 무학대사라는 풍수 자문이 있었으니 당연히 무학대사의 입김이 신후지지에 작용했을 것으로 보이는데 그런 정황은 전해지지 않는다. 무학대사가 1405년에 졸했고 지금까지도 그분의 소점지라고 전해지는 묘소가 있는 것으로 보아 태조의 신후지지도 생전에 충분히 논의가 되었을 텐데 그런 기록이 없다.

지금까지 전하는 무학대사의 소점지와 비교해 보면 건원릉은 성격도 다르다. 동구릉 중 유일하게 혈적한 자리가 건원릉인데 그 자리는 지기가 응결된 곳이다. 무학 소점지로 알려진 자리들이 대부분 천기점인 것과 다르기에 건원릉이 무학소점지가 아닐 것이라고 추정해 본다. 그래도 건원릉은 조선 최초의 왕릉이면서 좋은 자리를 점했다.

조선조 왕가의 자리들은 건원릉부터 홍유릉까지 왕릉을 비롯해 상당히 많다. 그 중 좋은 자리를 점한 사례를 찾아보면 그리 많지 않다. 당대의 대신들과 상지관 등을 총 동원해 잡은 자리치고는 좋은 자리는 많지 않다.

좋은 자리들을 예로 든다면 건원릉을 시작으로 태종의 헌릉(2대 정종은 북쪽에 묘소가 있어 알 수 없음), 세종의 영릉, 단종릉과 사릉, 희릉(성종비 장경왕후 윤씨), 덕흥대원군 묘(선조의 아버지), 성묘(광해군의 생모인 공빈김씨), 순강원(인조의 할머니인 인빈김씨), 파주 장릉(인조의 능으로 영조 때 이장한 자리), 소령원(영조의 생모인 숙인 최씨), 건릉(정조의 이장지), 휘경원(순조의 생모 수빈박씨의 묘소) 남연군 묘 등을 들 수 있다.

여주의 영릉은 다들 천하의 대지로 얘기들을 한다. 세종대왕의 이장지인 이 자리는 숱한 전설을 품고 있는데, 그 자리를 쓰기 위해 광주이씨 이인손과 한산이씨 이계전 그리고 성주이씨 이직의 묘소가 이장되었으며, 회룡고조혈이니 모란반개형이니 하는 형국의 이름이 붙었고, 영릉으로 인해 조선이 100년 이상 더 지속되었다는 영릉가백년설이 있고, 세종의 자리라고 하는 표식인 '단지대왕영폄지지'라는 글귀가 광중에서 나왔다는 설까지 다양하다. 그러나 세종의 영릉은 전해지는 말보다는 크게 떨어지는 자리다. 오히려 헌릉의 자리가 훨씬 크다.

헌릉이야말로 조선 초기에 왕가를 지탱해준 묘소일 것이다. 그 자리는 천기와 지기의 합일점으로 빼어난 자리다. 영릉은 지기만 응결된 자리로 평범한 사대부가 갈 정도의 자리라고 보는 것이 타당하다. 물론 모란반개형(牧丹半開形)이니 회룡고조혈(回龍顧祖穴)이니 하는 혈명에 걸맞는 자리이긴 하나 자리의 지기가 그리 크지 않은 곳이다.

단종의 장릉도 크지 않은 자리다. 다만 사릉이 아주 좋은 자리다. 그러나 영향을 줄 후손이 없으니 안타까울 뿐이다. 단종비 정순왕후가 졸하자 궁에서 쫓겨 난 상태였던지라 신후지지조차 없었고, 단종의 누이인 경혜공주의 시댁인 해주정씨네 선산에 묻히게 되었다. 그런데 그 자리가 일산일혈의 대혈일 줄이야! 어쨌든 왕조 전체를 통해서도 사릉만큼 좋은 자리는 별로 없다고 본다.

▲ 〈사릉〉 남양주 진건읍

희릉은 장경왕후의 능인데 이 또한 이장지이다. 인종을 낳은 후 1515년 졸했고, 1537년에 이 자리로 이장했다고 한다. 7년 후 아들인 인종이 왕위에 올랐으나 후사 없이 8개월 만에 졸했다.

이 좋은 자리의 영향을 받기 전해 졸했으니 아쉬울 뿐이다. 인종이 후사가 없었으니 자리가 좋아도 무용지물일 뿐이다.

▲ 〈소령원〉

이외의 묘소들은 다른 글에서 평을 했기에 생략하고 소령원을 살펴보겠다.

인현왕후를 따라 궁에 들어온 무수리 최씨는 숙종의 승은을 입고 1694년 연잉군을 낳았다. 숙빈최씨는 1714년 졸했고 소령원에 장사지냈고, 10년 후 아들인 영조가 왕위에 올랐다.

소령원은 천지기 합일점에 제왕지이다. 영조는 성장하는 동안 그를 보호해 줄 세력이 하나도 없는 상태에서 생명의 위협을 느끼며 숱한 고비를 넘긴 후 왕위에 올랐다. 풍수적으로 본다면 영조의 등극은 전적으로 소령원의 힘이라고 볼 수 있다.

휘경원은 자리가 좋기는 하나 철종 때 이장한 자리라서 의미가 없다. 또한 정조의 건릉도 이장지이고 거기에 더해 큰 자리는 아니다.

지금까지 거론된 능묘를 제외하면 좋은 자리가 없다고 본다. 왕조 내내 풍수에 매달려 살았던 것에 비하면 초라한 성적이다. 그러나 그것이 풍수의 본질인지도 모른다. 노력한다고 해서 다 명당에 들 수 없는 것이 풍수의 요체인 것이다.

조선조에서는 풍수학 제조라는 벼슬도 있었고 일종의 기술직인 지리학 시험 제도도 있었다. 태종 6년에 이른바 십학(十學)이라 하여 열 가지 교육기관을 설치하는데 풍수학도 포함되었고 그 수장을 풍수학제조로 불렀다. 왕조실록에서 최초로 등장하는 풍수학 제조는 조비형으로 세종 15년에 풍수학의 중요성을 왕에게 보고하는 내용이 나온다.(이상 조선왕조실록)

세종 때 신효창이란 인물이 있었다. 그는 풍수학제조를 지냈는데 영의정을 지낸 김사형의 사위였다. 그는 자신의 선산에 장인의 신후지지를 정해준 것으로 전해지며 지금도 양평 구정승골에 장인과 사위의 묘소가 남아있고 그 자리가 괘등혈이라고들 말한다. 그는 생전에 조선의 모든 명당을 알고 있다고 호언장담했다고도 전한다.

▲ 〈김사형과 신효창 묘소〉 양평군 양서면 목왕리

익원 김사형은 안동김씨로 김방경의 현손이 된다. 태종 때 우의정을 지냈는데 풍수학제조를 지낸 신효창이 사위다. 괘등혈로 알려진 이 자리는 김사형 묘소가 뒤에 자리를 잡았고 그 앞에 신효창 묘소가 있다. 이 자리에서 기운이 있는 곳은 두 묘소의 중간쯤에 있고 또 한자리는 김사형 묘소 뒤쪽에 숨어 있다.

이정영은 성주이씨 이장경의 후손으로 이조년의 고손자이다. 그는 태조의 부마로 풍수학제조로 있을 당시 왕가의 태실을 성주이씨 시조이자 자신의 6대조 묘소가 있는 자리에 설치하려 하자 그 자리를 숨긴 죄로 삭직되었다고 한다.(세종대왕 태실자리)

민의생이란 분도 조선 초에 풍수학제조를 지냈으며 정인지도 세종 때에 같은 벼슬을 겸직으로 수행했다. 정인지는 세종대왕의 초장묘소에 관여했고 문종의 현릉을 정할 때도 함께 했다. 전하는 말로는 그가 죽기 전에 전국에 8개의 신후지지를 정해 놓고 체백을 숨기려 했다는 얘기도 있는데, 그의 최종 장지는 괴산군 불정면으로 정해졌고 연산군 때 일어난 갑자사화에서 부관참시를 당했다는 얘기도 전한다. 이 밖에도 박연, 문맹검, 하연 등이 풍수학제조를 지낸 기록이 남아 있다.(조선왕조실록)

조선조에서는 음양과라고 해서 시험을 봐서 풍수 관리를 선발했다. 시험과목으로 청오경과 금낭경을 배강(背講)하게 했고 호순신, 명산론, 지리문정, 동림조담, 의룡, 경국대전은 입문고강〔질문에 답하는 형식〕으로 행해졌다. 시험에서 뽑히면 하급관리로 등용이 되었고 여러 잡과 중에서 음양과인 천문 지리 명리학이 중시되었다.(다음백과)

지사로써 역사적으로 이름을 남긴 이들도 많다. 최양선은 음양과 출신으로 세종-세조 연간에 활동했으며 왕궁의 건립 등에 의견을 낸 사람이다. 세종의 초장지가 나쁘다고 주장했으며 세종 사후 문종과 단종 등 왕실의 단명이 이어지자 그의 말이 사실상 맞는 것이 되었고, 그래서인지 예종 때 세종의 능을 여주로 천장했다. 이양달도 같은 시기에 활동한 잡과 출신의 지사였다.

안효례는 세조 때부터 활동한 지사로 출신이 미미하였으나 세조의 광릉의 조성에 관여했고 예종 때 있었던 영릉의 천장에도 참여한 인물이다. 왕조실록을 보면 단종 세조 때에는 김윤선과 노목이란 인물도 활동한 것으로 보인다. 연산군 중종 시절에는 정광필, 성세창 등이 풍수학제조로 풍수적 조언을 한 것으로 보이며, 광해군 때에는 성지대사의 이름도 보인다.

선조와 광해군 그리고 인조 연간에는 박상의와 이의신이 활동했다. 그들은 왕실의 풍수수요에 응하기도 하고 사대부들의 택지에도 관여해 지금까지도 소점지가 남아 있다. 박상의는 월사 이정구 가문과도 풍수적으로 연결이 되었으며 택당 이식의 풍수자문에도 응한 기록이 있다. 이의신은 광해군 때 교하천도론을 주장해 큰 파문을 일으킨 인물이며, 그 또한 사대부들의 풍수자문에 응한 기록이 있고 고산 윤선도와 명당자리를 다툰 전설도 전한다.

조선 후기로 갈수록 풍수라는 단어가 실록에서는 작아지지만 수요는 여전했다. 사회가 혼란할수록 풍수에 기대고 그것을 찾는 수요는 늘기 마련이라 그만큼 풍수를 찾는 계층이 늘어날 수 밖에 없었다. 게다가 조선 후기에는 정감록의 등장과 함께 도참설이 유행했고 민란의 발생으로 사회혼란과 겹쳐 풍수도참이 성행하는 시대가 되었다. 세도정치가 시작되고 왕통의 계승이 흔들리면서 남연군 묘소 같은 전설적인 이야기도 전하면서 풍수는 그 명맥을 조선 말까지 유지한다.

한마디로 조선조 내내 풍수논쟁은 계속되었다.

왕가에서 시작된 그 수요는 사대부 뿐 만 아니라 일반 백성에게도 같이 적용되었다. 사람들의 사회활동 전반에 풍수가 간여하였다 해도 과언이 아니다. 주거지를 정하고 건물의 좌향을 결정할 때도, 죽어서 영면할 신후지지를 정하는 일도 왕이나 사대부 뿐 만이 아니라 풍수적 수요를 누릴 기회만 있으면 누구나 그것을 이용했다고 보여 진다.

조선 500년을 이끌어 온 성리학은 이념적인 면이 강했다면 풍수학은 실용적이고 생활에 필요한 학문이었기에 비록 사대부들의 외면을 받았을지언정 아주 필요한 것이었다. 오히려 사대부들조차도 겉으로는 풍수를 무시하는 듯한 태도를 취했지만 실수요적인 면에서는 적극적으로 풍수를 수용해 자신과 후손의 영달을 꾀하는 이중적인 태도를 보였다.

그만큼 풍수지리학이 중요한 위치를 차지했고 인간의 길흉화복을 의지하기에는 다른 대안이 없었기 때문일 것이다.

당대의 최고라는 말을 들었던 풍수학제조나 지사들의 도움을 받아 왕가의 묘소를 조성했지만 왕권은 정해진 대로 이어지지 않았고 급기야는 적통의 계승도 끊어져 방계손이 왕위를 계승했고, 그것도 모자라 후기에는 왕위계승권에서 한참 멀어진 후손이 왕위에 오르고, 결국은 나라가 망한 것을 본다면 때에 맞추어 올바른 땅을 택지해줄 지사의 능력이 부족했던 게 아닌가 싶기도 하다.

땅이라는 게 주인이 다 정해져 있고 인연 따라 간다는 것이 정설인 만큼 욕심을 부린다고 모든 일이 다 이루어지지는 않는 것이 인간세의 법칙이기에 능력 있는 감여가를 만나는 것조차도 인간의 선택이 아님을 느끼게 한다.

세도정치로 한 시대를 풍미한 신안동 김씨들도 시간이 갈수록 후손이 없어 서로 양자를 주고받으며 권력을 이어가려 했지만 결국은 60년을 버티다가 서서히 몰락했다. 그들도 당대의 지사를 동원해 택지하고 그래도 부족해 이장도 해가면서 권력을 유지하려 애썼지만 그 또한 인연이 다 하니 모든 게 허사였다.

세도정치의 뒤로 갈수록 그들이 영면한 자리들은 좋은 곳을 점하지 못했다. 그건 왕조의 마지막을 자신들의 세상으로 만들었던 외척들, 즉 여흥민씨 삼방파에서도 같은 결과로 나타나 그들의 족보를 자세히 보지 않으면 말수도 없을 만큼 복잡하게 양자를 들이고 권력을 유지하려 했지만 그들도 스러져 갔다.

▲ 〈민치록 묘소〉 여주 안금리

민치록은 여흥민씨 삼방파인 민유중의 후손으로 음보로 관직에 나가 장릉참봉 영주군수 사도시 첨정을 지냈다. 그는 오씨와의 사이에 후손이 없었고 계배로 들어온 한산이씨와의 사이에 1남3녀를 두었지만 후일 명성황후가 되는 민자영 만을 남기고 철종 때 졸했다. 제사를 지낼 아들이 없어 민승호를 양자했고 후일 딸인 민자영이 왕비에 오르자 여성부원군에 추증됐다. 그가 졸하자 초장지는 여주 금교리 였다고 한다.

그 후 제천-이천-경기도 광주로 이장을 계속하다가 1894년 보령에 자리를 잡았다. 즉 명성왕후 생전에 이미 초장지에서 네 번의 이장을 하게 되었는데 1895년 을미왜변으로 명성왕후가 시해 당했고, 초장지부터 그의 묘소의 영향을 받을 만한 위치에 있던 사람은 명성왕후 뿐이었는데, 결국은 보령 이장 후에는 아무도 남지 않았다.

2003년에는 다시 원래 자리라고 하는 여주 안금리로 이장이 되어 현재에 이르고 있다. 한마디로 남사고의 구천십장에 버금가는 일이 벌어졌지만 그 묘소의 영향을 받을 사람은 아무도 없는 허망한 일이 그의 묘소를 두고 일어났다. 여흥민씨 삼방파의 묘소들은 초장지가 아닌 곳이 많아 감평에 조심해야 하는 부

8장 조선왕조의 풍수 131

분이 많은 가문 중의 하나이다. 그들이 조선말에 외척으로 권력과 부를 한손에 누리며 살았지만 왕조의 몰락과 함께 친일파가 되거나 왕조의 충신이 되는 길을 선택하며 몰락해 갔다.

그렇게 본다면 사람이란 우주에서 하나의 미미한 존재로 살아가면서 인연에 따라 눈에 보이지 않는 절대적인 힘이 작용하는 대로 흘러가는 존재가 아닌가 한다. 가문의 영화를 만들기 위해 풍수를 신봉하고 행했지만 모든 게 정해진 인연대로 흘러간 것이 아닌가 한다. 왕가에서 백성에 이르기 까지 신앙처럼 따르고 믿었던 것이 풍수였다. 그에 기대어 명문가도 만들어지고 왕조도 유지되었다고들 말하지만 기실은 그런 모든 것들이 모두 정해진 인연을 따라 흘러간 것이다.

조선의 몰락 후 일본의 학자들은 조선인들이 신봉하던 풍수에 무엇이 있는지 궁금해 연구해 가며 책을 내기도 했고 망국의 왕들인 고종과 순종의 능을 조성하기도 했다. 그런 일에도 물론 조선의 지사들이 동원이 되었고 일제의 입맛에 맞는 풍수적 행위를 했다고 봐야 하겠다.

풍수의 실체를 찾아서

CHAPTER 09 영릉천장에 대하여

1450년 세종대왕이 54세의 나이로 영면의 길에 들었다.

태종의 셋째 아들로 태어나 32년간의 재위 끝이었다. 영명한 군주로 수많은 치적을 남겼고 지금까지도 성군으로 추앙되는 삶이었지만 병마와 싸우며 살던 그 분의 생은 지금으로 치면 길지 않은 것이었고 남은 것은 자연으로 돌아가는 것이었다.

아버지 태종이 닦아 놓은 국가의 기반 위에 문화융성과 과학기술의 발전 등 백성들의 삶을 획기적으로 바꾼 치세 후 왕위를 아들에게 물려주고 아버지 태종의 능이 자리한 헌릉 주변에 초장지를 정했다. 그 자리는 4년 전에 졸한 소현왕후 심씨가 묻힌 자리로 헌릉의 서쪽 능선이었다. 세종 때 주로 활동하던 최양선이 " 여기는 후손이 끊기고 장남을 잃는 무서운 자리입니다" 라고 반대했으나 풍수학제조였던 정인지 등이 헛소리로 치부하고 결국은 이 자리로 정했다고 한다. (나무위키)

당시 최양선은 여러 이유를 들었다.

"1. 대모산 아래에는 헌릉이 주혈이며 수릉[壽陵: 죽기 전에 미리 정해둔 자리]이 있는 자리는 곁가지에 불과하다.

 2. 주인과 손님의 정이 없고 다투는 형상이다.

 3. 곤방의 물이 새의 입처럼 갈라진 것은 맏아들을 잃고 손이 끊기는 형세이다" (지종학 인용)

이런 주장은 대신들에 의해 부정되고 세종조차도 부왕의 곁으로 가려는 의지 때문에 자리를 정했다고 한다.

그 후로 문종이 즉위 2년여 만에 졸하고 단종 또한 수양대군에게 죽임을 당했다. 왕위에 오른 세조의 장남인 의경세자도 요절했고 예종의 장남인 인성대군도 요절했다. 이러한 일이 계속되자 사람들은 최양선의 말이 맞았다고 수군댔다고 한다. 왕조의 개창 이래 왕좌를 놓고 골육상쟁을 벌이다가 태종 이후로 순조롭게 왕위계승이 되었는데, 문종이 갑작스럽게 졸하고 단종 마저 숙부에게 왕위를 찬탈 당했으니 큰 변고가 일어난 것이었고, 그 원인이 세종의 초장지에 있다고들 본 것이다.

1468년 예종이 즉위한 후 본격적으로 천장이 시작되었다. 세조 이후로 계속되는 왕실의 흉사로 자연스레 천장이 논의되고 시작된 것이다. 세조 때도 이장에 대한 논의가 있었지만 서거정의 반대로 뜻을 접었던 일이었다. 예종은 즉위하자마자 이장할 자리를 물색했다. 이장할 추천지로 현 영릉자리와 여주의 강금산 그리고 용인의 금령산 등이 추천되었다.(제이풍수사의 여주여행)

자리를 물색하던 중 안효례 등이 북성산을 둘러볼 때 소낙비가 내려서 급히 여막으로 비를 피했는데 비가 그치자 그곳이 명당임을 알아보았고, 그 자리에 이미 이인손의 묘소와 이계전 그리고 성주이씨 이직과 그의 아들인 이사순의 묘소가 자리하고 있었다.(개미실 사랑방)

안효례 등이 북성산 아래의 자리를 예종에게 보고했고 평안도 관찰사로 외직에 나가있던 이인손의 아들인 이극배를 급히 불러들여 자리를 양보해 달라고 설득을 하자 이극배는 형제들과 상의 끝에 자리를 양보했다고 전한다. 전설처럼 전하는 얘기로는 이인손의 자리를 잡아준 지관이 이 자리는 고관대작이 속출할 자리인데 자손들이 출세를 하더라도 이곳으로 들어오는 다리를 놓지 말고 재실을 짓지 말라고 했다는 것이다. 후손들이 그 말을 듣지 않고 다리와 재실을 지었다고 한다.

북성산을 둘러보던 일행이 그 지역을 둘러보니 서기가 서려 있는 것을 보고 산을 따라 내려오다가 소나기를 만났고 근처에 묘막과 비각이 있어 비를 피했다. 비가 개인 후 그 묘소를 보니 명당인지라 왕에게 보고했고 그곳이 이인손의 자리였다고 한다. 또 다른 자료를 보면 한산이씨 이계전의 자리였다는 설

9장 영릉천장에 대하여 135

도 있다.

예종이 이극배의 양보를 받아 이인손의 묘를 이장하려고 개장하는 차에 지관이 묻어 놓은 비기(秘記)가 나왔는데 '단지대왕영폄지지(短肢大王永窆之地)'라는 글귀가 나왔다고 전한다. 세종대왕의 다리가 한쪽이 짧아서 그 말이 세종을 지칭하는 글귀라고 한다.

결국 자리는 현 영릉자리로 정해졌고 천릉도감을 설치하고 본격적인 이장작업을 진행했다. 예종의 재위기간이 1년 2개월 정도인데 천장에만 7개월이 걸렸다. 그렇게 본다면 천장이 큰 국책사업이었고 예종의 필생의 사업이 된 셈이다. 세종 사후 19년 만인 1469년에 이장이 되었으니 육탈은 충분히 되었으리라 보인다. 애초에 초장지가 물이 나고 자리가 좋지 않다고들 주장하였으나 그 자리에서 물이 든 흔적은 없었다고 한다.

▲ 〈영릉〉 2018년 촬영

천장은 완료되었다. 광주이씨 이인손의 묘소는 연라리[현재는 능서면 신지리]로, 한산이씨 이계전의 묘소는 점동면 사곡리 그리고 성주이씨 이직의 묘소는 파주로 이장이 되었다. 앞서 기술했듯이 현 영릉의 자리에는 이계전 묘소인지 이인손의 묘소인지 현재는 알 수 없는 묘소가 있었던 것으로 보인다. 실록에 이계전의 묘소가 있었다고 기록이 되었다는 글도 있고 한산이씨들도 그렇게 믿고 있다고 한다. 반면에 광주이씨들은 이인손의 자리가 현 영릉의 자리라고들 믿고 있는데 현재 남아 있는 기록으로는 불확실하다.

영릉 천장으로 조선의 역사가 100년 이상 더 길어졌다는 영릉가백년설도 있고 모란반개형(牧丹半開形)이니 회룡고조형(回龍顧祖形) 이니 이 자리를 두고 칭찬일색이다. 어느 유명한 묘소들처럼 전설이 여럿 붙었고 능의 천장에 대한 얘기들이 지금까지도 전하면서 풍수에 관심이 있는 분들의 호기심을 자극한다.

그렇다면 영릉은 얼마나 좋은 자리일까? 대부분의 지사들이 이 자리를 두고 최상의 자리라고들 한다. "정혈처로 모셔진 자리로 좋은 자리임을 다시금 확인해 봅니다"(한국참풍수지리회, 汶谷)

"주변의 산들이 둥글게 감싸주고 꽃봉우리와 같은 곳이라 하여 물형론으로는 모란반개형이라 부르고, 조산인 북성산을 다시 바라본다 하여 회룡고조형 이라고도 하며, 주변의 산들이 모두 이곳을 향하여 유정한 모습이라 군신조회형 이라고도 한다"(서경풍수지리학회)

"좋은 곳이기는 하지만 대명당으로 보기엔 무리가 있다"(대한풍수문화연구소)

풍수 사이트나 카페에서 영릉을 직접 감평한 글은 많지 않다. 그러나 일반인들의 글에서 수많은 전설같은 이야기들이 동반되어 엄청난 자리라고들 말한다. 영릉은 오래 전부터 관광지와 비슷할 정도로 답사객으로 넘쳐나고 묘역을 성역화하고 단장을 해서 예전의 고즈넉한 모습은 사라진지 오래다. 그만큼 일반인들도 관심을 가질 정도로 좋은 곳인가 싶다.

이 자리는 세인들의 평가만큼 좋은 자리는 아니라고 본다. 물론 혈적한 자리임에는 분명하다. 거기에 더해 정확하게 광중을 조성해 체백을 안치한 점은 높이 평가한다. 혈훈 안에 정확하게 자리를 만들었다. 제대로 점혈해 안장한 점은 이 자리를 형기적으로 말해주는 회룡고조형의 명당이라고 말하는 것이 타당하고, 청룡백호의 사격 등을 볼 때도 모란반개형에 어울린다. 하지만 혈의 역량은 그런 이름들에 미치지 못하는 것이다. 물론 일반 사대부가 이런 자리에 들었다면 한 가문을 유지하고 명망 있는 후손을 배출할 정도는 된다. 그러나 왕조국가에서 이정도의 역량의 자리에 묘를 썼다고 해서 왕조의 역사가 100년을 더 지속했다고 할 정도의 자리는 아니라고 본다. 그럴 정도가 되려면 천기와 지기가 합일하는 정도는 되어야 하던지, 아니면 천기점이라도 된다면 가능할 것이다.

조선왕조에서 그런 자리를 들라면 헌릉 정도는 되어야 하지 않을까 한다. 물론 왕가의 묘소에서 왕릉이 아닌 자리로는 더 빼어난 자리들이 많다. 왕릉으로 국한해서 봐도 좋은 자리는 몇몇을 들 수는 있다.

▲ 〈영릉〉 입수처에서

그러나 영릉을 그런 빼어난 자리와 비교하기에는 자리의 기운이 떨어진다. 당대의 풍수학제조를 비롯한 풍수가들의 역량을 모두 동원해 잡은 자리치고는 크지 않다. 물론 이 자리보다 나쁜 자리들은 많다. 좋은 자리보다도 훨씬 많은 게 사실이다. 이정도의 자리만으로도 왕들의 능 중에는 상급이다. 그렇지만 전에 기술한대로 제왕이 영면하기에는 작은 자리다.

한남금북정맥이 속리산에서 발원하여 안성 칠현산에 이른 후 금북정맥과 한남정맥으로 분지하여, 한남정맥은 경기도와 서울을 지나 한강의 남쪽으로 따라 진행하여 김포의 문수산에 이른다. 한남정맥은 칠현산-칠장산을 지난 후 도덕산-달기봉-구봉산-문수봉으로 이어지고 굴암산을 거쳐 함박산에 이른다. 계속 북서진 하던 정맥은 부아산에서 방향을 북쪽으로 틀어 석성산을 일구고는 다시 서북진하여 소실봉에 이른다.

한남정맥인 문수봉에서 한 맥이 북진하면서 칠봉산을 내고는 북동쪽으로 가는 맥을 앵자지맥이라 하고 동으로 독조봉에서 시작하는 맥을 독조지맥이라고 한다. 독조지맥은 독조봉-소학산-마국산-노성산-동백지산-설성산-연대산-칠갑산-신통산-소무산으로 이어지며 남한강에 이른다. 동쪽으로 방향을 바꿔 송림산-소학산-봉의산으로 진행하는 것으로 보인다. 이 맥에서는 마국산이 그나마 큰 산처럼 우뚝 솟아 있고 나머지는 작은 봉들로 큰 산군이 없이 진행한다.

신통산에서 북으로 나온 맥이 대포산을 세운 후 더욱 북진해 평지룡에 가깝게 변했다가 해말 257미터의 북성산을 일군다. 즉 마국산에서 청미천과 양화천 사이로 맥을 낸 것이 남한강을 만나기 전에 끝나면서 북성산을 일군 것이다. 북성산의 맥이 북으로 진행하다가 동진하며 남한강까지 이어지기 전에 여러 맥을 내는데 그 맥에 영릉이 자리한다.

현장에서 보면 단정한 용맥에 좌우 용호가 가깝게 둘러싸고 외룡외호가 계속해서 이 자리를 보호해 주는 모습을 볼 수 있다. 이런 모양 때문에 모란반개형이라 부르는 것이다. 또한 외백호에서 나온 관대사 모양의 안산도 좋으며 그

너머로 북성산이 선인의 모습으로 단정하게 보이는 것이 참으로 좋다. 그곳으로 좌향을 정했고 그렇기에 회룡혈로 부른다.

이 자리에 장점만 보이는 것은 아니다. 우선 뚜렷한 주산이 없는 것이 단점이 아닐까 한다. 용맥이 부후하고 변화가 있어야 하는데 그러기 위해서는 주산이 단정하고 힘이 있어야 한다. 이 용맥에서는 주산이 너무 멀고 낮은게 흠일 것이다. 또한 낮은 주산에서 나온 용이 길게 늘어져 힘없이 주행하는 것도 단점에 속한다. 거기에 더해 이 자리가 회룡고조형이기에 횡룡입수하는 모습을 가지는데 귀성이나 낙산이라고 볼 수 있는 사격이 제대로 보이지 않는다.

횡룡입수에서 크게 자리를 만들기 위해서 필수적으로 갖춰야할 중요한 요소가 없는 것이다. 또한 용맥은 그런대로 크고 좋은데 전순이 짧은 점도 눈에 뜨인다. 대부분의 왕릉에서 보듯이 태식잉육의 형태를 갖추기 위해 전순에 보토를 심하게 한 흔적이 보이는데 그럼에도 불구하고 전순은 짧다. 전순이 짧으면 눈에 보이는 암석들이 둘러주면 금상첨화일 것인데 그런 게 보이질 않는다.

현장에서 보면 내청룡이 길게 쭉 빠지는 듯한 모습도 지적할 수 있고, 넓은 명당에 비해 직거수로 빠져 나가는 것도 이 자리의 흠이다. 전체적으로 볼 때는 좋은 점이 많으나 내밀히 살펴보면 단점도 여럿 존재한다. 형기적으로 완벽해 보일지라도 그 자리가 가진 혈의 역량으로 본다면 이 자리는 최상급의 명당은 아니다.

한남정맥의 주 맥은 용인과 수원을 지나면서 다시 큰 산들을 내지만 북성산으로 오는 지맥은 큰 산도 없고 너무 길게 늘어져 마지막에 한강을 만나기 전에 이 자리를 만들어 힘이 빠진 모양새다. 이 맥에서 마지막으로 힘을 모은 자리는 남한강을 바라보며 멈춘 자리이고 이 자리는 그 전에 작은 맥이 나와서 만든 자리이기에 기운이 크게 뭉치질 못했다. 그저 어느 정도의 역량을 가진 혈적한 자리일 뿐이다. 그래도 일반인들이 이런 자리를 차지했다면 아주 좋은 평가를 받을 것이다. 이 자리의 주인이 조선왕조의 위대한 군주였던 분인지라 그 분의 명성에 합당한 자리가 아니라는 평가가 어울리는 것일 뿐!

이 자리에 영릉이 조성되면서 앞에서 언급한 이인손, 이계전, 이직 묘소는 이장을 피할 수 없었다. 왕의 능침을 조성하기 위해서는 기존에 있던 묘소들을 이장했다. 이 묘소를 이장하기 전에 세조의 자리를 정할 때도 현 광릉자리에는 정흠지와 그의 선대묘소가 자리를 잡고 있었는데 그 묘소를 이장한 후에 광릉을 조성했다. 조선 말에는 구리에 홍릉과 유릉을 조성하면서 수만 기의 묘소가 이장되었다는 기록을 볼 수 있는데, 그런 것을 보면 왕릉을 조성할 때 기존의 묘소를 모두 이장했던 것으로 보인다. 영릉을 조성할 때도 그 묘역에 많은 묘소들이 있었을 것으로 추정이 되는데, 대표적으로 세 묘소가 역사적으로 기록이 되어 있고 그에 따른 이야기들도 전한다.

특히 영릉의 정혈처에 자리 잡았던 것으로 전해지는 이인손과 이계전의 묘소는 영릉에서 멀지 않은 곳으로 이장이 되었고 여러 이야기들이 풍수적 견해와 더불어 전해지고 있다.

▲ 〈이인손 묘소〉 여주시 세종대왕면 신지리

1463년 우의정 이인손이 졸했다. 광주이씨 3자 8손 구등과(俱登科)의 시작을 알린 분이자 3자중 둘째였던 그는 둔촌 이집의 손자였다. 태종 때 문과에 급제해 세조 때 우의정을 지냈고 그의 다섯 아들이 모두 당상관에 올라 봉군을 받게 되자 그의 가문을 오봉군댁으로 불렀다. 그의 대에서 비로소 광주이씨 둔촌계의 전성기가 시작되어 형인 이장손의 가문이 큰 인물을 내지 못한 반면 그의 다섯 아들이 크게 현달하면서 가문의 주축이 되었다. 장자인 이극배가 그의 사후에 상신에 올랐고 둘째인 이극감도 판서를 지냈다. 이극증은 판중추부사, 이극돈은 좌찬성, 그리고 이극균이 좌의정을 지내는 등 갑자사화 이전까지 가문의 전성기를 이루게 되었다. 향리의 아전 출신인 집안에서 시조 이래 증손자 대부터 크게 일어났다.

그가 졸하자 현 영릉의 묘역에 장사를 지냈는데 결국 사후 6년 만에 이장을 당하게 되었다. 관찰사로 외직에 나가 있던 이극배를 예종이 불러다 사정했고 형제들과 상의 끝에 이장을 하게 된다. 전설에 의하면 이장 당시 연을 날려 떨어지는 곳으로 이장을 했다고 전한다. 이극배는 이 자리를 내주고 상신에 올랐다고 전하지만 그것은 사실이 아니다.

그는 외직에서 내직으로 들어와 여러 직의 판서를 지내다가 성종 때에 비로소 우의정에 오르게 되는데 이는 이장을 하고 시간이 지난 후의 일이므로 세간에서 말하는 '자리를 내주고 상신에 올랐다' 하는 말은 와전되었다.

이인손은 사후 6년 만에 이장을 당했는데 그 시간이면 육탈이 완전하게 되지 않았을 가능성도 있었을 것이다. 매장 후 5-6년은 지나야 육탈이 되는 것으로 추정하는데 6년 정도 후에 이장을 당했기에 그리 추정이 가능하다. 당시의 묘제로 보면 백회를 충분히 사용해 관곽을 조성했을 것으로 보면 아마도 육탈이 되지 않았을 가능성이 있다고 본다. 영릉 천장시 이인손의 묘소가 현 영릉자리라는 설과 한산이씨 이계전의 묘가 있었다는 이야기 들이 전하는데 현재로선 확실하게 단정 짓기는 곤란하다.

어쨌든 그의 묘소는 현 위치로 이장이 되었고 그 후로도 후손들의 영광은 갑자사화 전까지 계속 되었다. 이장 후 35년이 지나 갑자사화에서 그의 후손 9명이 한꺼번에 화를 입고 나머지는 도성 밖으로 쫓겨나 멸문의 위기를 맞게 되는데 그 원인이 그의 묘소에 기인한다는 주장도 있다.

원 자리를 알 수는 없지만 이장지인 이 자리는 전설이 붙을 만큼의 좋은 자리가 아니다. 이장 후에도 한동안 후손이 영달했지만 이 자리는 소지소혈에 불과한 자리로 영릉의 역량에는 비교할 자리가 아니며, 여러 지사들이 이 자리를 두고 좋게 평가하지만 큰 자리는 아니라고 본다. 게다가 혈처는 맞지만 아주 작은 혈처에 불과한데 봉분을 너무 크게 만들었다. 두 번을 답사했는데 그 때마다 사초를 했거나 하고 있을 정도로 봉분을 유지하기가 힘든 곳이다. 인작 또한 심하게 해서 원형조차 알 수가 없게 해 놨다. 애초에 흙을 실어다 보토를 한 것이 분명해 보이는데 그 후로도 사초를 하면서 보토를 많이 한 흔적이 역력하다. 사성을 높이고 선익처럼 양쪽에 달아낸 모습이 남아 있다.

▲ 〈이인손 묘소〉 입수처에서

북성산의 주맥은 남한강 방향으로 가서 끝이 나고 북서쪽으로 작은 맥을 낸 곳에 횡룡결작으로 작은 혈이 달렸는데 그곳에 용사했다. 원 자리가 영릉자리였다면 이장지는 그보다 훨씬 작은 곳을 정한 셈이다. 평지룡에 용사한 곳으로 좌우 용호나 안산이 낮다. 입수처와 전순에 흙을 보토한 모습이 역력하다.

이 자리를 두고 지사들의 평가가 엇갈린다. 천하대지급 명당이라는 주장을 하는 이도 있고, 좋은 자리라는 말들도 많이 하며, 자리가 아니라는 견해를 밝힌 지사도 있다. 개인적 평가로는 이 자리에 크게 점수를 주지 않는 쪽이다. 물론 좋은 자리라고 감평한 이들의 견해에는 전혀 동의할 생각이 없다. 이 자리는 영릉의 천장에 따라 묘소가 이장되면서 그에 따른 전설적인 이야기들이 사랑방 담화 수준으로 전해지면서 후세인들의 관심을 끄는 정도로 본다.

우선 이인손의 묘소 덕으로 이극배가 상신에 올랐고 동생들이 봉군을 받을 정도로 잘 나갔다는 말부터 와전된 것이다. 이인손은 초장지에서 6년을 있었기에 그 자리가 아무리 속발지라 하더라도 육탈도 완전히 되지 않았을 때, 즉 금낭경에서 말하는 골기의 형성조차 되지 않았을 때 이장이 된 것이니 초장지의 영향은 크지 않았을 것이다. 거기에 더해 이 자리로 이장된 후 아들들이 잘 나갔지만 이 자리보다는 둔촌 이집이나 그의 아들 이지직 묘소의 영향이라고 보는 게 타당하지, 이 작은 자리의 영향이라고 보는 견해에는 동의하지 못하겠다.

세종대왕이 영릉으로 천장이 된 후에도 왕실은 조용하질 못했다. 천장의 당사자인 예종은 일년이 조금 넘는 재위기간 만에 졸했다. 천장 후 몇 개월 만의 일로 원래 병약했던 예종은 20세의 나이로 생을 마감했다. 의경세자의 아들인 자을산군이 왕위에 올랐는데〔성종〕그 또한 37세를 살았다. 세종의 증손자였던 그도 수를 누리지 못했다.

성종 대에는 정비인 윤씨가 폐비되면서 갑자사화의 빌미가 되었고 세종의 고손자인 연산군은 두 번의 사화를 일으켜 사림을 초토화하고 황음에 빠져 반정으로 물러났고, 다른 고손자인 중종이 왕위에 올라 39년을 왕위에 있었으니 당시로서는 평균적인 삶을 살았다. 오히려 그의 아들인 인종과 명종이 후사

없이 졸하고 나니 적손으로 이어지던 왕통이 방계로 넘어갔다. 영릉 천장 후에 세종의 증손자와 고손 등 3명[성종,연산군, 중종]이 왕위에 올랐고 5대손에서도 두 명의 왕이 나왔으니 그 정도면 명당이라고 할 수 있는 것인가 싶기도 하다.

▲ 〈이계전 묘소〉 여주시 점동면 사곡리

한산이씨 중시조인 목은 이색은 성리학의 계보를 잇는 고려조의 충신으로 세 아들을 두는데 그 중 셋째인 이종선의 후손에서 많은 인물이 나왔다. 이종선은 다섯 명의 아들을 두게 되고 장자인 이계주의 아들이 사육신 이개(李塏)로 증조부인 이색이 고려의 충신이라면 그는 조선조의 충절을 대표하는 인물이었다. 셋째인 이계전은 세종 때(1431년) 문과에 급제해 집현전에 들어갔다. 장조카인 이개가 5년 후 같은 길을 걸어 집현전에 들어갔으니 당대의 명문가로 발돋움하는 시기였다.

이개가 충신의 줄에 선 반면 숙부인 이계전은 계유정란에서 공신에 오르고 사육신의 사건에서도 세조의 편을 들면서 승승장구해 대제학을 지냈다. 한마디로 충신의 길을 간 이개는 후손이 끊기는 화를 당했고 반대편에 선 그의 숙부 이계전은 본인은 물론 후손들도 한동안 잘 나가며 인물을 배출했다.

양주조씨 조계생과 조말생 형제에서도 비슷한 일이 일어났는데, 조계생의 아들인 조극관은 세조에 반대하다가 후손이 한미해졌고 반대편에 선 조말생의 후손들은 조선말까지 득세했다.〔조말생은 세종 때 졸해서 세조의 찬탈과는 무관하고 그 후손들은 번성했음〕이계전의 둘째 아들인 이우는 대사성에 올랐고 손자인 이장윤의 둘째아들 이치의 가문에서 토정 이지함과 영의정 이산해를 배출하게 된다.

이계전은 1459년에 졸했고 영릉 천장이 10년 후에 있었으니 그는 초장지에서 10년간 묻혀 있었다. 현 영릉 자리에 그의 묘소가 있었고 이인손과 성주이씨 이직의 묘소는 주변 사격에 자리했다는 얘기도 많이 있는데 천장에 대하여 전해지는 얘기들을 보면 이인손 인지, 이계전 인지는 불분명해 보인다. 하여간 초장지에서 10년을 지난 후 이 자리로 이장이 되었다.

이 자리는 점혈의 잘못으로 좋은 곳에 들지를 못했다. 그의 초장지가 어디였는지는 불분명하지만 현재의 이 묘역에서 정혈처는 본인과 부인 풍기진씨 사이에 빈 채로 남아 있다. 이 용맥 상에 단 한자리가 있는 곳을 제대로 이용하지 못하였다. 물론 용맥의 뒤에 큰 자리가 숨어 있지만 그 자리는 현재로선 사용할 수가 없다. 용맥 상의 다른 자리들도 좋은 곳이 못 된다고 본다.

▲ 〈이계전 묘소〉 입수처에서

독조지맥인 설성산의 맥이 동북진하면서 칠갑산과 신통산을 낸 후 소두산을 세우고 남한강을 만나는데 그 전에 길게 용맥을 내면서 자리를 만들었다. 짧고 가까운 내백호와 상대적으로 크고 길게 만들어진 청룡이 좋고 백호안이 잘 감싸는 장풍국을 만들었다. 하지만 정확한 점혈이 되지 못해 진혈을 놓친 자리다. 거기에 더해 입수 뒤쪽에 숨은 자리가 있는 곳이다.

이계전 묘소를 이장한 후에도 그의 후손들은 꾸준히 영달하는 것으로 보인다. 아들인 이우가 대사성을 지낸 것은 이 묘소와 관련이 없어 보이고 손자인 이장윤의 후손들이 그런대로 명맥을 유지하며 간간히 인물을 낸 것은 성남에 자리한 이장윤 묘소의 영향일 것이다. 특히 이장윤의 아들들 중 둘째인 이치의 후손에서 토정 이지함과 북인의 영수인 영의정 이산해가 나오고 판서를 지낸 이산보가 배출된 것은 이장윤의 묘소의 영향이라고 본다.

따라서 이계전의 묘소를 이장한 후 가문은 크게 번성하지 못하고 오히려 정체기를 겪은 것이 아닌가 싶다. 한산이씨가 대제학 이계전을 배출할 때는 목은 묘소의 영향이 클 때였고 토정이나 이산해를 배출할 때는 이장윤 묘소의 영향이라고 보여진다. 한산이씨는 조선조에서 대제학 2명에 4명의 상신을 배출했고 그 외에도 많은 인물을 만들어낸 명문가이다. 하지만 이계전 묘소가 크게 역할을 한 것은 없다.

영릉천장시 이장이 되었던 다른 묘소는 성주이씨 영의정 이직의 묘소다. 그는 이조년의 증손자로 세종조에서 영의정을 지냈고 1431년에 졸했는데 1469년에 이장을 당했으니 사후 38년이 지난 후였다. 그의 이장묘소는 고양시 선유동에 자리했으나 답사를 하지 못했다.

성주이씨는 중시조 이장경이 다섯 아들을 두는데 그 중 장자인 이백년의 손자가 여말 오은 중의 한사람인 도은 이숭인이다. 다섯째인 이조년의 손자가 이인임으로 그는 고려 말 수시중으로 막강한 권력을 행사했던 인물이고, 이인민의 아들이 이직이다. 이직의 후손도 한미해진 것으로 보아 초장지와 이장지가 크게 주목받지 못할 자리가 아닌가 한다.

영릉천장으로 능묘를 옮긴 두 분의 묘소를 살펴보았다. 능을 옮긴 세종의 자리는 지금도 대명당으로 소문이 났지만 소문만큼 큰 자리가 아님을 기술했다. 세종대왕의 후손들이 대부분 단명하고〔문종, 단종, 의경세자, 인성대군, 월산대군, 제안대군, 성종 등등〕반정으로 왕위가 형제간에 바뀌는 등 평탄치 않은 것들을 종합해 보면 영릉이 아주 큰 자리는 아닌 것으로 본다.

이인손의 묘소는 그나마 아주 작은 자리로 이장이 되었고 갑자사화를 거치며 그의 후손들이 큰 고초를 겪었다. 이인손 묘소의 영향은 아니라고 본다지만 광주이씨는 과거의 영광을 되돌릴 정도의 화려함은 없었다. 이윤경과 이준경 그리고 한음 이덕형이 그 이후로 배출되었고 대북파 이이첨이 죽은 이후로는 광주이씨에서는 큰 인물이 없었다.

한산이씨 이계전도 이장 후에 큰 인물이 없다가 후대에 가서 그의 묘소영향이 아닌 손자 이장윤 묘소의 영향으로 인물들을 배출한 것으로 보인다.

그러고 보니 천장의 주인공이나 불가피하게 이장당한 이들이나 크게 좋아진 결과를 내지 못한 것으로 보인다. 영릉천장은 조선왕조를 백년이나 더 이어가게 할 정도로 명당으로 이장된 것은 아니라는 결론을 내린다.

풍수의 실체를 찾아서

CHAPTER **10** 문경 – 조령을 걷다

문경지역을 수도 없이 들락거렸다. 관광으로 운동으로 등산에 카메라를 들고 셀 수도 없을 만큼 돌아 다녔다. 운동삼아 조령을 넘나들었고 등산으로 문경을 끼고 있는 대간의 구간을 다녔다. 여행이나 드라이브로도 다녔고 골프라는 운동을 위해 찾은 적도 있다. 그 중에서도 답사를 위해 다닌 것만 해도 손가락으로 헤아리기가 버거울 정도로 다닌 듯하다. 동로나 산북지역에서부터 주흘산 자락 그리고 농암 가은 지역까지 동서남북을 아우르며 다녔다.

문경 자체가 좁은 지역이 아니고 특히 백두대간에 의지해 이루어진 지형이고 보니 그 큰 줄기에서 낙맥한 수많은 맥들에 좋은 자리가 산재하는 곳이기에 답사의 발길이 많아졌던 것이다. 조선조에서 한양에서 영남으로 통하는 큰 길이 지나간 곳인 만큼 사람들의 왕래도 잦았고 그만큼 전설처럼 전해지는 말도 많은 곳이 이 지역이고 골골마다 사람 사는 이야기와 함께 풍수가 녹아 있는 곳이기에 그만큼 볼거리와 공부거리가 많았다.

이 지역은 고려 공민왕이 홍건적의 난을 피해 주흘산에 머물 때 적을 물리치고 개경을 회복했다는 경사스러운 소식을 들어서 문경이라는 지명이 붙었다고 하며 조선시대 영남과 한양을 잇는 길인 새재를 가진 교통의 요지였다. 영남의 선비들이 문경새재를 넘어 한양으로 가던 길목이었고 좋은 소식을 가지고 내려오던 곳이었다. (聞喜慶瑞)

대간의 낙맥지

문경은 특징적으로 북고남저의 지형을 가졌는데 그것은 백두대간이라 불리는 국토의 척추에 해당하는 큰 산들이 북쪽을 지나고 그 곳에서 발원한 물들이 낙동강을 향해 남쪽으로 모여드는 형상을 가졌기 때문이다. 소백산을 지난 백두대간은 문복대를 시작으로 문경의 주된 산들을 일구는데 그 산들이 높고 험하며 화강암 암괴들로 이루어진 곳이 많다. 황장산으로 잠시 방향을 틀었던 대간은 다시 문경의 북면을 이루는데 문수봉- 대미산-포암산을 지나는 동안 여러 봉과 재를 만든다.

포암산에서 하늘재로 이어지며 탄항산을 지난후에 부봉(제일봉)-마패봉을 내고서는 문경새재에 이르며 그 이후로도 신선암봉-조령산-이화령-황악산-백화산-희양산-구왕봉-막장봉-대야산-조항산-청화산에 이르기까지 문경을 북에서 외호하게 된다. 그 많은 봉들이 문경을 향해 맥들을 내게 되니 그런 큰 맥마다 좋은자리를 만들게 된다. 여기에 대간의 봉들에서 발원한 수계들이 합쳐지며 문경의 들을 적시고 재물을 실어 나르게 되니 인물도 나고 재물도 쌓이는 지역이 되었다.

문복대에서 나온 맥은 용문산과 국사봉을 세워 이웃 예천과 경계하고 대미산은 공덕산-천주봉으로 이어지는 맥에 대찰의 기운을 가진 큰 자리들을 만들었다. 대미산은 이어 국사봉-운달산-성주봉으로 이어지며 큰 수행터를 숨겨 놓았다. 운달지맥의 한 축은 남하하면서 단산-선암산-오정산에 이르고 월방산-천마산을 내면서 낙동강 삼강주막 부근까지 이어진다.

대간은 포암산 탄항산을 지난 후 부봉 제1봉에서 문경의 진산인 주흘산을 낸다. 주흘산은 자체에도 큰 자리를 숨기고 있으며 문경을 향해 지나가는 맥들에 큰 자리들을 숨겨 놓았다. 마패봉을 지나면서 남쪽으로 방향을 튼 대간은 연이어 큰 산들을 만들고 다시 서쪽으로 방향을 바꿔 희양산을 내는데 그 아래에 희양산문의 주찰인 봉암사가 천년의 역사를 간직하고 있다.

이후로 대야산을 지난 대간은 조항산, 청화산을 내면서 문경과 멀어지는데 그 사이에 수많은 자리들을 만들게 된다. 특히 농암지역에 큰 자리들을 숨기고 후일을 기약하는 곳이 많다.

이렇듯 문경은 백두대간을 북쪽의 줄기로 삼아 많은 맥들이 산을 일구고 깊은 골을 만들며 사람들의 삶을 윤택하게 하고 인물을 만들어 온 곳이다. 높은 산과 깊은 골이 어울려 큰 물을 만들고 그 물들이 두 번의 큰 틀어막힘〔關鎖〕에 의해 평야가 형성되고 큰 기운이 갈무리가 된다. 대미산에서 발원한 금천은 대화리천을 받아들여 큰물을 만들고는 내성천에 합류하여 곧바로 낙동강에 이른다. 포암산과 대미산의 물이 모아져 내려오던 산북천은 주흘산에서 모인 물들까지 받아들이고 나서 운달지맥인 석화산과 주흘산의 낙맥지인 잣발산에 의해 물길이 막히게 되고 일종의 수구막이〔화표〕 역할을 하게 되면서 그 위쪽에 많은 자리들이 만들어지게 된다.

산북천은 다시 조곡천을 받아들여 규모를 키운 후 조령천이 되고 여러 하천이 합류하면서 진남교반에서 영강에 합류한다. 속리산에서 발원해 쌍용계곡을 거치며 지나던 영강은 조항산에서 발원한 궁기천을 받아들이고 대야산의 영산천까지 받아들여 제법 큰물을 형성하고 가은을 지나 진남교반에 이르러 문경에서 내려온 물들을 다 받아들이면서 다시 한 번 수구의 관쇄가 일어나 농암 가은지역과 진남지역에 큰 자리들을 무수히 만들게 된다.

특히 조항산과 청화산 지역에 큰 자리들이 만들어져 현재도 수행처로 사용이 되고 있는 것이며 더 큰 자리들도 숨어서 때를 기다리고 있다. 이러한 자리들은 산의 힘도 중요하지만 그 용맥을 멈추게 하는 물의 힘이 조화롭게 균형을 맞추었기에 가능한 일이다. 문경이란 지역이 그렇게 형성되면서 풍수적 가치를 지닌 자리들이 생기게 되었고 지금까지 이용이 되고 있으며 앞으로도 지속적으로 좋은 자리들이 사람들에 의해 활용이 될 것이다.

그런 점에서 문경은 답사할 가치가 많은 땅이다. 고래로 이어진 전설이 서린 땅이며 큰 산과 그 낙맥지에 물과 조화를 이루며 많은 자리들이 숨어 있기에 풍수를 공부하는 이들에게는 배울 점이 무한한 땅인지도 모르겠다..

동로면- 연주패옥의 전설을 따라

▲ 〈무송대와 마총〉 동로면 적성리

약포 정탁은 예천 사람으로 명종-선조 연간에 활동하며 우의정 좌의정 영중추부사를 지낸 분이다. 임진왜란 때 명에서 파견된 두사충을 변호한 인연으로 그가 문경 동로의 연주패옥(連珠佩玉)의 명당을 약포의 신후지지로 정해주었다고 한다. 약포의 임종이 가까워 오자 아들이 소점 당시에 약포를 모셨던 말 구종과 함께 이곳 동로면을 찾았고 지금의 무송대 근처에서 자리를 물었을 때 말이 구종을 뒷발로 차서 죽였다고 전한다.

화가 난 약포의 아들이 칼로 말을 죽여 버렸고 그 자리에 말무덤이 생겼다고 한다. 그 이후로 연주패옥의 자리는 찾을 수 없었다고 하며 약포는 사후 안동 풍산에 장례를 치르게 되었다고 한다.

이곳 동로면 일대는 백두대간의 문복대, 황장산, 대미산의 맥이 직접 내려오는 곳으로 산세가 험하고 웅장하다. 해발 1000미터가 넘는 웅장한 산들에서 낙맥하는 용들의 힘이 넘치는 곳이다. 황장산에서 발원한 맥이 남쪽으로 가파르게 진행하며 보국을 만들었다. 전설이 붙어 사람들의 이목을 끄는 곳인지라 이 지역에 연주패옥의 진혈이라는 무덤이 산재해 있다. 그중에서도 연주패옥에 해당할 만한 용맥에 몰려 있다. 이곳에서는 전설의 영향 때문인지는 몰라도 근본적으로 출발부터 왜곡의 길을 가고 있다.

다시 말하면 이곳에서 자리를 잡을 때 연주패옥은 부수적인 요소이고 그 연주패옥을 벗어놓고 단장을 하고 있는 옥녀나 선녀를 중심으로 혈을 찾아야 할 텐데 다들 연주패옥에 매달려 있다. 다들 전설의 신비감에 매달리다 보니 그 실체를 잊어버린 것인지도 모른다. 하기야 무송대와 마총이 자리한 곳에서 진혈처를 찾는 사람까지도 있으니 전설의 힘이 무섭다. 물론 무송대 옆의 봉분이 천기점인지를 안다면 연주패옥의 진혈을 찾는데 도움이 될까? 전설로 보아도 손을 가리킨 방향이 있다하니 적어도 이 자리는 연주패옥은 아니다.

연주패옥이라는 혈명에서 그 숨은 뜻을 읽어내야 한다. 옥녀나 선녀가 단장을 하려고 연주패옥을 벗어서 옆에 놓아두거나 걸어둔 곳이라는 얘기다. 즉 연주패옥은 주변 사격에 불과하고 진혈은 옥녀나 선녀가 앉아 있는 곳에 옥녀단장의 정혈을 찾아야 하는데 이곳에서는 주객이 전도가 되었다. 옥녀가 아닌 장신구에서 혈을 찾으니 정혈을 찾을 수가 없게 되었다. 옥녀단장에서 거울이나 화장품이나 장신구에서 혈을 찾는다는 말을 어불성설이다.

어쨌든 전설이 붙은 이후로 수많은 지사들이 찾아 다녔지만 지금도 정혈처는 분명히 비어있다. 다들 찾았다고 주장하지만 신뢰가 가지 않는다. 황장산 아래에 옥녀단장의 자리를 찾으시라 권하고 싶다. 왜곡된 전설은 그대로 남겨놓고!

▲ 〈약포 정탁 묘소〉 안동시 풍산읍 오미리

약포는 예천 분으로 임진왜란에서 충무공 이순신을 구명했고 곽재우 등을 천거한 분으로 좌의정을 지냈다. 1605년에 졸했고 두사충이 소점해 줬다는 연주패옥의 자리는 전설만 남긴 채 이곳 오미리에 안장되었다.

그런데 이 자리는 참으로 좋다. 문경에 신후지지를 정해 놓고도 이 자리에 영면처를 정했는데 사실 연주패옥의 자리보다도 이 자리가 더 큰 곳이다. 천지기합일점으로 대단히 큰 자리다. 형기적으로 보아도 대단히 부후한 용맥이 진행하면서 고개를 살짝 든 자리로 이른바 비룡승천(飛龍昇天)이라 할 만하다.

부귀겸전의 대혈을 차지했으니 원래의 신후지지보다도 훨씬 좋은 자리를 차지했다고 본다. 전화위복이 된 셈이다. 비록 영남학파들이 임진왜란 후 관직의 진출이 막혀서인지 후손에서 큰 인물은 보이지 않지만 대대로 큰 부를 이루며 살아간 것이 아닌가 한다.

▲ 〈약포 묘소〉

문수지맥인 학가산에서 서남진 하는 맥이 광석산을 내고 그 자리에 비룡승천의 큰 자리를 만들었다. 튼튼하고 부후한 맥이 솟구치며 당판을 만들었고 좌우 보국이 빼어날 정도로 좋다. 명당 너머로 검무산에서 나온 조안의 사격들도 아름답고 암공수인 내성천도 좋은 곳이다.

▲ 〈도정서원〉 예천군 호명면

약포를 모신 도정서원은 내성천변에 자리를 잡았다. 대원군의 서원철폐령으로 일부 손상이 되었지만 지금도 남아 있는 이 자리는 내성천을 따라 만들어진 자리 중의 하나로 양택지 뿐만 아니라 서원 내에 석중대혈의 음택지가 숨어 있

156　풍수의 실체를 찾아서

는 곳이다.

▲ 〈도정서원〉

내성천의 물이 태극을 이루며 흘러가다가 이 자리에 큰 기운을 내려 놓고 큰 자리를 만들었다. 현장에서 보면 풍광이 수려하고 국세가 넓은 좋은 자리임을 알 수 있다. 문수지맥의 학가산이 검무산에 이르기 전에 남서쪽으로 진행하는 맥을 냈고 내성천을 만나기 전에 자리를 만든 곳이다. 내성천 건너편은 도솔봉에서 나온 맥들이 내성천을 만나기 전에 작은 봉들을 낸 곳이다.

연주패옥을 보고 나서 생달리 쪽으로 이동을 하면 황장산 수리봉 하에 큰 자리를 숨겨 놓았다. 전설이 붙은 자리보다 오히려 클 정도로 좋은 자리이지만 아직 임자를 만나지 못했다.

수리봉에서 암맥이 남쪽으로 이어지다가 급하게 멈추며 박환이 일어나면서 평탄해지는데 다시 작은 용맥이 이어져 자리를 만든다. 자체로 용호가 잘 감싸고 옥녀봉이 외백호 역할을 하면서 수구를 막아주게 되고 국사봉의 맥이 안산과 조산의 역할을 하면서 아주 높은 곳에 잘 짜여진 장풍국을 만들었다. 자체 용맥에 암맥이 드러나 있는데 그것이 오히려 힘을 나타내는 것이다. 형기적으로 보면 일종의 노서하전형이 아닐까 하는 모양이 눈에 뜨인다.

수리봉은 말 그대로 맹금류의 형상을 하고 있는데 그 산에서 남서방으로 봉을 낸 곳이 옥녀봉이고 그 산 쪽에도 산의 이름에 걸맞는 자리를 숨겨 놓았는데 그 자리도 옥녀단장의 형국을 가진 자리로 보인다. 또한 수리봉 뒤의 감투봉에서 나온 맥에서도 큰 자리를 만들어 놓은 곳을 보았는데 그 자리는 이른바 연주패옥의 앞글자인 연주(連珠)혈에 해당되는 곳이었다. 혈이 한 맥에서 구슬모양으로 여럿이 달려 있다는 연주혈을 실제로 본 것은 이 자리 뿐 이었던 것 같다.

파주의 율곡 이이 묘역을 연주혈 또는 퉁소혈이라 하지만 그저 평범한 집단묘소이고 큰 자리가 없는 곳이었고, 남양주 이패의 여흥민씨 민재인 묘역이 연주혈이라 하지만 혈명에 맞게 여러 자리가 있는 곳이 아니었다.

황장산이 의외로 큰 산군을 형성하여 감투봉과 수리봉을 내는 맥 외에도 동로면의 생달리와 적성리의 큰 맥들은 모두 그 산에서 발원한 것으로 보인다. 이 산을 경계로 단양과 제천을 이웃하니 상당히 큰 면적을 차지하는데 큰 기운을 간직하고 있는 이 산에서 맥이 나와 제대로 박환이 이루어진 곳에 자리를 만들었다.

대간의 수행지들

▲ 〈포암산과 포암사〉

대미산에서 이어지던 대간이 꼭두바위봉을 지나 포암산으로 이어지는데 이 산은 북으로 만수봉과 월악산을 내며 남한강에 이른다. 베를 펼쳐놓은 듯 화강암의 절벽이 특징인 이 산은 정상이 천기점이다. 이 천기점의 산 아래에 포암사가 자리를 잡았지만 좋은 자리가 아니다. 이 산의 기운을 제대로 받는 자리는 현재도 비어 있다.

포암산의 강한 암기를 살짝 피한 자리에 숨어 있으며 아래에 사찰이 들어섰지만 정혈을 차지하지 못했다. 천기와 지기가 같이 있는 큰 자리이지만 아직 때를 만나지 못했다고 본다.

▲ 〈문복대 아래의 수행지에서 본 조안〉

백두대간이 저수령에서 문복대를 거쳐 벌재를 지나면 황장산에 이르는데 문복대에도 좋은 수행처를 하나 만들었다. 동로에서 벌재로 오르다가 적성리에서 산길로 접어들어 만나는 이 지점은 큰 사찰의 기운을 품고 있다. 천지기 합일점으로 물이 가까이 있어 수행하기에 적당한 곳이다. 아직 주인을 만나지 못했지만 대간의 큰 기운을 간직한 자리이니 언젠가는 큰 도량이 되어 수행자들의 발길이 이어지는 곳이 될 것이다.

공덕산에 머문 기운들

▲ 〈천주봉〉

황장산에서 대미산으로 대간이 진행하던 중 남쪽으로 맥을 내고 큰 산군을 일구는데 그것이 공덕산이다. 그 안에 반야봉, 묘봉, 천주봉 등이 속해 있고 그 산군들이 금천과 대하리천 사이에 크게 자리를 잡았다. 천주봉은 공덕산의 동남쪽으로 나온 맥에 솟았는데 화강암의 암괴가 우뚝 솟아 이름 그대로 하늘을 받치는 주춧돌이나 기둥처럼 보인다.

해발 800미터가 넘는 산으로 주변에서 봐도 우뚝 솟은 모습이 신기한데 이 산 정상에도 강한 천기가 서려 있어 산 아래에 큰 수행지가 자리했음을 암시한다. 천주사가 그곳으로 보이는데 사찰 자체가 너무 협소하고 가파른 곳에 자리를 잡아서 큰 도량이 되지는 못하는 곳으로 보였다.

대웅전이 정확한 자리를 점하지 못했고 천기도 의외로 작게 내리는 곳이었다. 하늘을 떠받치는 기둥이라는 천주봉은 주변에서 보기만 해도 신비롭고 큰 기운을 갈무리한 것으로 보이는데 그에 걸맞는 수행지는 천주봉이 우뚝 선 모습으로 제대로 보이는 곳에 잇을 것이며 그 자리는 수평리에 있다고 보는 것이 타당하다.

▲ 〈대승사〉

황장산의 맥이 산북지역으로 내려오면서 일군 공덕산 안에 대승사와 윤필암이 자리를 잡았다. 대승사는 직지사의 말사로 삼국유사에 사면석불에 대한 일화가 나오는 절이다.

"죽령 동쪽 200리 가량 떨어진 마을에 높은 산이 있는데 진평왕 46년 갑신에 갑자기 사방이 한 발이나 되는 큰 돌에 사방여래를 조각하고 모두 비단으로 감싼 것이 하늘로부터 그 산 정상에 떨어졌다. 왕은 그 말을 듣고 그곳에 가서 쳐다보고 예경한 후 드디어 그 바위 곁에 절을 창건하고 대승사라 하였다"(위키백과)

대승사는 역사가 오래된 반면 소실되고 퇴락되고를 거듭하다가 현대에 이르러 중창된 절이다. 이 절은 대웅전에 천기하림하는 곳인데 절의 규모에 비해 한적하고 고즈넉한 맛이 난다. 풍족한 절 살림을 기대하기 보다는 수행의 장소로 이용이 되는 곳으로 적당한데 근래에 템플스테이를 여는 것이 아주 적절해 보인다. 황장산의 맥이 남하해 공덕산에 이르기 전에 묘봉 쪽으로 맥을 낸 후 다시 대승사의 주봉을 일군다.

금체봉의 단아한 주산이 참으로 아름답다. 안산은 공덕산의 주맥이 내려와 잘 감싼 곳이다. 절의 위치가 상당히 높은 곳에 자리를 잡아 접근성이 떨어지니 수행이 주가 되는 사찰로 만들어졌다고 본다. 국보 문화재를 소유한 이 사찰은 윤필암, 묘적암, 상정암, 관음암, 문수암 등을 부속사찰로 거느리고 있다.

▲ 〈윤필암〉 공덕산 묘봉 하

묘봉의 아래에 윤필암이 자리를 잡았다. 근래 불교의 선지식인 청담스님의 딸이자 성철스님의 비구니 제자인 묘엄스님이 주석하면서 사세가 커지고 유명해진 절이다. 이 자리는 천기와 지기가 합일하는 좋은 자리로 절의 역사도 길지만 상당히 좋은 자리라고 본다.

천기가 하림하여 대웅전 보다 큰 훈을 형성했고 지기는 산신각 옆의 절벽바위에서 내려와 같은 크기로 만들어져 천지기 합일점이 되었다. 수행의 장소이기도 하지만 사세의 확장도 기대가 되는 좋은 절이다. 윤필암은 고려 말 나옹화상이 입적하자 사리를 보관하기 위해 창건되었고 목은 이색이 기문(記文)을 지어 주면서 사례를 받지 않고 그 돈으로 절을 짓는 비용을 충당한데서 이름이 유래되었다고 한다. (백과사전)

운달지맥의 수행지

▲ 〈성주봉〉

대미산에서 거르목산을 거쳐 운달산에 이르는 맥을 운달지맥으로 부른다.

이 맥이 문경읍과 동로 산북을 가르는 맥으로 운달산에서 서진하는 맥은 성주봉을 내게 된다. 그 봉우리 하에 지금까지 답사를 다니며 보았던 사찰 자리 중 가장 크고 넓은 곳을 보았다. 비어 있는 그 자리는 총림 수준을 넘는 대가람 터로 볼 수 있으며 천기와 지기가 합일하는 큰 자리로 골짜기 하나가 모두 기운 자리라 할 만큼 넓은 범위가 수행터인 곳이다. 이런 자리에 좋은 사찰이 자리를 잡아 부처님의 가피가 온 누리에 전해지는 날을 그려본다. 참으로 웅대한 자리다.

암기 가득한 성주봉과 본신 용호가 보기 좋은데 넓은 당판에 주흘산에서 나온 맥들이 조안을 이루며 어울려서 보기 좋다. 주산인 성주봉은 큰 암괴로 이루어져 외양으로 보아도 기운이 넘쳐 보인다. 그 가운데 중출맥이 내려와 박환이 된 자리에 넓은 당판을 형성했다. 천기가 하림하는 면적이 대단히 큰 곳인데 그 넓은 지역이 현재는 경작지로 사용 중이다. 이 수행지는 면적으로 본다면 총림을 세우고도 남을 정도의 큰 곳으로 제대로 사용이 되는 모습을 보고 싶은 곳이다.

대웅전을 지어야 하는 곳에서 앞을 조망하면 보이는 대부분이 기운의 영역에 들어가니 대가람의 자리라고 말할 수 있는 곳인데 이 자리가 제대로 때를 만날 날이 언제인지 궁금하다. 운달산에서 서진하던 맥이 성주봉을 내는데 암기 가득한 봉을 세우고 자체의 용맥으로 보국을 만들에 제대로 감싸주니 평탄한 당판 아래로 넓은 명당을 감싼다. 주흘산의 영봉과 주봉에서 나온 맥들이 조안을 이루며, 산북천도 멀리서 이 자리를 감싸고 흘러간다.

운달지맥은 남으로 내려오다가 갈라져 서진하던 맥은 봉명산, 석화산으로 이어지며 문경읍을 거쳐 모여 만들어진 산북천의 물들을 일차로 관쇄해 주는 청룡맥을 이룬다. 더 남하한 맥은 단산-선암산-오정산-장군내기산-월방산-악천산을 일군 후 영순면에 이르러 평지가 되고 삼강주막 근처에서 낙동강을 만나면서 끝을 맺는다.

▲ 〈김룡사〉 운달산 내

운달산 내에 자리잡은 김룡사는 천기점에 자리를 잡았지만 점혈상의 이유로 좋은 자리를 차지하지 못했다. 형기적으로 와우형(臥牛形)의 형태로 보고 절을 앉혔지만 오히려 그런 관점이 좋은 자리를 놓치고 절마저 협소하게 만들었다. 그러고 보니 사세 또한 위축이 될 수밖에 없는 자리다.

개활지처럼 넓어지는 쪽으로 사찰 자체가 나와야 할 것이고 대웅전 또한 백호방으로 훨씬 더 옮겨서 앉혀야 할 자리다. 그래야 넓고 평탄한 당판을 만들 수 있었을 텐데, 오히려 좌향을 남쪽으로 고집하면서 옹색해졌다. 부속암자들 또한 수행에 적합한 좋은 자리를 찾을 수가 없었다.

운달산 한 가운데 자리잡은 이 자리는 대찰 보다는 암자 한자리를 잘 앉혀서 천기점 수행지로 쓰는 것이 효율적이었다고 본다. 산속 깊이 앉은 자리 치고는 평지에 속할 정도로 넓고 물도 풍부한 곳이다.

운달지맥의 끝_영순면

▲ 〈홍귀달 묘역〉 영순면 율곡리

남쪽으로 내달린 운달지맥은 영순면에서 몇몇 자리를 만들었고 그 중 부림홍씨 홍귀달 묘역에 작은 자리를 내었지만 점혈이 잘못된 것으로 보인다. 오히려 남쪽으로 조금 더 내려와 대혈을 숨겨 놓았는데 그 아래 쪽에는 묘소들이 많지만 정혈은 비어 있다. 홍귀달은 무오사화 이전에 연산군에게 직언하다가 좌천되었고 갑자사화 전에 내려진 간택령에서 자신의 손녀딸을 궁중으로 들이라는 영을 거부하여 유배 도중에 죽었고 이어서 사화가 일어났다. 홍귀달 묘역의 작은 자리는 점혈의 잘못으로 용사되지 못한 곳이다.

운달산의 맥이 남하하면서 영강과 낙동강을 만나기 전에 여러 자리들을 내려놓은 곳이 영순 지역이다. 운달지맥이 평지룡이 되어 평야를 만들고 천마산을 일구는데 곳이 홍귀달 묘역이다. 평지룡처럼 평탄한 용에 사격이 아름답지만 큰 자리는 만들지 못했다.

▲ 〈홍귀달 후손 묘소〉

홍귀달의 후손으로 보이는 이 묘소가 영순면 율곡리에서는 그나마 정혈을 차지했고 안산의 금체봉이 빼어난 자리였다. 부림홍씨는 군위군 부림면을 본관으로 한다 하는데 크지 않은 세족으로 보인다. 홍귀달이 대제학과 이조판서를 지냈고 그의 아들인 홍언충과 홍언방이 문과에 급제해 출사 하였고 현손인 홍호가 선조 때 문과에 급제해 대사간을 지냈다고 하며 조선조에서 8명의 급제자를 냈다.

영순지역은 진남교반을 지나 수량이 많아진 영강과 황장산에서 출발한 금천이 내성천을 만나는 지역 그리고 내성천이 합류한 낙동강 사이에 운달지맥이 평지룡으로 진행하다가 산들을 일군 지역이다. 문경의 다른 지역에 비해 평야가 많고 높지 않은 산들과 물이 잘 어울려 크고 작은 자리들을 냈는데 아직도 비어 있는 자리들이 많다.

금천을 따라 흐르는 여정

백두대간인 대미산과 황장산에서 모인 물이 금천을 이루고 연주패옥의 전설을 품은 채 동로면을 지나면서 용문산과 공덕산 사이를 흐르며 수세를 키운다. 경천호를 지나면 운달산과 공덕산에서 모인 물인 대하리천이 합류한다. 이 지점에 이르러서야 대간의 험한 산들과 멀어지면서 산세도 순해지고 수량도 늘어나면서 넓은 경작지를 가진 마을들이 나타나기 시작한다.

황장산에서 낙맥한 대간은 운달지맥으로 연결되어 내려오고, 문복대로부터 내려온 맥이 용문산으로 이어져 예천과 경계를 이루는데 그 사이에 동로면 지역이 자리했고 큰 산들의 사이의 협소한 지역에서 여러 수행처와 힘있는 자리들을 만들었지만 좁은 경작면적으로 인해 사람들의 주거가 제한될 수 밖에 없는 지역이었다. 산북에 들어서면서 넓은 공간으로 나오게 되고 산은 순해지고 물은 커지면서 조금씩 들판이 만들어지는 지역이 이곳으로 보인다.

▲ 〈대하리 소나무〉 산북면 대하리

금천과 대하리천이 합류하는 지점에 수령 400년의 소나무가 자리잡고 있다. 이 지역이 장수황씨 종가가 남아 있는 지역인데 이 소나무 근처에 황희정승을 모신 사당과 사원이 있어 영각동이라 불렀다고 한다. 현재는 소나무만 남아 있는데 두 개의 우산을 펼쳐 놓은 모습을 단정히 서 있는 반송형태로 모양이 아름답다.

이 자리는 천기점으로 강한 천기를 받으며 소나무가 잘 자라고 있는 곳이다. 사원이 자리했던 곳이라면 강학공간에서 공부하던 선비들이 이 나무 아래서 머리를 식히는 최적의 장소였던 셈이다. 소나무 그늘에 버금가는 크기의 천기가 내리니 지금도 수행공간으로 이용한다면 좋을 것이다.

금천의 물이 가깝게 있고 바로 아래가 대하리천이 합류하는 지점이니 일종의 수련원을 세우고 소나무를 잘 활용한다면 좋은 자리라고 본다.

▲ 〈장수황씨 종가〉 산북면 대하리

조선 초의 황희정승의 후손인 황시간이 16세기경 종택을 지었다고 전하는 곳이다. 황희정승은 세 아들을 두는데 둘째인 황보신이 상주로 이거하게 되고 후손들이 그 지역에 계속 살게 되었으며, 그의 손자인 황정이 문경으로 이주했다고 한다. 황정의 손자인 황시간이 이 집을 짓고 살았으며 후손들이 대대로 황희정승의 유물과 사당을 보존하고 살았던 것으로 보인다.

이 집은 사랑채와 그 뒤에 사당 및 유물전시각인 숙청사와 숭모각이 자리했고 청룡방 뒤로 내당이 자리를 잡았다. 사랑채의 현판에 '道村幽居'라고 전서체로 걸려 있는 데 도를 이룬 사람이 거주하는 집이라는 뜻이다. 이 가옥은 사랑채가 천기와 지기가 합일하는 부귀겸전의 좋은 자리이다. 사랑채에 정확히 그 기운을 이용해서인지 오랜 세월동안 가옥을 유지해 왔다.

지금은 사랑채가 사람의 온기를 받지 못하여서인지 퇴락해 한쪽에 받침대를 세우는 등 기울어진 모습이지만 아주 좋은 자리임은 분명하다. 지금이라도 이 집을 사용하고 주인이 거주하는 것이 가옥을 유지하고 재물을 지키는 좋은 방법일 것이다.

▲ 〈종택의 탱자나무〉

종택의 탱자나무는 그 열매를 약용으로 쓰던 것인데 북방한계선이 북위 38도 선쯤으로 본다. 그래서인지 강화도에 가면 그 한계선쯤에 오래된 나무를 볼 수 있다. 이 탱자나무는 천연기념물로 지정되었고 수령도 약 400년이 되었다고 한다. 두 그루의 나무가 붙어 있어 한 그루처럼 보이는데 전형적인 탱자나무의 모습이 잘 간직되어 있다.

이 나무가 오래 잘 보존된 연유는 이 나무가 서 있는 자리가 특이하게도 생기점이기 때문일 것이다. 지기가 솟아 땅위로 올라온 자리로 바람을 만나면 기운이 갈무리 되지 못하고 흩어지는 곳이다. 이를 생기점으로 보는데 오래 된 고목들이 있는 자리에서 가끔씩 볼 수 있는 기운이다. 또한 고찰 등의 수행지에서도 생기점을 가끔씩 만나게 되는데, 필자도 강화 전등사나 오대산 월정사에서 경험한 바가 있다.

사랑채에 이어 이 나무가 선 자리도 사람이 이용할 수 있는 좋은 기운을 가진 곳이니 이 가옥 전체가 아주 좋은 터에 위치한 것으로 볼 수 있다. 이 기운을 제대로 이용하기 위해서는 사랑채를 주된 생활공간으로 이용해야 함은 물론이다.

대미산의 맥이 거르목산을 거쳐 운달산으로 연결되는 운달지맥에서 남쪽으로 단산과 선암산을 낸 후 남동진 하다가 굴봉산과 장구매기산을 내면서 내달려 금천을 만나면서 끝이 난다. 단정한 금체봉에 기댄 사랑채가 이 가옥의 중심자리인데 문복대에서 이어지는 용문산을 지나 국사봉을 세운 후 나온 용맥들이 조안을 이룬다. 금천이 명당을 흐르고 백두대간에서 출발한 산들이 비로소 험한 기운을 벗기 시작하는 곳에 종가가 자리를 잡았다.

▲ 〈주암정〉 산북면 서중리

장구매기산에서 남으로 더 진행하는 맥의 끝에 주암정이 자리했다. 지형이 바뀌기 전에는 정자 앞이 금천이 흐르던 곳으로 물의 흐름이 바뀌면서 정자 앞이 인공호수로 변한 곳이다. 주암정은 인천채씨 채익하 선생을 기리기 위해 후손들이 건립한 정자라고 한다. 정자 앞의 바위가 앞으로 나아가는 배의 형상을 하고 있으며 채익하의 호가 주암(舟巖)이다.

이 자리는 정확히 천기점에 정자를 세운 곳으로 수행지나 공부방으로 제격인 곳이다. 물이 이 바위 앞으로 흘렀을 때는 경관도 더 빼어났을 것이고 시인묵객들의 휴식장소로 쓰였을 법 한데 지금도 정신수양을 하거나 공부하는 장소로 또는 선비들의 문화를 살리면 좋을만한 장소다.

둥그런 주산이 온통 화강암 덩어리인데 그 끝자락에 큰 바위를 냈고 그 위에 정자를 지었다. 정자 앞에 다리처럼 큰 돌이 놓여서 앞으로 건너갈 수 있도록 되어 있는데 그 앞의 바위는 기운이 없고 정확하게 정자가 자리 잡은 곳이 천기점이다.

금천을 따라 누정이 많이 자리 잡았는데 대부분이 암반에 기대거나 그 위에 지어졌다. 대간의 기운이 운달지맥이나 용문산의 맥을 따라 내려오면서 큰 기운을 갈무리해 곳곳에 암반을 노출시켰고 금천과 어울리는 자리마다 정자가 세워졌다. 그중에서도 빼어난 경관 뿐 만 아니라 기운까지 갖춘 자리가 주암정인데, 답사 당일에도 후손이 정자를 둘러보고 주변을 가꾸기 위해 불편한 몸을 이끌고 가시는 것을 보면서 선조를 기리는 정성이 놀랍다는것을 느꼈다.

▲ 〈고병숙 가옥〉

산양면 녹문리에 있는 이 고택은 조선 순조 때 개성고씨 고몽익이 건립한 가옥으로 특이하게도 주산에 기대지 않고 들 가운데 지어진 집이다. 개성고씨는 고령산을 시조로 하는데 그는 고려 문종 때 간의대부를 지낸 인물이다.(위키백과).

172 풍수의 실체를 찾아서

개성고씨는 제주고씨 양경공파로도 불리며 문경에 거주하는 후손들이 이에 속하는 것으로 보인다. 그들은 17세기경 이 지역 금천 가에 자리를 잡았고 이 가옥도 후손에 의해 건립이 된 것으로 추정된다. 특징적으로 들판 한 가운데에 집을 지었는데 정확하게 내당에 지기가 서려있다. 현재도 그곳에서 거주를 하는 것으로 보이는데 고택을 유지하는 방편으로 좋다는 생각이 들었다. 정확하게 기운자리에 내당을 앉힌 지사의 실력이 놀랍다는 생각이 드는 곳이다.

대간에서 발원한 금천은 동로를 지나 대하리천을 받아들여 수세를 키우고 산복을 통과하고 산양에서 내성천에 합류한다. 내성천은 곧바로 낙동강에 합류하고 삼강나루를 지나서 굽이치다가 영강을 받아들인다.

주흘산 권역

백두대간 부봉에서 바로 낙맥한 주흘산이 사실상 문경의 진산이다.

웅장한 산세의 주흘산은 특립하여 문경읍으로 여러맥을 내게 되고 그 맥마다 자리를 만든다. 그 중에서도 주봉에 소원성취 친기점 기도처가 있지만 산세가 험하니 함부로 접근할 수가 없는 곳이다. 그 아래로 또 다른 수행지이자 사찰 터가 비어 있는데 주변이 온통 사과밭이니 향후에도 찾아내기가 쉽지 않을 것이다.

마지막으로 본 자리는 운달지맥 석화산으로 이어지는 선교사를 안산으로 삼는 사찰자리였는데 그 자리는 현재 사과밭이다. 주흘산의 맥이 끝나는 지점에 자리를 숨겨 놓았고 지도로 보면 주흘산의 맥락처임이 확연하게 드러난다.

주흘산은 자체가 악산인데다가 맥을 길게 내지 못하고 문경읍내에 국한되어서인지 좋은 자리를 많이 내지 못했다. 오른쪽이 영봉으로 주맥을 당포리 쪽으로 낸다. 영봉에서 칼날같은 바위능선이 이어져 주봉을 세우는데 그 아래에 소원성취 기도처가 자리를 잡았다.

▲ 〈주흘산〉

팔공산의 갓바위가 소원성취 기도처로 유명한데 그 외에도 그런 성격의 기도처가 있다고 배웠다. 그 중 한곳이 주봉 아래에 있는데 산세가 험준하니 기도처로 사용되기 위해서는 사람들의 왕래수단부터 개발해야 하는 곳이다. 지리산과 계룡산에도 이에 필적하는 자리가 있다 하는데 답사는 하지 못했다.

주봉 아래에 팔영리 쪽에서도 수행처를 보았다. 그 자리에서 주흘산을 바라보면 인자수지에서 나오는 주흘(柱笏) 형상의 형국을 볼 수 있다. 주흘산 안에 자리잡은 혜국사는 수행처로써는 좋은 자리가 아니다. 오히려 주봉에서 나온 맥의 끝에 수행처가 하나 만들어졌고 현재는 과수원으로 사용이 되고 있다.

조안에는 선교사(仙橋沙)가 걸친 듯 펼쳐져 있는데 운달지맥인 봉명산과 석화산 사이에 걸쳐 있다. 포암산에서 발원한 산북천은 주흘산의 물들을 받아들인 후 운달지맥인 석화산과 주흘산에서 내맥한 잣발산 사이를 빠져나가 조곡천과 합류해 조령천을 이루는데 이 전에 문경읍의 물이 한꺼번에 모인 후 두 산 사이에서 관쇄(關鎖)를 이루게 된다.

문경의 서부지역

운달지맥의 석화산과 주흘산의 맥인 잣발산 사이에서 일차 관쇄를 만든 문경의 수계는 다시 아래로 흐르면서 주흘산과 조령산의 물이 모인 초곡천을 받아 수세를 키운 뒤 남하하면서 조령천을 이룬다. 계속 남하하던 물은 다시 봉생정 근처에서 영강에 합류하고 그 곳에서 2차 관쇄를 이루며 여러자리를 만들게 된다. 영강의 물은 희양산, 대야산, 조항산, 청화산 등 백두대간의 줄기에서 발원한 물들이 모여서 농암, 가은지역을 적시고 모인 물이다.

문경의 서부지역은 백두대간인 백화산-이만봉-시루봉-희양산-구왕봉-장성봉-대야산-조항산-청화산이 둘러싸고 그 골의 물이 농암, 가은을 적신 후 영강을 만든 후 조령천을 받아들여 대강수를 이루게 되는 지역이다. 청화산에서 속리산으로 지나가 대간은 아래로 내려가고 다른 맥이 청화산-승무산-도장산-칠보산-작약산-성산-불정산을 만들며 점촌으로 이어지는데 이 산들이 상주와 경계를 만든다.

▲ 〈희양산〉

희양산 아래에는 신라 말 도헌이 창건한 희양산문의 본찰인 봉암사가 자리한다. 구산선문의 하나로 사세를 유지하다 여러차례 소실되었지만 근래에 선풍을 크게 일으키며 수행의 근간으로 조계종에서 승풍을 세웠다. 산문의 개창조는 도헌인데 중국 선종의 제 4조인 도신에 뿌리를 두고 있다.

신라 말 선종의 맥을 이어 받은 구산선문 중 아마도 희양산문이 제일 큰 것이 아닐까 할 정도로 아직도 선문의 전통을 이어가고 있다. 다른 산문은 이미 사라진지 오래인 경우도 많은데, 예를 들어 보령의 성주산문은 폐사지에 개창조 무염대사의 비만 남아있을 정도이고, 사굴산문이나 수미산문도 사라진 것으로 보이며, 그 외에도 실상산문, 가지산문, 동리산문 등도 사세가 크지 않아 보인다. 유독 희양산문인 봉암사가 지금까지도 선풍을 크게 날리며 한국 불교를 대표하는 수행지로 남아 있다.

이 사찰은 일반인의 출입을 철저히 금하기에 답사가 어렵지만 천지기 합일의 좋은 자리라고 본다.

희양산 정상에서 보면 화강암이 크게 노출되어 있고 그 중출맥이 봉암사로 내려가는 모습이 장엄하게 펼쳐진다. 봉암사는 아직 미답지 이므로 궁금한 점이 많은 곳이지만 현 대웅전이 아닌 구 대웅전 자리가 정혈처로 보인다. 천기와 지기가 합하는 좋은 수행지로 신라 말부터 이어지는 고찰로 준엄한 선풍을 자랑하는 것이 이 사찰의 터와 맞물려 있다.

희양산 봉암사 근처에는 크고 작은 수행처가 여러 자리가 남아 있는데 그런 용도로는 사용되지 못하고 비어 있거나 사하촌 형태로 주거에 사용되는 곳이 많이 있다. 근래에 뇌정산 아래에 자리 잡은 사찰도 좋은 자리는 아닌 것으로 본다.

▲ 〈애기암봉〉

희양산을 지난 대간은 구왕봉으로 연결되고 다시 애기암봉을 세운다. 남쪽으로 방향을 틀어 곰넘이봉과 촛대봉을 세우고 대야산에 이른다. 이 지역이 대간에서도 암기가 가득하고 산세가 험한 곳이며 접근이 어려운 지역일 것이다.

▲ 〈대야산 휴양림〉

화강암 암기가 가득한 대야산에는 오래 된 사찰이나 수행처가 없는 것으로 보인다. 그런데 최근에 개발된 이 휴양림 자리가 수행처의 기운을 가진 자리다.

깊은 곳에 자리했지만 그만큼 천기와 지기가 크게 형성된 이 곳이 수행처인데 용케도 휴양림으로 개발되어 국민들의 휴식처의 역할을 하고 있다. 아늑하게 자리를 잡았고 위로 오를수록 자리고 좋은데 건물배치 또한 잘 해 놓았다. 풍수적 조언을 받은 것이 아닌가 할 정도로 잘 조성해 놓았는데, 조안으로 보이는 대간의 봉들을 대하며 휴식을 취할 수 있는 공간이다.

▲ 〈말바위〉 농암면 연천리

문경의 서부지역에서 주목할 곳은 조항산과 그 아래 궁기리이다. 궁터라는 이름에서 상징하듯 깊은 골에 자리 잡은 곳이다. 조항산 아래에 적멸보궁에 해당되는 자리가 숨어 있다. 현재는 출입금지 지역이어서 함부로 들어갈 수가 없으니 제대로 세상에 드러날 일은 없을 것이며 먼 훗날을 기약해야 할 것이다. 그 아래 궁기리에도 다른 용도의 수행지가 넓게 자리해 있지만 일반인들의 눈에는 그저 평범한 산야에 지나지 않는다. 이런 수행지가 제대로 이용되기에는 아직 때가 되지 않았다고 보아야 할 것이다.

백두대간에 속한 맥이 내려오자마자 큰 수행지를 냈고 그 자리는 아마도 한동안은 사람의 출입도 쉽지 않은 곳으로 남아 있을 것이다. 그 아래에 궁기리는 이름 그대로 궁터를 상징하는 것으로 보이는데 들이 좁고 물은 크지 않지만 대간 아래에 숨어 있는 수행지로 보인다. 우리나라에 현재 전해지는 적멸보궁이 다섯 군데가 있는데 정암사 한 자리를 제외하면 네 곳이 대단히 큰 자리이다.

풍수를 공부하다 보면 구성(九星)이란 용어를 만나게 되고 그저 대수롭지 않게 기억하고 살게 된다. 하지만 그 구성이란 용어는 결국 하늘의 기운이 땅에 전달되는 형식을 나타낸 것으로 보인다. 즉 북반구에서 지구를 비추는 주된 별이 북극성이고 그 별의 기운이 북두칠성으로 통해 지구에 전달되는 것으로 옛 사람들이 생각했던 것이다. 그래서 북두칠성을 숭배하는 칠성교도 생겨난 것이고 풍수의 종주인 곽박 이래로 방위학이나 천문학이 발달하면서 풍수학에 접목이 될 때 구성도 포함이 된 것으로 추정된다.

그런데 북두칠성의 일곱 개의 별과 두 보필성을 합쳐 아홉 개의 별의 기운이 지구상에 영향을 주는 것을 구성으로 표현해서 지금도 풍수학의 번역서들을 보면 큰 설명이 없이 산의 구성이니 혈의 구성이나 하면서 구성에 관해 설명을 하는 경우가 많다. 필자가 공부한 바로는 이러한 구성점이 수행처로 나타난 것이 적멸보궁인 것이며 신라 때 자장율사가 부처님의 진신사리를 이러한 자리에 봉안한 것으로 보인다.

설악산 봉정암의 사리탑은 구성 중 염정 화성의 기운을 가진 자리에 정확히 사리탑을 세우고 진신사리를 봉안했으며, 오대산 적멸보궁은 탐랑 목성의 기운처에, 영월 사자산 법흥사 적멸보궁에는 파군성의 기운 자리에 적멸보궁을 세웠다. 또한 양산 통도사 금강계단에는 거문 토성의 기운을 이용한 것이다.

그런데 함백산 정암사 수마노탑은 기운이 없는 자리인데 이 탑의 자리는 천기나 지기가 없는 자리다. 탑을 세운 자리 또한 경사가 심하고 협소해 탑 아래에 석축을 쌓고 흙을 채워 자리를 만든 곳으로 보이는데, 이렇게 쌓은 것도 무너져 내린 것을 전면적으로 다시 세운 것이다.

정암사 경내에서 천기가 서린 곳은 이 용맥상에서 훨씬 더 위쪽에 두 자리가 있는데 아마도 지장율사께서 초기에 진신사리를 봉안했던 자리가 아닌가 추정해 본다. 자장율사가 정암사 터에 사리를 봉안한 것은 개인적인 생각으로는 네 개의 좋은 수행지는 승려들이 사용하는 자리로 만들고, 정암사 자리는 무속인들이나 일반인들의 기도처로 안배를 하신 것이 아닌가 추정해 본다. 그래서인지 정암사 자리는 적멸보궁 자리로 보기엔 무리가 따르는 곳이다.

그러고 보니 우리나라에는 아직도 다섯 군데의 적멸보궁 자리가 비어 있는 셈이 되는데 이곳 궁기리 조항산 밑에 그 자리가 한 곳 숨어 있다. 녹존성에 해당하는 자리로 조항산의 암기가 가득한 정상의 아래에 자리했다. 이 자리는 출입 자체가 제한되는 지역인데다가 아주 깊은 곳이니 쉽게 이용되리라는 생각은 들지 않는다. 때가 된다면 천기하림하는 좋은 수행지로 개방이 될 것이다.

궁기리라는 지명은 후백제의 견훤에서 유래된 지명이라고 한다. 그는 이 지역에서 출생하여 성장한 것으로 전해진다. 가은읍지에 따르면 " 삼국사기 열전에 견훤은 상주군 가은현 아개동에서 태어났고 본성은 이씨이며 후에 견씨로 바뀌었다고 한다. 그의 탄생에 대한 구전설화로는 "부유한 집 처녀가 밤에 이목이 수려한 총각과 정담을 나눈 후 동침하였고, 새벽에 사라지는 그의 옷에 바늘로 옷에 실을 달아 연결해 놓았는데 그 실을 따라갔더니 굴〔금하굴〕속에 커다란 지렁이 몸에 바늘이 꽂힌 채 실이 감겨 있었다고 한다.

처녀는 임신했고 10개월 후 옥동자가 태어났는데 그가 견훤이라고 한다" 라는 견훤의 탄생설화가 전한다. 구전을 더 인용해 보면 "지렁이가 살던 금하굴에서는 아침저녁으로 오색영롱한 빛이 나고 풍악소리가 요란했는데 그 지역 부호인 심장자가 구경꾼 접대에 힘이 들자 종을 시켜 굴을 메웠다. 그 후 풍악소리도 끊기고 심장자도 망했다고 한다" 라고 전하며 금하굴 아래에 견훤의 아버지인 아자개의 집터가 있었다고도 한다.

말바위에 대한 전설도 있다. 견훤이 용마를 타고 말이 화살보다 빠른지 시험해 보려고 산쪽으로 화살을 날리고 말을 몰았는데, 산에 다다르자 화살이 보이지 않아 말이 화살보다 늦은 줄 알고 용마를 베어 버렸다고 한다. 그 뒤에 화살이 도착했는데 용마가 나온 바위를 말바위라고 하고 견훤이 아차 하고 후회하였다 하여 산을 아차산이라고 불렀다고 전한다. 말바위는 연천리의 남방이자 궁기천가에 화강암 절리형태로 서 있다.

이곳 연천리는 특별한 수행지가 숨어 있는 곳이다. 스승께 배운 것으로 일반인에게는 생소하지만 풍수를 공부하는 이들을 위해 아는 만큼이라도 언급해 보고자 한다. 지난 시절 풍수학이 붐을 일으킬 때 일반사회에 까지 큰 반향을 일으킨 육관 손석우 선생이 '터" 라는 책에서 자미원(紫微垣)터에 대한 언급이 있은 후 그 자리에 대한 이야기들이 끊임없이 이어져 왔다. 서산 내포 지역에 그 자리가 있다는 위에 언급한 책의 내용을 따라 그 지역을 답사하는가 하면, 자미원을 찾았다는 주장이 여기저기서 난무했다.

필자가 배운 바로는 자미원국이 하나의 혈이 아니라 천문의 북극성과 그 주위로 모인 별자리들의 자리에 천기가 서린 수행지가 만들어진 것이라고 본다. 즉 북극성에 자미궁이 있고 삼원으로 자미원, 태미원, 천시원이 자리를 잡은 후 그 주위로 자미원국을 완성하고 그것을 보호하는 수행처가 형성이 되었다는 것이다. 그렇게 볼 경우 연천리에 왕궁에 딸린 시장자리가 만들어져 있다고 보며, 그 자리가 일종의 수행의 중심처가 는데 이를 천시원으로 보는 것이다. 이 자리는 현재 경작지로 사용이 되는 것으로 보인다.

▲ 〈청화산 원적사〉

조항산을 지나 대간은 청화산으로 이어지고 늘재를 지나면 속리산권으로 문경지역을 벗어난다. 청화산 바로 아래 높은 곳에 원적사가 자리한다. 정상 아래쪽에 자리한 원적사는 대웅전 뒤에 첨봉 모양의 암봉이 자리하고 있는데 일반인들이 보기에도 기를 발산할 것으로 보일 것이다. 천기점에 속한 절로 수행하기에 좋은 장소라고 본다. 천기점의 수행지로 아담하게 자리잡은 이곳은 작은 암자 자리로 소수의 수행자가 기거하는 곳이다.

영강을 따라 만들어진 자리

▲ 〈갈모봉 하〉

가은에서는 선인무수형의 자리를 보았다. 우뚝선 선인의 자세가 남다른데 그 아래로 옷고름이 바람에 날리듯 소맷자락이 휘어지듯 용이 내려오며 자리를 만들었다. 용의 위이굴곡이 심하게 일어난 후에 혈장을 만들어 숨겨 놓았는데 눈이 밝은이라면 지도로 보아도 알 수가 있을 것이다. 혈판이 상당히 컸던 기억이 생생하다. 예전에 하남의 객산 아래에 선인무수형(仙人舞袖形)이라는 동래정씨 묘소를 찾은 기억이 난다.

선인형으로 단정히 앉아 있는 객산에서 용을 냈는데 길게 이어진 맥이 크게 돌아 나가는 것이 마치 옷고름이나 옷의 소매가 펄럭이는 모습이 생생했는데 정작 혈처를 정할 때는 제대로 잡지 못해 자리를 놓친 것을 보았다.

이 자리도 해발 400미터의 주산이 선인의 모습을 하고 있으며 그 아래로 후부한 용맥이 내려오고 용이 변화가 심한 곳에 넓은 혈판을 만들었다. 이런 자리 정도가 되어야 집단묘로 사용하기에 넓고 좋은 자리가 된다고 본다. 괴산의 청풍김씨 묘소도 선인무수로 유명세를 타는 자리이지만 국세가 작고 거기에 더해 점혈에 실패한 자리로 본다.

▲ 〈소양서원〉 가은읍 전곡리

대원군의 서원 훼철 당시 강당이 살아남은 소양서원은 16세기에 활동한 이곳 출신의 나암 정언신 등 5인을 모시는 서원이다. 사진으로 보이는 강당자리가 천기점에 속하는 곳으로 자리가 참으로 좋아 보인다. 이런 자리는 지금도 공부나 강학을 위한 자리로 활용한다면 좋을 것이다.

백두대간의 대야산에서 남동쪽으로 둔덕산을 세운 후 동진하면서 갈모봉이 섰는데 그 산도 해발 800미터가 넘는다. 다시 남으로 맥을 내고 시바위산을 세운 후 영강을 만나면서 끝이 나는데 그 강가에 자리를 잡은 곳이 이 서원이다.

청화산 낙맥지

청화산을 지난 백두대간은 충북의 속리산으로 이어지게 되고 그 전에 청화산에서 나온 맥이 남으로 이어져 도장산을 세운다. 도장산을 지나면 중산을 세우고 상주의 국사봉을 세운 후 북으로 내달려 칠봉산을 낸다.

영강의 남쪽면에서 계속적으로 진행하던 맥은 조봉과 어룡산을 내고는 진남교반에서 끝이 난다. 즉 속리산 배면과 청화산의 물이 모여 시작된 영강은 대간의 물들과 강의 남쪽 봉우리들에서 모인 물들을 합쳐서 농암에 이르면 수량이 크게 증가한다. 가은에 이르면 대야산과 희양산의 물을 받아 수세를 크게 키운 후 진남교반에 이르러 다시 조령천과 합류하게 되고 이 지역에서 다시 관쇄를 이루게 된다.

도장산에서 동쪽으로 진행하던 맥이 어룡산에 이를 때까지 여러 산들을 세우는데 그것들이 이안천을 만나기 전에 끝나면서 점촌지역의 넓은 들을 만들게 된다.

▲ 〈어룡산 하〉

청화산에서 남쪽으로 내려온 용이 다시 동쪽으로 내달리며 여러 봉은 낸 후에 어룡산에 이르러 큰 자리를 만들었다. 산과 물이 잘 어우러진 자리로 백화산이 남하하며 세운 대방산을 안산으로 삼았다. 특히 용을 돌아나가는 물이 좋은 곳으로 부귀겸전의 대혈이다. 혈훈이 대단히 큰 자리로 음택보다는 수련원이나 종교시설이 적합할 것이다.

이런 자리는 영성수련을 하는 자리로도 좋은 것이며 연수원 같은 시설이 들어서 사원교육과 휴식을 위한 장소로도 적합할 것이다. 평탄한 자리인데 비어 있으니 아쉬움이 크다.

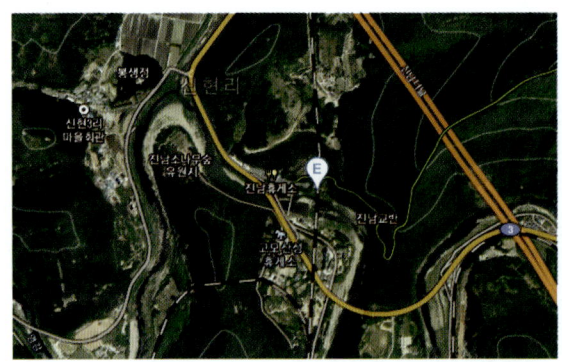

▲ 〈진남교반 주변〉

어룡산에서 마지막으로 북진하는 맥에도 혈이 달렸다. 크기는 작아도 진혈이지만 자리는 비어 있다. 조령천의 물을 제대로 받는 자리이니 재물이 넉넉한 자리이고 암맥이 내려오다 박환이 되면서 자리를 만들었다. 주변에 고총들이 많지만 정혈처는 비어 있었고 혈처도 하나가 아니라 세 개가 연속으로 달린 것을 확인했다.

1933년 대구일보에서 경북지역의 경승지를 선발했는데 1순위로 선발된 지역이 진남교반(鎭南橋畔)이라고 한다. 이 지역은 경승지를 떠나 교통의 요충지로써 일찍감치 인식이 되어 성을 쌓아 군사적으로도 중요한 역할을 했고, 사람들의 왕래가 좁은 협곡을 따라 있었던 곳이다. 고모산성도 남아 있고 주막도 있었던 것으로 보이며 임진왜란 때는 이곳으로 왜군이 북상한 것으로 보인다.

이 지역은 동쪽으로 운달지맥의 한 맥인 오정산이 크게 솟아 오른 후 영강쪽으로 맥들을 내고 끝이 나고, 북쪽으로는 조령천을 낀 들판이 펼쳐진다. 북서쪽으로는 대간인 백화산에서 출발한 맥이 성주산, 능곡산, 주치봉을 이어지다가 영강을 만나면서 끝이 난다. 남쪽으로는 영강의 물길이 휘어져 나가고 남서쪽으로는 청화산에서 출발한 맥이 상주와 경계 지으며 이어져 어룡산을 세운 후 조령천과 영강이 합류하는 지점까지 맥이 뻗었다. 즉 세 개의 산군과 두 개의 큰 물이 어우러져 좁은 협곡을 만들고 강의 흐름이 크게 휘어돌며 그 사이를 빠져 나간다.

이 지역이 문경의 수계가 2차 관쇄를 이루는 곳으로, 일차 관쇄로 문경읍 지역을 풍요롭게 한다면 2차 관쇄로는 농암과 가은의 물들이 조령천의 물을 받아서 낙동강으로 들어가기 전에 큰 물을 만드는 곳이다.

백화산은 대간에 속하지만 산세가 크거나 험하지 않은데 그 중출맥을 남으로 내면서 성주산과 능곡산을 내고 남하해 대방산을 세우고 동진하여 그 끝에 돌혈을 하나 만들었는데 그 자리가 봉생정이다.

서애 류성룡이 쉬어 갔다는 전설이 있는 봉생정은 천기점의 좋은 자리로 일종의 수행처로도 손색이 없어 보인다. 그 아래에 숨은 천지기 합일점의 음택은 자리가 크되 사용은 불가할 것이다. 밝은 눈을 가진 이라도 쉽게 보지 못할 것이며 용사하기에는 걸리는 점이 많아 쉽게 용사되지 않을 것이다. 이 지역을 빠져 나간 영강은 점촌과 영순지역에 평야를 만들고는 낙동강에 합류하면서 끝이 나고 대간의 낙맥처로 형성된 문경도 끝이 난다.

문경은 백두대간이 북쪽과 서쪽을 감싸고 있으며 그 줄기에서 많은 맥들이 만들어져 산이 높고 물이 깊은 지역이다. 그 산에 기대어 자리가 많이 만들어졌고 골마다 모이는 물에 의해 자리가 크게 된 곳이다. 수행처로 쓸 자리도 많이 숨어 있고 곳곳에 큰 음택들을 숨겨 놓았다. 그 자리를 찾아 용사하는 일은 쉽지 않겠지만 언젠가 때가 되면 그런 자리들이 주인을 찾아 가리라 믿는다. 각각의 용도대로 자리가 쓰여질 날이 있을 것이다.

특히 운달지맥의 큰 수행처는 대찰의 기운을 넘어 종찰의 역할을 할 수 있는 자리인데 주인을 만나지 못하고 숨어 있다. 서쪽의 조항산 아래에도 큰 수행처가 숨어 있지만 그 자리는 향후에도 쉽게 이용되지 못할 것으로 보인다.

지금까지 거론한 곳들 이외에도 수많은 자리가 있을 테지만 다 거론하지 못했고 또한 답사하지 못한 곳들일 것이다. 산산골골마다 기운이 넘치는 자리들이 맺힐 충분한 조건을 가진 지역이 문경이기 때문이다. 물이 조화롭게 어우러지고 멈추었다가 흐르니 자연스럽게 재물이 쌓이고 수행지가 만들어졌으며 큰 물을 이루니 그 물에 기대어 사람들이 살아왔을 것이다. 문경을 수없이 돌아다니며 느낀 것이 산은 높고 물은 깊으니 가히 풍족한 고을이구나 하는 것이었다.

풍수의 실체를 찾아서

CHAPTER 11 갑자사화와 명문가

조선시대에 일어난 사화(士禍) 중 무오, 갑자, 기묘, 을사사화를 4대 사화로 부른다. 이른바 선비나 사림이 화를 입은 역사적 사건을 사화(士禍)로 부르는 것이다.

무오사화 갑자사화는 연산군 때에 일어난 것이고 기묘사화는 중종 때, 그리고 을사사화는 명종 때의 일이다. 사화가 일어날 때마다 많은 사람들이 희생이 되고 가문이 멸할 정도의 화를 입은 경우가 많았다. 각 사화마다 성격은 달랐지만 잘 나가던 가문이 후손까지 끊기는 참혹한 일들이 비일비재 했다.

그중에서도 1504년에 일어난 갑자사화는 사림 뿐 만 아니라 훈구대신들도 큰 피해를 입어 많은 희생이 있었다. 무오사화는 성종 때부터 서서히 관직에 진출한 사림들이 피해를 본 일인데 연산군이 집권하자 선대인 성종이 사림들이 주로 맡았던 대간들의 의견을 수렴하여 정책을 펴 나갔고 훈구대신들과의 균형을 이루며 국가의 대사를 결정해 나갔다.

성종은 왕위계승권에서 밀리는 처지에서 간관들의 의견을 무시할 수 없는 약점이 있기에 대간들의 견제를 묵묵히 참아준 면이 있었다.

그러나 연산군은 성종의 적장자로 왕위를 계승했기에 조선 건국 후에 증조부인 세조의 집권 이래 처음으로 제대로 된 계승자였다. 세조는 조카의 왕위를 빼앗은 왕이었고 아버지인 성종은 형을 제치고 왕위에 올랐던 차자였다.

정통성을 제대로 갖춘 연산군은 집권 초부터 사림에 대한 나름의 견제로 그들의 말을 듣지 않고 정사를 보려는 노력을 했고 그러다가 무오사화로 사림의 힘을 빼 버렸다. 사림의 종장이자 성리학의 적통을 계승한 김종직의 제자들을 일거에 제거하여 그들의 입을 막은 것이 무오사화의 본질인 것이다.

무오사화가 일어난 표면적인 이유는 김종직이 지은 '弔義祭文'이 성종실록을 편찬하는 사초에서 발단이 되었다.

즉 항우가 조카인 의제를 죽이고 초패왕에 오른 것을 세조가 왕위를 찬탈한 것과 대비해 글을 썼는데, 처음에는 그 내용이 너무 난해해 사태 파악을 할 수가 없었다고 한다.

그런데 이극돈과 유자광이 김종직과 얽힌 사적인 사건이 발단이 되어 유자광에 의해 그 글의 내용이 연산군에게 알려졌다고 한다. 그 결과로 선산김씨이자 고려 말부터 이어진 성리학의 큰 맥이었던 김종직은 부관참시 되었고 그의 제자들도 처벌을 받았다.

김일손도 그의 제자였는데 역사적 사실로 보면 그가 사화를 유발한 중요한 단서를 제공한 것으로 보인다.

그가 올린 사초의 내용이 불경죄에 해당되거나 도저히 받아들일 수 없는 것들이었는데 그것이 근거없이 떠돌던 내용을 글로 만들어 올린 것들이었다.

예를 들어 세조가 며느리를 취했다는 등의 왕으로써는 참을 수 없는 내용을 올린 것이 오히려 무오사화의 화근을 제공했다고 보는 견해도 있다.(나무위키 참조)

그 결과로 김일손은 거열형에 처해졌고 가족도 모두 죽음을 맞았다. 그 외에도 점필재의 제자였던 예천권씨 권오복, 안동권씨 권경유도 거열형을 당했다. 그 정도 처벌을 받았다면 가족들도 화를 면할 수 없었을 것이다. 김종직의 제자들은 모두 유배를 갔고 그 대표적인 인물이 경주이씨 익재공파의 이원과 하동정씨 정여창이다.(나무위키 참조)

```
정몽주-길재-김숙자-김종직┬ 김굉필-조광조-기호학파(이이, 성혼)
                          ├ 정여창  이언적  영남학파(이황, 조식)
                          └ 김일손
```

고려 말 안향이 성리학을 도입 한 후 익재 이제현 목은 이색 포은 정몽주 등에 의해 정치적 사상적 토대가 마련되어 그 이념으로 조선이 건국되게 되었고, 성리학의 사상이 조선의 통치이념으로 자리를 잡았다. 정도전은 불교를 배척하고 성리학의 이념하에 조선의 기틀을 쌓은 것이다.

무오사화가 일어나고 6년 후 갑자사화가 일어났다. 무오사화로 사림을 제거한 연산군은 비교적 올바르게 정사를 봤고 왕의 권한을 강하게 행사할 수 있었다. 표면적인 이유로 전해지는 자신의 친모의 죽음에 대한 것은 아마도 큰 이유가 아닌 것으로 보는 것이 옳다고 본다.〔그 내용이 월탄 박종화의 역사소설인 '금삼의 피'에서 언급이 되어 사실인양 전해짐〕

연산군은 자신의 왕권을 강화하기 위해 갑자사화를 일으켰다고 보는 견해가 옳다. 즉 무오사화로 간관들을 제거하고 나니 이제는 훈구대신들을 견제할 필요가 있었고 거기에 무오사화 후에도 남아 있는 사림파를 같이 제거할 요량으로 갑자사화를 일으켰다고 보아야 한다.

무오사화 이후 대간들의 견제가 없어지자 사치와 방탕의 길로 들어선 연산군을 훈구세력이 견제하자 사림과 함께 제거하려고 연산군이 일으킨 것이 갑자사화인 것이다.〔훈구세력은 세조의 왕위찬탈에 협조하고 정치적 권력을 잡은 관료와 학자들을 말한다. 대표적인 인물로 한명회, 권람, 신숙주, 정인지, 정창손, 최항, 서거정, 이극돈, 이석형 등이 이에 속한다고 본다〕

사화가 일어나기 일 년 전, 창덕궁에서 있었던 양로연에서 이세좌가 연산군의 옷에 술을 엎지른 사건이 일어났다. 이 사건으로 이세좌는 국문을 당한 후 유배를 갔고, 다음 해에 풀려나면서 일단 일이 진정된 것으로 보였는데 3월에 내려진 간택령에서 부림홍씨 홍귀달이 손녀를 간택에서 빼 달라는 글을 올렸고,

왕의 말을 거역하는 것에 화가 난 연산군은 다시 이세좌와 그의 자식들 그리고 사위까지 유배를 보내버렸다. 거기에 더해 성종의 후궁이었던 귀인 정씨와 귀인 임씨를 죽여 버렸다. 그런 후에 자순대비 인수대비에게도 행패를 부렸다고 전한다.

이후 피의 숙청이 시작되었다.

폐비이자 친모인 윤씨를 추숭하면서 당시에 폐비의 퇴출에 관여한 자들을 모조리 찾아내라 하여 그들을 모두 죽였다. 먼저 형방승지로 사약을 전한 광주이씨 이세좌에게 자살을 명하고 그의 네 아들도 죽임을 당했다. 폐비에 동의한 윤필상도 자살을 명했고, 이미 죽은 남효온, 한명회, 정창손, 정여창, 어세겸, 심회, 이파 등은 부관참시를 당했으며 한치형은 부관능지를 당했다. 광주이씨들은 이극균이 사약을 받았고 그 외에도 많은 사람이 죽고 사대문 밖으로 추방되어 가장 큰 피해를 입었다. 창녕성씨 성준도 본인 포함 집안이 피해를 입었다.

그 결과로 갑자사화에서 처벌 받은 사람이 239명이며 그 중 122명이 목숨을 잃거나 사후에 부관참시를 당했다고 한다.(나무위키)

그 외에도 가족들까지 죽임을 당했던 경우가 많아서 가문이 멸할 정도로 큰 화를 입었고 일설에 의하면 피해자가 3,000명은 넘을 것이라고도 한다.

▲ 〈이세좌 묘소〉 괴산군 불정면 삼방리

갑자사화가 일어나기 일 년 전에 경복궁에서 있었던 양로연에서 이세좌는 연산군의 곤룡포에 술을 엎질러 유배를 떠났다가 1504년 풀려나 복귀를 앞두고 있었는데, 다시 연산군의 생모인 폐비 윤씨를 사사할 때 형방승지로 사약을 배달한 죄를 물어 유배를 떠나던 중 자결했다. 갑자사화의 시작이었고 이 사화로 피바람이 불었다.

이세좌는 자신을 포함해 네 아들까지 목숨을 잃었다. 그는 죽임을 당한 후에도 연산군의 광적인 행위에 의해 시신마저도 해를 당한 것으로 보인다. 후일 이세좌의 손자들이 판서를 지낸 이윤경과 영의정 이준경이다. 그들은 이세좌의 묘소보다는 증조부인 이극감 묘소의 영향을 받은 것으로 본다.

가장 큰 피해를 입었던 광주이씨는 하루아침에 이세좌와 자식들 그리고 이극균을 포함해 9명의 장정이 목숨을 잃었고 도성에서 변방으로 쫓겨 났으며, 그곳에서도 죽임을 당한 이들이 많았다고 한다.

한치형은 청주한씨 한질의 아들로 백부가 한확인데 그는 물론 서자도 죽임을 당했다. 남효온은 생육신으로 성종 때 죽었지만 역시 부관참시를 당했고 그의 아들도 같이 죽었다.

한명회는 성종 때 졸했고 본관인 청주에 초장했다가 천안 수신으로 이장을 한 상태였는데 부관참시를 면하지 못했다. 그의 아들과 손자도 변을 당한 것으로 보이는데 그래도 멸문은 되지 않은 것으로 추정된다.

일두 정여창과 경주이씨 이원은 김종직의 제자로 무오사화에서 유배를 갔다가 6년 후 다시 불려와 사사되었다. 그 중 이원의 네 아들 중 이발(渤)의 후손이 임란에서 공을 세운 이시발의 가문으로 그들을 경주이씨 화곡집으로 부른다.

▲ 〈이원 묘소〉 양주시 덕계동

재사당 이원은 경주이씨로 이공린의 아들이다. 익재 이재현의 6대손인 이공린이 순천박씨 사육신 박평년의 사위가 되었고, 장가 든 첫날밤에 꿈을 꾸게 되는데 그 꿈에 용왕이 나타나 자신의 아들들을 살려달라고 했다고 한다. 잠에서 깨어 부인 박씨에게 꿈 얘기를 하니 기이하게도 같은 꿈을 꾸었고, 밖에 나가 보니 장모가 사위를 위해 자라 여덟 마리를 사다 놓았다고 한다. 그 자라를 강에다 풀어 주었고 도중에 한 마리가 죽었다.

후일 이공린은 아들을 여덟을 두게 되고 이름에 모두 자라별(鼈)부를 돌림자로 사용했으며 그래서 그의 집안을 팔별집으로 부른다. 셋째 아들인 재사당

이원은 김종직의 제자로 무오사화에서 유배를 떠났다가 다시 갑자사화에서 사약을 받아 졸하는데, 이것이 자라를 살려줄 때 한 마리가 죽은 것과 연관이 있다고 한다.

이원의 네 아들 중 넷째인 이발(渤)이 숙부인 이타에게로 양자를 갔는데, 후일 그 가문에서 판서 이시발과 좌의정 이경억, 판서 이경휘 등이 배출되면서 크게 번성했고 이들을 초평이씨 또는 경주이씨 익재공파 내 화곡집으로 부른다. 이 후손들이 경주이씨 중 자라를 먹지 않는다고 전해진 가문이다.

청송심씨 심회는 영의정을 지냈는데 부관참시 되었고 손자인 장령 심순문도 죽임을 당했다. 심순문은 그나마 가문을 유지한 경우이니 참화가 덜했다. 심순문의 후손에서 후일 청송심문을 대표하는 인물이 배출되었다.

한훤당 김굉필도 김종직의 문인으로 몰려 무오, 갑자사화에서 피해를 보았고 유배지에서 처형당했다. 그는 서흥김씨다.

갑자사화로 그동안 명문가로 발돋움하던 많은 가문이 사라졌다.

광주이씨가 가장 큰 피해를 입었고 훈구파로 속했던 청주한씨, 청송심씨, 한산이씨 등등이 큰 피해를 업었다. 그 외에도 많은 훈구파가 죽임을 당했고 거기에 더해 무오사화에서 유배를 갔던 사림파도 대부분 죽임을 당했다. 김종직의 제자였던 일두 정여창, 한훤당, 김굉필을 비롯해 권오복, 권경유, 이원 등이 죽었다. 즉 무오사화에서 목숨이라도 지켰던 사림들은 대부분 피해를 보았고 그보다 더한 피해를 훈구파도 입었다. 한 가문에서 8촌까지 모두 죽은 곳도 있다 하니 그 피해가 막심했다.

이후 연산군은 훈구파는 물론 사람파 까지 제거하고 절대권력을 휘두르며 사치와 향락에 몰두하다가 결국은 2년 후 중종반정으로 물러나게 된다. 갑자사화로 피해를 입었던 분들은 신원이 되었지만 이미 입은 피해를 되돌릴 방법은 없었다. 그동안 훈구파들은 명문가의 기틀을 닦아 나가던 중이었지만 이로 인해 큰 피해를 입고 사라져간 가문이 한 둘이 아니다.

중종반정이 일어나기 까지 2년이 안 되는 기간 동안에 가문의 중심인물들이 죽임을 당했고 가족들은 도성에서 쫓겨나 경제적 기반을 상실한 상태가 많았을 것이고, 그 동안 명예회복은 불가능했다. 거기에 더해 당시로써는 가장 극악한 형벌인 부관참시를 당한 가문에서는 체백조차 수습을 못한 경우도 있었을 것이다. 어린 자녀들까지 화를 입으며 가문이 몰락한 경우도 많았으니 갑자사화가 준 충격은 말로 표현하기 어려웠다.

사화라고는 하지만 훈구대신들도 같이 연루되어 피해를 입어 세조 때부터 이어지던 가문이 일시에 몰락할 정도가 된 경우도 있었다. 추강 남효온은 본인은 부관참시 되어 이른바 유골을 날려버린 쇄골표풍의 형을 당했고 아들인 남충세도 죽임을 당해 가문이 사라져 버렸다. 훈구파는 명종 대에 이르러 서서히 힘을 잃어 선조 때에는 그 세력을 완전히 잃어버리고 말았다.

풍수의 실체를 찾아서

CHAPTER **12** 왕가의 풍수

조선의 건국 이후 왕위는 적장자 계승은 아니었지만 적어도 적통으로는 계속 내려왔다.

그것은 왕자의 난이나 정난이 일어났을 때도 왕의 적자였던 대군들이 왕위를 차지했다. 태종 이방원은 형으로부터 양위를 받았고 세조는 조카를 죽이고 왕위에 올랐다. 반정으로 왕위에 오른 중종도 성종의 계비인 정현왕후와의 사이에서 태어났고 진성대군으로 불렸으며 성종의 적자였다. 그와 장경왕후와의 사이에서 태어난 아들이 인종으로 왕위에 올랐지만 1년 만에 졸했고, 장경왕후가 산후에 졸하자 다시 파평윤씨에서 계비를 들였는데 그 분이 문정왕후였으며, 명종은 그 둘 사이의 아들이었다.

명종은 12살의 나이에 형에 이어 왕위에 올랐다. 어린 나이에 등극한 그에게는 문정왕후의 수렴청정이 기다리고 있었고 을사사화라는 권력다툼 속에 많은 사람들이 죽어 나갔다. 재위 내내 어머니의 그늘에서 벗어나지 못했고 외숙인 윤원형 등 소위 소윤의 힘에 눌려 살아야 했다.

그런데 그런 적자계승의 역사가 끝을 고했다.

즉 명종이 졸하고 나니 후사가 없었고 더 이상 적자에게 물려줄 수가 없게 되었다. 33세에 졸한 명종은 20살에 얻은 아들인 순회세자가 있었지만 그는 13살에 요절했고, 그리고 나니 더 이상 왕위를 물려줄 적자가 없었다. 문정왕후가 35살에 낳은 명종은 형인 인종이 재위 8개월 여 만에 졸하자 12살의 나이로 왕위에 올라 8년간의 수렴청정을 거치며 33세로 생을 마감했다.

적자로 이어갈 왕위계승자가 없어 결국 중종의 9자인 덕흥군의 세 아들 중 셋째인 하성군이 왕위에 오르니 그가 선조이다. 선조는 그래서 조선 건국이래 최초의 방계손으로 왕위에 오르게 되었다. 항렬상으로는 명종의 조카이고 할아버지는 중종이다. 선조 이후로 왕위 계승은 그와 공빈김씨 사이에서 출생한 광해군을 거쳐, 선조와 인빈김씨 사이에서 태어난 정원군의 아들인 능양군

[인조]이 이어받아 그 이후로는 모두가 인조의 후손으로 이루어지게 되었다.

중종의 아버지인 성종은 연산군의 생모인 윤씨[함안윤씨]를 폐하고 난 후 후궁이자 윤호의 딸인 파평윤씨를 정비로 올리게 되고[정현왕후] 진성대군[중종]이 태어나게 된다. 반정으로 왕위에 오른 중종은 연산군의 처남 신승선의 딸이었던 부인 신씨를 폐하고 윤여필의 딸인 후궁 파평윤씨를 정비로 올리지만[장경왕후] 인종을 낳은 후 27살에 졸한다.

중종은 다시 윤지임의 딸인 문정왕후를 들이게 된다. 장경왕후와 문정왕후는 파평윤씨로 9촌 숙질간이 되며 명종 조에 일어난 을사사화에서 장경왕후의 가문이 대윤이 되고 문정왕후의 가문을 소윤이라 부르게 된다.

▲ 〈창빈 안씨 묘〉 현충원 내

하성군은 왕위계승 순서로 본다면 후순위일 수밖에 없었다.

우선 그의 부친인 덕흥군이 중종의 아홉 번째 아들이었다. 거기에 더해 하성군은 형이 둘이나 있었다. 덕흥군은 하성군이 7살 때 졸했고 덕흥군의 처가인 하동정씨네도 한미했으며 처인 하동정씨도 선조가 등극하기 전에 졸했다.

덕흥군은 생전에 품행이 좋지 못했고 사람들의 구설에 오르내린 것도 불리한 요소였다. 다만 명종 생전에 하성군이 총애를 받았고 병이 위중할 때에도 하성군에게 병간호를 맡긴 것으로 보아서는 하성군을 미리 계승자로 내정한 점도 있어 보인다. 거기에 더해 덕흥군이 졸한 후에 하성군은 백부인 복성군의 양자로 가게 되었는데 복성군은 명종보다도 나이가 많은 이복형이었고 중종의 장자인 셈이 되니 명종 이후에는 하성군의 서열이 제일 높은 상태였다. 결정적으로 훈구대신들과 인순왕후 심씨〔영의정 심연원의 손녀〕에 의해 하성군이 계승자로 지목되었고 16살에 왕위에 올랐다.

선조의 등극에 많은 지사들이 그의 할머니인 창빈안씨의 묘소를 지목한다.

창빈안씨가 졸하자 초장지를 양주 장흥에 정했다고 한다. 20세 초반이었던 덕흥군은 동작동의 현 위치가 명당이라는 말을 듣고 모친의 묘소를 초장지에서 일 년 후 이 자리로 이장했다고 한다.(1550년)

1552년 하성군이 태어났고 1567년 그가 왕위에 올랐다. 이후의 왕들이 모두 창빈의 후손이기에 다들 창빈의 자리로 인해 선조가 등극했다고들 말한다.

"이곳의 영향으로 하성군이 선조임금이 되었다고 한다면, 그것은 아마도 용의 상태가 좋은 까닭일 것이다. 그러나 그 후 창빈 후손들의 피비린내 나는 골육상쟁과, 임진왜란, 인조반정, 병자호란은 청룡백호와 물의 모습이 불길한 때문이라고 볼 수밖에 없다.(지종학)

"창빈의 묘는 결코 혈이 아니며, 결코 명당이 될 수 없다. 내룡은 좋다"(지종학, 풍수칼럼 인용) - 〔이분의 다른 글을 보면 창빈묘가 제왕지지임을 기술한 글도 있음〕

"대개 왕가의 무덤은 치산을 많이 하여 혈성의 원형을 찾을 수 없었으나 공작장익형(孔雀張翼形)으로 알려진 이 혈은 후궁의 묘혈 탓인지 인적이 적어 단정한 혈장을 볼 수 있다. 혈성은 비록 크지 않으나 지사가 재혈하여 봉두 앞에 맺힌 혈중에 적중시켰으니 후인들이 이 혈을 동작동 국립묘지 안에서 유일하게 서로 인정하는 혈이 아닌가 생각한다.(유청림 풍수지리연구원)

"이곳이 명당이었음은 창빈의 후손의 번창여부를 보면 알 수 있다. 그가 죽은 후 후손은 1000여명으로 불어난다. 이후 조선이 망하기 전까지 조선의 왕은 그의 후손이었다"(김두규)

"풍수적으로 봤을 때 창빈안씨의 묘소가 현충원 내에서 가장 좋다. 이른바 혈에 해당하는, 그야말로 명당 중의 명당이라는 점이다. 하성군이 왕이 되자 창빈묘역은 그야말로 임금이 난 명당터가 되었다. 할머니묘의 발복으로 임금이 되었다는 소문은 삽시간에 퍼졌다. 그렇지 않아도 선비들 사이에서 유행하던 풍수설에 기름을 끼얹었다.(심재학당, 더 중앙)

"내 보기에 이곳은 맹호가 숲을 뛰쳐나가기 전 새끼를 감싸고 보호하는 형국이라 가히 국립묘지 묘역 내에서 진혈이 이곳이 아닌가 짐작이 간다.(최창조)

"창빈안씨 묘는 귀 A 다"(천인지 귀족풍수)

이 외에도 인터넷 상에는 창빈묘소 덕으로 선조가 등극했고 그 이후의 왕들이 모두 그분의 후손임을 강조하는 글들이 넘쳐난다.

선조가 등극하자 창빈묘가 주목을 받았고 그 당시에도 그 소문이 삽시간에 퍼졌던 모양이다. 그 이후로 조선의 모든 왕이 창빈의 후손이라 하여 모두가 그 영향을 받은 것처럼 말하는 글도 많다.

그러나 창빈묘소는 제왕을 낳은 자리가 아니다.

그 자리는 보백지 조차도 될 수 없는 곳이다. 기운조차 없는 곳이며 지각에 용사된 묘소일 뿐이다. 박정희 전 대통령 묘역에서 서서 보면 묘소 앞으로 진행하는 맥이 장군묘역에서 촛대봉처럼 특립한 후에 멈춘다. 묘역에서 청룡방으로 도는 맥이 길게 도는데 거기서 길게 가는 맥이 나오는 곳이 창빈의 묘소가 자리한 맥이다. 즉 맥이 너무 약하고 퇴전필 처럼 길게 빠지며 변화도 힘도 없이 진행하는데 이런 곳에 혈이 맺힐 수 없다. 가늘고 빈약한 맥에 선조 이후 숙종 때까지 비석도 세우고 사초를 해서 흙을 보토한 것으로 보인다. 당판에 서서 보면 제절의 끝이 절벽처럼 높아진 것을 볼 수 있는데 이런 것들이 인작이 심하게 가미되어 보토된 흔적인 것이다. 약한 용에 흙을 채운 결과로 당판도 넓어졌고 지금은 곡장까지 두르고 있다.

또한 김대중 전 대통령 묘소를 조성할 때에 창빈묘소의 입수처에 해당하는 곳을 엄청난 양의 흙을 부어 보토한 사실이 있다. 그래서인지 지금은 뒤가 허해 보이진 않지만 묘를 쓴 이후 현대까지는 기운 없는 맥의 분지처가 허했을 것으로 추정된다. 좌우 시격은 또 어떤가?

이승만 전 대통령 묘역의 청룡맥은 가까이는 붙어 있으나 달아나듯 길게 빠져 나가서 이 묘역을 보호해 주지 않는다. 백호 또한 멀리서 이 자리를 감싸 안지 못하고 달아날 뿐이다. 물길 또한 거수국으로 국립묘지를 조성하기 전에는 길게 빠져 나갔을 것이다. 동작릉의 구역은 관악산의 맥이 한강에 이르기 전에 서달산을 일구고 양측으로 맥을 내어 말발굽 모양을 하고 있는데 그런 형태이기 때문에 도시개발 이전에는 한강까지 좌우 맥이 진행하면서 벌어진 형태가 되었고 안산으로 삼을만한 적당한 사격도 없는 것으로 보인다.

즉 현충원 전체 묘역의 구조상 두 개의 용맥이 갈라지기 전에 큰 맥을 하나 만든 곳에 큰 자리가 있을 것으로 보인다. 거기에 더해 물이 직거수로 빠져 나가는 것을 막아주는 장치가 되어 있는 곳을 찾아야 큰 자리가 있을 것으로 보는 게 타당하다. 그래야만 좌우 사격은 물론 안산도 좋고 물이 직거수 하는 것을 막아줄 수 있다. 그곳이 어디쯤일까? 지도를 보고 잘 판단해 보면 답이 나온다. 그 자리는 현재도 비어 있지만 이제는 아무도 용사할 수 없는 곳이 되었다.

어쨌든 창빈안씨의 묘소는 제왕지도 아니고 또한 혈적하지도 않다. 손자가 왕이 되었다고 좋다고 말할 뿐이지 그게 정답은 아니다. 선조가 왕이 되었으니 적어도 그의 고조부인 세조의 광릉부터 아버지인 덕흥대원군의 묘소까지 다 살펴봐야 할 일이다. 그런 다음에 결론을 내려야 하겠지만 적어도 창빈묘소가 제왕지가 아니라는 점은 확실히 하고 싶다.

▲ 〈덕흥대원군 묘소〉 남양주시 별내동

덕흥대원군 이초(1530-1559)는 중종의 아홉 번째 아들로 어머니가 창빈안씨다.

창빈안씨에게는 셋째 아들이 된다. 그는 정인지의 손자인 호조판서 정세호의 딸과 혼인하였는데, 종친으로써 행실이 나쁘고 재상들을 욕보였다 하여 사헌부의 탄핵을 받았고 장인과 노비의 소유를 두고 다투는 등 평이 좋지 않았다. 그가 31세로 졸했을 때 후일 선조가 되는 하성군은 나이가 불과 7세 정도였고, 그로부터 9년 후인 16세에 하성군이 왕위에 오르자 조선 최초로 추존 대원군이 되었다.

그가 20대 초반에 모친을 동작동으로 이장했고 2년 후 하성군이 태어나 왕위에까지 오르자 동작릉이 제왕지로 주목을 받았다. 당시에는 종친의 정치참여나 과거시험은 원천적으로 배제되었기에 덕흥군은 일찌감치 풍류에 빠진 생활을 하였고 울분을 삼키다가 졸했다.

최창조 교수의 '한국의 자생풍수'에 나오는 덕릉에 대한 기록을 보면 "하성군은 중종의 아들인 덕흥군의 셋째 아들로 나중에 왕이 된 후 아버지의 묘를 지금의 자리로 이장함. 그 해 아랫마을 德寺의 중이 그 자리에 물이 난다 하여 그 비보책을 물으니 맞은편 산의 중턱에 샘을 파서 물길을 바꾸면 된다고 함. 그렇게 하니 물이 나지 않음. 또 관을 엎어서 묻으라고 함.

그런데 흙을 덮던 중 광중에서 관이 돌아눕는 소리가 남. 아마도 逃尸穴 인듯 함" 이라고 기록해 놓았다. 왕조실록을 찾아 덕흥대원군을 검색하니 220건의 자료가 나왔지만 덕흥대원군의 추문에 관한 건이 대부분이었고 이장에 대한 문건은 없는 것으로 보아 이장 얘기는 사실이 아닌 것으로 보는 것이 타당하다.

"국세의 짜임새로 볼 때 덕흥대원군의 묘는 정혈의 백호에 해당된다"(신석우)

"이 묘는 무기지다"(천인지 귀족풍수)

"덕흥대원군 28회절, 부인 35회절"(손건웅)

"사세가 균형하여 왕을 낳은 부모의 묘터다운 모습이다"(삽짝풍수)

덕흥대원군의 묘소는 창빈안씨의 그것에 비해 주목도가 떨어진다. 그도 그럴 것이 창빈안씨의 묘소를 이장한 후 2년 뒤에 태어난 하성군이 왕이 되었기에 당시부터 창빈안씨의 묘가 주목을 받았다. 덕흥대원군의 사후 8년 뒤에 왕위에 오른 것은 당시에는 오히려 큰 이목을 끌지 못했다. 현대에도 대부분의 지사들이 왕을 배출한 묘소로 창빈묘를 지목하는데 반해 덕흥대원군에게는 크게 눈길을 주지 않는다. 심지어 무기맥지로 감평하기도 한다.

실제로는 어떨까?

전에 밝혔듯이 창빈안씨의 묘소야말로 무맥지이다. 즉 선조의 등극에 결정적인 역할을 한 묘소가 아니라는 견해다. 반면 덕흥대원군 묘소는 제왕지라고 본다. 천기와 지기가 합일하는 좋은 자리다. 조선의 왕족의 묘소 중 으뜸의 자리가 아닐까 한다. 왕가의 무덤 중 좋은 자리는 몇몇 보았지만 이 자리를 능가하는 곳은 보지 못했다 해도 과언이 아니다. 사실 준경묘가 조선을 건국한 태조 이성계를 낳은 묘라고 보면 그 자리도 제왕지지일 것이고, 거기에 더해 왕위계승권에서 멀어진 선조를 왕으로 만든 자리가 덕흥대원군의 자리인 것이다.

한북정맥이 운악산과 죽엽산을 거쳐 진행하다가 남쪽으로 맥을 낸 것을 수락지맥이라 하는데 용암산-깃대봉-수락산-불암산을 거쳐 아차산까지 이른다.

수락산에서 동남쪽으로 가파르게 맥을 내면서 낙맥하다가 이 자리를 만들었다. 수락산의 강한 암기가 박환을 거듭해 튼튼한 용맥을 내고 둥글게 솟은 입수처를 지나 넓은 당판을 만들었다. 실제로는 너무 내려 용사된 곳으로 조금 뒤로 물리면 더 좋은 자리가 된다. 강한 천기와 더불어 지기가 호응하는데 금낭경에서 말하는 오행의 지기 중 화기에 해당하는 기운이 이 자리에 응결한다. 외백호가 만들어낸 안산은 일자문성으로 만들어져 보기 좋고 내룡내호가 가까이 붙어 제대로 된 장풍국을 만들었다.

국사봉과 수락산의 맥들이 조산군을 만들었는데 일월사(日月砂)가 미치 둥근 해가 떠오르는 듯 보인다. 현장에서 서서 보면 수락산의 탐랑봉과 국사봉의 탐랑봉이 서로 어울려 천을(天乙), 태을(太乙)의 형상으로 어울려 특이하게 보인다. 장엄한 수락산의 정상이 이 자리를 비추듯 우뚝 선 모습이 이 자리를 빛내주는 것이다. 이 자리야말로 제왕지로 손색이 없으며 장례 후 8년 뒤에 하성군이 왕으로 오르는데 큰 역할을 한 것이다.

1567년 선조가 왕위에 올랐다.

명종비인 인순왕후의 섭정이 잠깐 있었고 이후 41년간 왕위에 있었다. 훈구세력이 종말을 고했고 사림이 등용되면서 그들이 정치의 전면에 나섰다. 이어 동인과 서인의 당쟁이 시작되었고, 기축옥사가 일어나면서 서인에 의한 동인의 축출이 있었지만 일 년 후에는 동인이 다시 집권했다. 기축옥사에서 가혹한 처벌을 했던 정철의 단죄를 두고 동인은 다시 북인과 남인으로 갈라졌고 이후로 남인의 주도로 정국이 진행되었다.

목릉치세로 불리는 선조의 재위 중 임진왜란과 정유재란이 일어나 7년의 전쟁을 치르게 되었다. 전쟁이 끝나자 국토는 피폐해졌고 1608년 선조는 41년간의 집권을 마쳤다.

선조는 정비인 의인왕후 박씨[사간 박소의 손녀이자 박응순의 딸]와의 사이에 아들이 없었고 공빈김씨와의 사이에 임해군과 광해군을 두었다. 계비인 인목왕후와의 사이에 영창대군이 태어났으나 그가 졸할 때 영창대군은 불과 2살이었다. 임진왜란에서 분조를 이끌며 공을 세운 광해군이 세자로 책봉되었고 선조가 졸하자 왕위를 이어받았다.

▲ 〈공빈김씨 묘소〉 남양주시 진건읍 송능리

공빈김씨(1553-1577)는 광해군의 생모다.

원주에서 김희철의 딸로 태어나 궁에 들어와 임해군과 광해군을 낳고 빈으로 승격되었다. 그녀는 선조의 총애를 받았고 두 왕자를 낳았으나 광해군이 두 살 때 졸했다. 묘소는 풍양조씨 시조인 조맹묘소의 뒤쪽에 정했다. 미리 자리를 잡고 있던 조맹의 묘소는 이장을 면하는 대신 석물을 거두고 평장으로 만드는 조건이었다고 전해지며 인조반정 후에는 상황이 바뀌어 조맹묘소도 다시 수호한 것으로 보인다. 광해군은 1608년 선조가 졸하자 서른셋의 나이로 왕위에 올랐으니 공빈이 졸하고 31년이 지난 뒤였다.

앞서 언급했듯이 선조는 계비인 인목왕후 사이에서 영창대군을 낳았으나 그가 졸할 때 나이가 두 살밖에 되질 않아 왕위를 계승하기에는 무리가 있었다.

선조가 졸하기 전에 영창대군을 보호해 달라는 유교(遺敎)를 신하들에게 남겼는데 그들을 유교7신이라 부른다.〔박동량, 서성, 신흠, 유영경, 한응인, 한준겸, 허성〕- 선조는 그 외에도 공빈에게서 임해군, 광해군 등을 낳았고 합해서 14명의 아들을 두었는데 그 중에서 광해군으로 왕의 계보를 이어갔다.

광해군이 왕위에 오른 것은 두가지 요소로 본다. 한가지는 할아버지인 덕흥대원군 묘소의 영향이다. 즉 덕흥대원군 묘소의 영향으로 선조가 즉위했고 광해군 또한 그 영향으로 왕이 된 것이다. 광해군의 형이자 선조의 서장자인 임해군은 성질이 포악하고 사고를 많이 쳤기에 일찌감치 왕위계승에서 멀어졌고 그 대신 광해군이 선택이 된 것이다.

광해군이 선택된 다른 원인으로 공빈김씨의 자리가 좋은 원인도 있다고 본다. 공빈의 자리는 정확한 혈처에 자리를 잡았다. 물론 광해군이 왕위에 오를 때 아들을 둔 선조의 다른 후궁들은 생존해 있었기에 비교될 바가 없지만 공빈의 묘소로 인해 광해군의 왕위계승이 순탄했을 것으로 볼 수 있다.

광해군이 왕위에 오르자 대북파인 정인홍, 이이첨 등이 정권을 잡고 가혹하게 정적을 제거해 나갔다. 먼저 영창대군 지지세력인 유영경을 죽이고 소북파를 제거했으며, 임해군, 능창군〔인조의 동생〕 등 왕위에 위협이 되는 존재들을 제거했다. 급기야 계축옥사가 일어나 영창대군을 죽이고 인목대비를 서궁에 유폐했으며 김제남 등을 제거했다. 광해군은 양란 후 피폐해진 국가의 재건에 힘썼으며 명과 청나라 교체기에 균형외교를 펴는 등 치적을 쌓았고 대동법을 시행하였다. 그러나 1625년 서인에 의해 반정이 일어났고 광해군은 실각했다.

운악산을 지난 한북정맥은 수원산에 이르기 전에 남쪽으로 천마지맥을 낸다. 주금산-철마산-천마산-백봉산-예봉산을 거쳐 한강에 이른 지맥이다. 천마산에서 서쪽으로 비스듬히 맥이 나오고 진행하면서 관음봉을 일군다. 그 맥은 된봉과 바로건너산으로 이어지는데 그 도중에 공빈묘로 가는 튼튼한 맥이 나오게 된다. 이미 자리한 조맹묘소 뒤에 자리를 잡았는데 참으로 절묘하게 혈처에 용사했다. 조맹묘소는 괘등혈(掛燈穴)로 천지기 합일점이다. 한 성씨의 시조로도 손색이 없는 자리를 잡았다. 튼튼한 용맥의 끝에 맺힌 정확한 자리에 용사를 한 것이다. 그런데 이 용맥에는 세 개의 자리가 만들어져 있는 곳이다.

조맹묘소의 뒤로 공빈의 자리가 지기가 응결한 혈처다. 그 또한 정확히 용사되었다. 마지막으로 공빈묘소 뒤에 빈 자리로 남아 있는 곳이 있는데 그 자리는 천기점이다. 그 자리는 아무도 쓸 수 없는 자리로 남게 되겠지만 아주 좋은 자리다. 한 용맥 상에 세 개의 자리가 만들어졌고 모두가 좋은 자리임이 분명하다. 내룡의 모습이 힘차게 변화하다가 우선룡 하면서 평탄한 자리들을 내려놓았다. 좌우 용호도 잘 감쌌고 용의 끝에 진응수로 보이는 샘이 자리한 것도 이색적이다.

된봉에서 서쪽으로 진행하는 외백호에 광해군의 묘소가 자리했는데 그 산을 안산으로 삼았고 괘등혈답게 멀리까지 훤하게 뚫려 있다. 외백호의 맥에 공빈의 두 아들인 임해군과 광해군의 묘소도 자리를 잡아 같은 천마지맥에 묻혀 영면하고 있다.

친형인 임해군은 광해군에 의해 제거되었는데 아이러니하게도 같은 맥에 누워 있게 되었다. 광해군은 반정 후 교동도에 유배되었는데 그곳에서 폐세자가 탈출하다가 죽게 되고, 며느리는 자결했으며 부인인 유씨도 죽는다. 마지막으로 제주도로 유배되었고 그곳에서 당시로써는 천수를 누리고 생을 마감한다.

반정의 기미조차도 몰랐고 정치적으로도 치적을 쌓았던 그가 왕위에서 밀려나 유배의 삶을 살아갈 때의 심정이 어땠을까? 아마도 고통과 회한의 삶이었을 것이다. 집권 초부터 대북파를 등에 업고 안정적으로 정국을 운영하며 임진왜란으로 피폐된 나라를 잘 이끌었고, 명나라와 후금 사이에서 균형잡힌 외교를 펼치는 등 나름대로 국정을 잘 이끌었던 그였다. 그러나 계축옥사로 영창대군을 죽이고 인목대비를 서궁에 유폐했으며[폐모살제] 능창군을 역모로 죽이는 일 등이 패륜으로 비춰지고, 대북 강경파의 전횡에 서인들의 불만이 쌓이며 반정이 일어났다.

애초에 정비의 소생이 아니었던 광해군은 힘을 보태줄 우군이 없었다. 즉 외가인 김씨들이나 처가인 유씨들에 기댈만한 힘도 없었다. 그는 선조의 여러 아들 중에는 왕재가 있었던 인물이었다. 형인 임해군은 정원군 순화군과 더불어 3대 악동으로 불릴 만큼 악행을 거듭했다. 거기에 임해군과 순화군은 임란 도중 왜군에 포로가 되기도 했다.

정원군도 악행으로는 그들에 못지 않았고 아들인 능창군이 역모에 걸려 자살하자 술로 생을 마감했다고 전한다. 광해군은 집권 후 정원군의 집터에 왕기가 서렸다는 말을 듣고 집을 빼앗아 경희궁을 짓기도 했다.

12장 왕가의 풍수　211

▲ 〈순강원〉 (사단법인 정통풍수지리학회에서 퍼옴)

공빈김씨가 광해군을 낳고 2년 뒤에 졸하자 선조의 총애가 인빈김씨에게로 돌아갔다.

그녀는 슬하에 4남5녀를 둘 정도로 총애를 받았고 임진왜란 중에도 정비인 의인왕후 대신 선조를 따라 의주로 갔다. 자신의 아들인 신성군이 요절한 후 광해군이 세자에 책봉되도록 도와서인지 그에게서도 서모로써의 대접을 받았고 1613년에 졸했는데 순강원에 묻혔다. 인조반정으로 손자인 능양군이 왕이 되니 인빈은 왕의 친조모가 되었다. 선조 이후로 모든 왕이 창빈의 후손이라고는 하지만 그걸 더 좁혀 말하면 덕흥대원군의 후손이다.

인조반정 뒤엔 모든 왕들이 인빈의 후손이며 인조의 후손인 것이다. 철종 이후 왕위를 계승할 후보가 없자 왕위에 오른 고종도 인조의 아들인 인평대군의 8대손이다. 인평대군이 인조의 동생인 능창군의 봉사손으로 양자를 갔기에 능창대군의 후손이라고는 하지만 실제로는 인조의 후손인 것이다.

역사적으로는 반정이 서인에 의한 반정으로 기록이 되어 있지만 풍수적으로 본다면 공빈과 인빈의 묘소역량 차이도 작용한 것이 아닌가 한다.

광해군이 덕흥대원군 묘소와 더불어 공빈의 묘소의 힘으로 왕위에 오르고 정권을 유지했다고 본다. 그 후 광해군 5년에 인조의 할머니인 인빈이 졸해 순강원에 묻히고 10년 후 반정이 일어나 왕위계승권도 없던 능양군이 왕위에 올랐다.

즉 순강원의 힘이 작용한 것이다.

덕흥대원군 묘소가 좋은 것도 일조를 했겠지만 순강원의 역량이 공빈의 성묘에 비해 월등히 좋다고 보는 것이다. 순강원은 덕흥대원군의 묘와 같이 제왕지에 속한다. 천기와 지기가 정확하게 일치하는 자리다. 순강원의 힘이 인조 이후로 적어도 2-3대는 더 내려가며 작용한 것이 아닌가 할 정도로 좋다.

10여년 전에 순강원을 답사했을 때 그 자리가 제왕지임을 스승께 배웠고 최근에 다시 답사를 위해 방문했을 때는 개방을 하지 않아 포기할 수밖에 없었다. 순강원은 조선조 왕가의 유택 중에 몇 안되는 제왕지라고 보며 역량 또한 큰 자리다. 비록 인조가 병자호란을 겪으며 청에 항복하고 삼전도의 굴욕을 당했지만 왕위계승권에서 멀어졌던 그가 왕위에 오르게 된 연유가 순강원에 있다고 보는 것이다.

▲ 〈순강원〉

한북정맥 중 수락지맥이 내려오다가 용암산에서 수락산으로 이어지는데 용암산에서 지맥을 뻗어 천검산-퇴뫼산-곰돌산을 거쳐 용암천에 이른다.

12장 왕가의 풍수 213

천검산의 중출맥이 남으로 내려와 자리를 만들었다. 천기하림하는 곳에 정확히 지기도 응결한다. 내룡맥의 변화가 힘이 있어 보인다. 용호가 잘 감싸고 있으며 아마도 내청룡의 끝을 안대로 삼은 것으로 보이는데 나무에 가려 분별이 잘 되지 않는다.

이 자리는 인조의 할머니 자리인지라 영조 때 순강원으로 격이 높아진 곳이다. 인조의 아버지인 정원군은 인조반정이 일어나기 3년 전에 졸했고 그의 묘소는 인조 등극 후 김포 장릉으로 이장했으며 사후 대원군에서 원종으로 추존이 되었다. 그래서 그의 초장지에 대한 사항은 알 수 없다.

선조부터 왕위가 방계손으로 이어지게 되었고 덕흥군의 3자인 하성군이 왕위에 올랐다. 그의 왕위계승을 두고 창빈안씨의 묘소가 작용했다고 하는 세간의 주장에 동의하지 않는다. 즉 동작릉이 아닌 덕흥대원군의 묘소가 선조를 왕위에 올린 자리라고 보는 것이다.

선조 이후로 모든 왕이 그의 후손이기에 창빈의 동작릉을 주목하지만 그런 견해는 덕흥대원군에게도 같이 적용되는 것이다. 그런데 선조가 41년의 재위 끝에 적자인 영창대군을 보았지만 너무 어린 나이로 인해 왕위계승을 못하고 광해군이 왕위에 올랐는데 , 그것 또한 덕흥대원군의 묘소의 작용에 힘입은 바가 크다. 광해군의 즉위에는 모친인 공빈의 성묘가 좋은 작용을 했을 것으로 본다.

성묘 또한 왕가의 묘소 중에는 좋은 자리에 들기 때문이다.

시간이 지나 인조반정이 일어났고 광해군은 실각하게 된다. 역시 왕위계승권에서 멀어졌던 능양군이 그의 조모인 인빈의 순강원의 힘을 받아 왕위에 오르게 된다. 공빈의 성묘에 비해 월등한 역량을 가진 순강원의 힘이 인조를 등극시킨 것이다. 이후로 인빈의 묘소는 적어도 현종 때까지는 힘이 작용한 것이 아닐까하는 추정이 가능하고 숙종의 등극에도 영향이 있었다고 보고 싶다. 인조 이후로 왕들의 묘소는 좋은 자리를 점하지 못했기 때문이다. 다만 인조의 파주 장릉은 이장지임을 전제로 한다.

현재의 장릉은 아주 좋은 자리를 점했다. 그러나 1649년 인조가 졸하자 초장지를 파주 운천리로 정했으나 82년이 지나 영조 때 이 자리로 이장을 했다. 그러니 초장지의 자리여부를 알 수 없다. 만약 자리가 좋았다면 인조의 증손자인 숙종의 왕위등극에 영향을 주었을 것이지만 알 길이 없다. 인조 이후로 장남인 소현세자에게로 왕위가 계승되지 못한 일이 있었지만 효종을 거쳐 숙종 때까지 순조롭게 왕위 계승이 된 것이 아마도 순강원의 힘일 것이다.

왕조국가에서 자식에게로 왕위가 계승되어 가는 것은 자연스러운 일이다.

물론 성리학의 이념이 강했던 조선은 적자승계의 원칙을 지키려고 애를 썼지만 그것이 마음대로 되지 않았다. 조선 초부터 적장자 승계는 잘 되지 않았고 세조는 조카의 왕위를 빼앗아 왕위에 오르기도 했다.

조선조에서 적장자로 왕위가 승계된 경우는 많지 않다.

세종의 다음으로 문종이 왕위에 올랐고 다시 단종이 왕위를 이어받은 것이 조선 초기에 적장자 계승이다. 그 다음으로는 효종 현종-숙종-경종으로 이어진 적장자 승계가 있었고 마지막으로 고종-순종에서 그런 경우가 있었다. 적장자 승계원칙이 지켜질 수가 없었던 경우가 많았고 거기에 더해 정란이나 반정 또는 계승자가 없어 추대를 받은 왕까지 왕위계승에서 원칙이 흔들린 경우가 많았다.

그런 것을 보면 왕조국가에서도 왕위를 계승하는 것은 어떤 보이지 않는 힘이 작용한다고 보는데 풍수를 공부하는 입장에서는 그런 힘이 음택에서 나오는 것이라고 믿고 연구하는 것이다.

조선조에서 일어난 두 번의 반정 중 인조반정은 풍수적 관점으로 볼 때 공빈과 인빈의 음택의 역량차이로 인해 왕위가 바뀐 것이 아닌가 한다. 물론 반정의 역사적 배경이나 당시의 시대상황이 중요한 요소일 것이지만 이를 풍수적인 관점에서 바라보는 것만으로도 풍수인으로서는 흥미있는 시각이 아닐까 한다.

▲ 〈파주 장릉〉

반정으로 왕위에 올랐던 인조가 1649년 53세의 나이로 졸했다.

이괄의 난, 정묘호란, 병자호란을 거치며 파란만장한 삶을 살았던 인조는 먼저 세상을 떠난 인렬왕후 한씨의 묘소가 있던 파주 운천리에 초장이 되었다. 초장 후 82년이 지난 영조 때 운천리의 자리가 뱀과 전갈이 침범한다 하여 이 자리로 이장했다.

이장지 이기는 하지만 이 자리야말로 조선왕조를 대표하는 자리다. 천지기 합일점으로 크게 올린 봉분의 크기만큼 천기와 지기가 응결된 제왕지지이다.

사후 80년이 넘은 후에 이런 자리로 이장되어 아쉽기는 하지만 풍수인들의 공부거리로는 최상의 자리인 것이다. 조선의 왕릉 중에 한북정맥을 벗어나 능침을 조성한 경우는 태조의 헌릉, 세종의 영릉과 효종의 영릉, 단종의 장릉, 사도

세자와 정조의 융건릉 그리고 순조의 인릉 정도가 해당될 것이다. 대부분의 왕가의 릉이 한북정맥에 자리를 잡았는데 그 중에 그 정맥의 8개 지맥 중 개명 지맥의 끝에 자리한 이 자리가 최고의 자리다.

▲ 〈입수처에서〉

단정한 주산에서 양쪽으로 청룡백호가 둥글게 감싸고 외룡외호가 계속해 이 자리를 보호하는데 내명당과 외명당의 물이 묘전에 모여서 천천히 흘러나간다.

낮은 구릉에 조성이 되었는데 국세가 매우 크고 조산군인 북한산의 암릉이 보기 좋은 자리다. 이 자리에서 아쉬운 점은 특립한 안산이 앞에 직립했다면 더 좋은 자리가 되었을 것이다.

풍수무전미〔風水無全美 완벽한 자리는 없다〕라고 누가 말했던가? 아마도 이 자리가 초장지였다면 어땠을까 하는 가정도 해 본다. 아마도 조선왕조의 역사가 달라졌을 것이다. 이 자리로 인해 직접적인 영향을 받을 이가 없다고 볼 수도 있다. 초장지에서 82년이나 있다가 이장이 되었기 때문이다. 그래도 환천심으로 영향을 받았다면 정조와 순조 그리고 헌종일 것이다.

남연군 이후로는 계대가 너무 벌어지니 고종과 순종은 영향권에서 벗어났다고 보아야 하겠다. 남연군은 인조의 아들인 인평대군의 6대손이니 고종은 8대손이 된다. 인평대군은 숙부인 능창군의 봉사손으로 양자를 갔고 남연군은 사도세자의 서자인 은신군의 봉사손이 됨으로써 다시 왕실의 일원으로 편입이 되었다.

▲ 〈파주 장릉〉 구글지도 인용

한북정맥의 불국산과 사패산 사이에서 북으로 개명지맥을 내는데 개명산에서 박달산으로 이어지다가 이후로는 큰 산을 내지 못하고 길게 이어지며 오두산에서 끝이 난다. 중간에 수리부엉이산을 세우기 전에 남으로 맥을 낸 곳에 장릉이 자리를 잡았다. 산이라기 보다는 작은 동산으로 볼 정도로 높지 않은 곳에 중출맥이 나오고 양쪽으로 용호가 잘 감싸서 포근한 느낌을 줄 정도로 보국이 좋다. 외룡외호도 계속 이 자리를 감싸게 되는데 평탄한 지형에서 물이 직거수로 빠지지 않도록 해 준다.

안산은 외천룡의 끝으로 삼은 것으로 보이는데 백호방으로 치우쳐 심학산이 특립한 모습도 좋다. 북한산의 연봉들이 조산으로 자리잡은 것도 이 자리에서 보면 매우 훌륭해 보인다. 암공수인 임진강도 좋으며 외명당을 흐르는 공릉천도 보기 좋다.

▲ 〈소령원〉

인현왕후의 몸종으로 궁에 들어갔다는 설도 있고 허드렛일을 하는 무수리 출신이라는 등 다양한 설이 있는 숙빈 최씨는 숙종의 성은을 입어 23세에 연잉군〔영조〕를 낳았다. 1718년 48세의 나이로 졸했고 그녀의 사후 6년 뒤에 28세인 영조가 등극했다. 숙종의 서자로 태어나 환국을 거치고 숱한 죽음의 고비를 넘기며 왕위에 오른 것이다.

그런 원동력이 소령원에 있다.

이 자리도 제왕지지로 정확하게 천기와 지기의 합일점에 용사했다. 감악지맥의 끝에서 나온 튼튼한 용에 봉분 크기의 기운에 정확히 광중을 조성했다. 이 자리를 알아본 지사의 능력에 감탄한다. 조선왕조의 많은 능원들 중에도 몇 손가락 안에 드는 자리다. 이 자리로 인해 영조가 왕위에 오르고 증손자인 정조와 고손자인 순조가 왕위에 오른 것이라고 본다.

이 세분의 재위기간을 합치면 무려 104년이니 그만큼 이 자리가 큰 것인가 한다. 물론 인조의 고손인 영조의 재위기간에 인조의 능을 환천심했기에 그 영향이 있었을 것으로도 보지만 영조의 등극과 왕권유지 그리고 종조와 순조의 계승에 소령원의 역할이 매우 크다고 본다. 튼튼한 용맥에 좌우 용호가 가깝고 길게 나온 전순도 좋은데, 조안의 봉들도 이 자리와 어울려 큰 장풍국을 만들었다. 영조에서 철종까지는 숙종과 숙빈최씨의 후손으로 왕위가 이어졌다.

▲ 〈소령원〉

감악지맥은 한북정맥인 호명산을 지나 북으로 이어지는데 은봉산-노아산-노고산-감악산- 마차산을 지나 옥녀봉에서 끝이 난다. 노아산에서 문산천과 비암천 사이로 맥을 낸 맥이 팔일봉을 일구고 더 진행하여 이 자리를 만들었다.

횡룡입수로 들어온 맥은 입수처에서 크게 뭉친 듯 보이며, 자리를 만들고는 길게 전순을 낸 모습이 일품이다. 좌우 용호가 좋고 특히 외백호가 발달해 수구를 막고 있으며 안산이 득립해 잘 짜여진 장풍국을 만들었다.

순조의 생모인 수빈박씨가 묻힌 휘경원도 좋은 자리다.

그러나 이 자리는 철종 때 이장된 자리이므로 후손에게 영향을 줄만한 자리가 되지 못한다. 다만 자리는 천지기 합일점으로 왕가의 능원묘 중에는 그나마 좋은 자리를 점했고 이른바 제왕지지인데 그 역할을 하지 못하는 곳이다.

마지막으로 거론할 자리는 남연군묘이다.

흥선대원군이 정만인의 말을 믿고 20대 초반에 연천에서도 이미 이장을 한번

했던 남연군의 묘소를 예산 가야산 중턱에 이장 후 다시 일년만에 현 자리에 안장했다. 여러 글에서도 언급을 했지만 이장 후 손자인 고종과 증손자인 순종이 조선의 두 황제에 오르면서 2대천자지지로 유명세를 탔다. 그 자리도 제왕지지로 두명의 황제를 탄생시킨 자리다. 그 자리를 두고 설왕설래가 많지만 제왕지지로 보며 수많은 전설을 만들어냈으며 지금도 천지기 합일의 기운이 살아 있다.

조선왕조를 통해 수많은 능묘들이 왕가의 필요에 더하여 당대의 풍수가들에 의해 조성되었다. 어느 자료를 보면 왕릉 모두가 좋은 자리라고 말하는 것도 있고 보면 조선왕가의 능들을 일목요연하게 기술하는 것에 조심스럽기는 하다. 그러나 당대의 사대부들과 풍수학제조 그리고 감여가들이 총동원 되어 잡은 자리라고 하지만 대부분의 왕릉들은 무맥지에 인작만 크게 들인 곳이 대부분이다.

왕위에 오른 분들도 풍수적 관점에서 보면 한사람의 인간으로써 일생을 살다가 간 분들인데, 그분들도 선 후대에 걸쳐 풍수적 영향을 일반인들과 똑같이 받았을 것이다. 다만 더 많은 지사들을 동원할 위치에 있었을 뿐 결국은 자신의 삶이 투영되어 자리가 정해진다는 풍수의 기본원칙은 벗어날 수 없었다.

그래서 조선왕조 500년 동안 수많은 왕가의 능원들이 조성이 되었지만 전체적으로 본다면 아마도 5% 정도만 좋은 자리를 차지하지 않았는가 한다. 그 정도가 일반적으로 선현들의 묘를 답사할 때 혈적한 자리의 비율과 비슷하기 때문이다.

한 가문을 일으키기 위해 3-4대에 한 자리 정도만 차지해도 되는 것처럼 왕조가 순탄하게 유지되기 위해서도 그 정도가 필요했다. 그렇지만 아무리 훌륭하다고 하는 지사들을 동원했어도 왕조는 여러 풍파를 거쳤다. 그런 것을 보면 왕가에서도 모든 자리가 좋았다는 것은 분명 아니며 그 이면에 소수의 자리가 왕위계승에 영향을 주었다.

지금까지 그나마 좋은 자리 위주로 능원을 기술해 보았으며 답사가 미답인 곳 중 좋은 자리는 별로 없을 것이라고 추정해 본다. 한 군데 더 보고 싶은 자리는 장경왕후의 희릉인데 그 자리는 이장지이므로 큰 의미가 없지만 자리는 좋아 보인다.

풍수의 실체를 찾아서

CHAPTER **13** 당쟁과 명문가

조선의 건국으로 나라가 바뀌었지만 초기에는 고려조의 신분을 대부분 그대로 유지했다.

건국에 일조한 신진사대부 세력들이 주축이 되어 성리학에 기반한 나라를 세웠고 인재등용을 공정하게 하기 위해 과거제도를 실시하면서 사대부가 공고히 형성이 되었다. 왕자의 난 등을 거치면서 부침을 거듭한 이들이 세조가 등극하면서 이른바 훈구세력을 형성하게 된다. 한명회, 신숙주, 정인지, 권람 등이 대표적인 인물로 그들은 성종 조에서도 국정을 운영해 갔다.

세조 말년에 훈구파의 강한 힘을 견제하기 위해 향리에서 성리학에 몰두해 출사하지 않던 이들을 등용하기 시작했는데 김종직 등이 그런 인물이다. 그들은 성종 조에 이르러 많은 인물들이 중앙에 진출하게 되었는데 이들을 사림파라고 불렀고 그들이 득세하자 훈구파의 견제도 그에 따라 심해졌다. 성종은 훈구세력의 견제를 위해 사림의 등용폭을 넓혀갔고 그에 따라 그들의 목소리도 커짐에 따라 왕권을 견제하는 세력이 될 정도로 힘이 커졌다. 처음엔 훈구파의 견제 목적으로 사림을 등용했던 성종은 오히려 사림의 목소리가 커지자 국정을 보기가 어려울 정도로 그들의 목소리가 커지게 되었다.

연산 조에 이르러 사화가 일어나 훈구파가 사림파를 제거하게 되고 그에 더하여 훈구세력끼리 권력다툼을 벌이는 양상도 있어 훈구파도 사화에서 함께 제거가 되었다.

연산군 초에는 적장자 계승이라는 정통성을 등에 업고 왕권을 행사했으나 사림의 견제가 심해지고 그에 더해 훈구파들이 자신들의 기득권을 지키려는 행동에 왕권행사의 제약이 심해져 갔는데, 연산군은 그들의 힘을 빼는 전략으로 나간 것이 사화로 나타났다는 견해도 있다. 그의 통치기간에 일어난 무오사화와 이어진 갑자사화로 사림은 물론 훈구파도 큰 희생을 치르게 된다.

반정 후 왕위에 오른 중종 조부터는 사림을 중심으로 향촌의 교육과 교화 그리고 성현의 제사를 담당할 필요성이 제기되었고 그 세력이 커져 갔는데, 조광조로 대표되는 사림들은 도학정치의 실현을 목표로 문묘종사운동을 벌이며 중앙 정계에 진출했지만 기묘사화로 큰 피해를 입으면서 그들의 시도는 일단 좌절되었다.

중종 말에 주세붕이 풍기군수로 부임해 안향을 배향하는 문성공묘(廟)를 세웠고 1543년에는 조선 최초로 백운동서원을 세우게 된다.

주세붕은 서원을 유지할 재정적 기반을 마련하고 유생들을 교육해 과거급제자를 내면서 서원의 체제를 갖추게 된다. 그 후 서원을 중심으로 사림의 세력은 커져 갔고 을사사화를 거친 후 훈구세력은 서서히 자취를 감추게 된다.

그 결과 선조가 왕위에 오른 후에는 사림파가 조정을 장악했고 그들 내에서 세력다툼이 시작되었다. 1572년에 이조전랑이었던 오건(吳健)이 물러나면서 자대권[自代權 이른바 후임자 추천권]을 행사해 김효원을 추천했는데 이를 심의겸이 반대하면서 사림은 드디어 동인과 서인으로 분열이 된다. 이는 표면적인 이유이고 사실은 그 동안의 갈등이 이를 도화선으로 폭발한 것으로 보면 될 것이다.

이조전랑(吏曹詮郞)의 벼슬은 당하관 이하의 자리를 추천할 권리를 가지는 자리로 이조정랑과 이조좌랑을 통틀어 부르는 직제다.

지금으로 본다면 행자부 인사국장이나 인사수석실 인사비서관 정도의 직급으로 당시에는 정 5품과 정 6품의 벼슬이었다. 이조전랑은 세 가지 권리를 가졌는데 첫 번째가 위에 언급한 자대권으로 자신의 후임을 추천할 권한이다. 둘째는 통청권(通淸權)으로 당하관을 추천할 권리이며 세 번째는 낭천권(朗薦權)으로 이른바 재야인사를 추천할 권리가 있었으니 당시로써는 상당한 요직이었다.

오건의 추천으로 이조전랑에 오를 수 있었던 김효원은 당시 이조참의 심의겸의 반대로 오르지 못했다.

심의겸은 김효원이 윤원형의 식객이었음을 지적하며 반대했고 결국 이발이 이조전랑에 올랐다. 1574년 김효원은 이조전랑이 되었는데 그를 지지하는 젊은 신진사류들을 김효원의 사는 집이 동쪽인 관계로 동인이라 부르게 되었고 심의겸을 지지하는 기성사류들은 서인이라 부르게 되었다. 1575년 이번엔 심의겸의 동생인 심충겸이 전랑에 추천되자 김효원의 반대하여 임명이 되지 못하자 본격적으로 동서 분당이 되었다.

동인은 주로 신진사류들이 가담했고 퇴계 이황의 영남학파와도 연관이 깊었으며 남명 조식의 제자들 또한 이에 속했다.

반면, 서인은 기성세력이 주축이었고 동인에 비해 세도 크지 않았는데 율곡 이이와 우계 성혼의 제자들이 중심이었다.

동인의 대표적 인물은 퇴계의 제자인 서애 류성룡을 비롯해 김명원, 김성일, 한준겸, 정경세 등의 속했고 조식의 제자인 정인홍, 최영경 등이 가담했으며 서경덕의 학문적 제자인 이산해 등이 속했다. 또한 정여립, 이덕형 등도 동인이었다.

반면 서인은 기호학파를 중심으로 율곡 이이, 박순, 김계휘, 정철, 윤두수, 윤근수, 성혼, 조헌 등이 속했는데 이후로도 율곡과 우계의 제자들이 서인에 주로 가담하게 된다.

1589년 정여립이 모반을 꾀했다 하여 기축옥사가 일어났고 그로 인해 3년에 걸쳐 1000여명이 희생되는데 그들 대부분이 동인들이었다.

그로 인해 서인들이 정국을 주도하게 되었지만 지나친 세력확대를 염려한 선조가 동인에게 힘을 실어주면서 오히려 동인들이 세력을 유지했다. 기축옥사 후 서인들의 처벌 문제가 대두되었고 동인들은 처벌에 강경파인 북인과 온건파인 남인으로 다시 분파되었다.

북인들은 이후 세자 책봉 문제로 서인인 정철 등을 제거 하면서 정국을 주도했다. 그들은 서인의 처벌을 두고 대북파와 소북파로 나뉘었고 광해군에 의해 대북파가 득세를 했다. 이들이 정인홍과 이이첨 등이었고 이산해도 이에 속했다. 소북파의 영수는 유영경이었고 박동량, 남이공 등이 속했다. 정권을 잡은 대북파는 유영경등 소북파를 제거하고 서인들을 억누르며 정국을 주도했지만 서인들을 중심으로 인조반정이 일어나면서 북인은 거의 흔적이 없어질 정도로 미미해졌다.

남인은 북인에 의해서도 견제되면서 힘을 잃었고 특히 영남 남인계는 이후로 중앙정계의 진출이 어려워졌다. 그들은 현종 때의 예송논쟁을 거치며 일시적으로 정국을 주도하기도 했지만 환국을 거치며 힘을 잃어갔다.

서인은 인조반정 이후로 정국을 주도해 나가게 되었고 반정의 주역들을 공서(功西)로 분류했고 정국에서 남인과 북인을 배제하는 주장을 한 부류를 청서(淸西)로 불렀다.

서인은 시대에 따라 각각 분리되었지만 가장 큰 것은 송시열과 윤증의 갈등 그리고 서인 김익훈의 처벌을 두고 대립하면서 노론과 소론으로 갈렸다. 그러면서 주로 노론 중심으로 정국이 흘러갔고 영조의 탕평책과 정조시대를 거치게 된다.

정조의 죽음 이후 세도정치가 시작되면서 노론 시파를 중심으로 정국이 운영되다가 결국은 안동김씨들의 세도정치가 이어졌고 고종이 즉위하면서 길고 긴 당쟁은 사라졌다. 숙종조 이후로 당쟁이 격화되면서 서인 쪽에서 활동하며 인물들을 낸 가문들이 생겨났고 대표적인 가문이 청풍김씨, 광산김씨, 여흥민씨, 은진송씨, 안동김씨 등이 있었고 경주김씨, 반남박씨, 풍양조씨들도 후대에 갈수록 힘을 발휘했지만 결국은 안동김씨에게 밀리게 된다.

조선이 건국되면서 신진 사대부와 무관이 고려시대에서 문관과 무관을 통칭하는 양반층을 형성했고 점차 문관중심의 사대부가 상류층을 형성해 갔다.

건국에 동조한 세력들을 중심으로 생긴 양반층은 초기의 왕자의 난과 계유정난 등을 거치며 몰락한 가문이 생겨났고, 반대로 큰 세력을 형성한 가문도 있었다. 조선의 개국공신 중에도 가문이 번성하며 명문가를 형성한 경우도 있는데 의령남씨 남재와 그 후손들은 개국 이후 많은 인물을 내면서 조선말까지 번성했다.

여타의 가문들은 공신이면서 왕자의 난에 희생된 가문이 많았다. 계유정난 이후 공신에 오른 가문들이 이후로 권문세족이 되어 훈구세력을 형성했고 그들은 연산조를 거치면서 사림과 대립하며 명맥을 유지하다가 명종 조에 이르러 대부분 사라졌다. 그 동안 명문가의 기틀을 유지하며 성장했던 가문이 사림이 정권을 장악하면서 훈구파는 사라졌고 그 동안 번성했던 가문도 서서히 내리막길을 걸었다. 물론 그 후로도 살아남아 인물을 배출하며 명문가를 유지해간 가문도 많다.

선조조에 이르러 당쟁이 시작되었는데 기축옥사를 거치며 동인의 희생이 컸고 광해군 대의 대북파의 전횡으로 많은 인물들이 희생이 되었으며 인조 이후로 서인들을 중심으로 명문가가 형성이 되었다.

서인들은 이후로 정국의 주도권을 쥐게 되었으며 지금까지 명문가로 거론되는 많은 가문들이 이에 속한다. 대표적인 가문들로 광산김씨, 연안이씨, 대구서씨, 안동김씨, 여흥민씨, 은진송씨 등이 속한다. [서인 내부에서도 훈서와 청서, 노서와 소서, 원당과 낙당 그리고 한당과 산당 등으로 갈라졌다]

서인은 다시 노론과 소론으로 갈라졌고 주로 노론에서 정국을 주도한 관계로 그 쪽에 속한 가문들이 인물을 배출하면서 명성을 쌓아갔다.

물론 소론계에서도 인물들을 내고 장국에 참여했지만 지속성이 적을 수밖에 없었다. 서인세력 중 온건파로 분류된 소론은 신임사화 후 일시적으로 정권을 잡기도 하지만 영조가 등극하고 노론의 힘이 커지면서 탕평책에도 불구하고 세가 밀렸다. 양주조씨 조태억이나 조태구 등 상신을 지낸 이들이 소론에 속했고 전주이씨 덕천군파나 경주김씨 추사 김정희 가문[노론] 등은 벼슬에서 떨어져 나갔고 유배로 생을 마치기도 했다.

신임사화 때 노론파 대신이 죽게 되면서 일시적 위기를 맞았지만 그들은 다시 권력의 전면에 있었고 그들은 다시 벽파와 시파로 갈라섰고 시파가 끝까지 살아남아 권력을 유지했다.

세도정치 60년 동안 안동김씨들은 왕권을 능가하는 세도정치를 했는데 그들이 크게 득세했고, 이후로 조선은 망국의 길로 들어섰다.

그 와중에 노론의 세력이었던 여흥민씨들이 척족으로써 크게 힘을 발휘하며 세를 키웠다. 1884년 갑신정변이 일어났을 때 김옥균, 서광범, 박영효 등 가담자들이 대부분 조선말까지 이어진 명문가의 후손들이었다. 그만큼 당쟁의 와중에서 살아남아 권력의 중심부에 있던 가문들의 힘이 강했다는 반증일 것이다.

조선의 명문가들은 후기로 갈수록 대부분 서인이나 노론에 속했던 가문들이 많은 경향을 볼 수 있다. 그런 경향이 조선이 망할 때까지 이어졌고 일제시대까지도 그 명맥이 이어진 경우가 대부분이었던 것으로 보인다.

조선의 명문가를 약 30여 가문 정도로 거론하는데 그 가문들 중 많은 곳이 당쟁에서 살아남은 가문인 것이다. 물론 조선 중기까지 이어진 훈구세력에 속하는 가문도 있고 왕실에서 분파된 가문들도 있으며, 개국공신의 가문이 끝까지 명문가로 남아 있는 경우도 있었지만 명문가의 주류는 아무래도 서인과 노론이 대부분이라고 보면 될 것이다.

풍수의 실체를 찾아서

CHAPTER **14** 충주와 괴산 –
달천의 물길 따라

충주와 괴산은 많은 지역이 잇대어 있다.

또한 속리산에서 발원한 달천을 상류와 하류로 공유하며 그 하천이 남한강에 합류하는 지점도 충주에 있다. 충주의 경계를 조금 벗어났다 싶으면 어느새 괴산인 경우도 많다. 생활권이 겹치는 지역이 그만큼 많기도 하다. 달천이란 큰 물이 관통하는 지역이다 보니 예전부터 물자와 인력이 따라 이동하였을 것이다. 하천을 공유하다 보니 산의 흐름도 공유하게 되고 과거에는 경계가 모호하게 나뉜 흔적도 지금까지 남아있다.

먼저 괴산의 지형을 살펴보면 백두대간 마루금인 마패봉에서 출발해 새재-조령산-이화령-황악산-백화산-희양봉-막장봉-대야샨-조항산-청화산 까지 문경과 접하며 대간에 기대어 있다. 조령산에서 나온 맥들은 박달산, 주월산, 성불산 등을 세우고 괴산의 동쪽을 만들고는 달천강을 만나면서 끝이 난다.

희양봉-덕가산-보배산으로 이어지는 맥과 막장봉-군자산 으로 이어지는 지역은 괴산의 남동쪽을 만든다. 속리산의 맥인 백악산, 가령산, 낙영산 등의 지역은 괴산의 남부를 만들고, 달천이 속리산에서 발원해 괴산을 흐르는데 그 남서부 지역과 북쪽 지역은 한남금북정맥의 산들로 이루어져 있으며 상대적으로 산이 크지 않다. 괴산은 달천을 따라 좌우로 나뉜 지역으로 그 지역을 살피려면 그 하천을 중심으로 좌우를 살펴 나가는 것이 좋다.

백두대간 신선암봉과 조령산에서 나온 맥은 박달산과 주월산을 지난 후 달천을 만난다. 남서진 하던 맥은 성불산을 세우고 달천에 이른다. 백화산, 희양산, 막장봉의 대간에서는 칠보산과 보배산을 내고 한 맥은 군자산을 일군다. 대야산권 에서는 갈모봉, 가령산, 옥녀봉, 아가봉, 남군자산을 내고 다른 맥이 사랑산을 낸 후 달천에 이른다.

이후 조항산과 청화산을 지난 맥이 속리산 문장대에 이르고 북쪽으로 백악산과 낙영산을 세운 후 도명산에 이르러 화양구곡을 만들고 달천에 이른다. 문장대의 다른 맥은 관음봉- 묘봉으로 이어지며 법주사 권역을 만들고 속리산을 만난다. 속리산은 보은과 상주 사이에 있지만 한남금북정맥의 시작점으로 달천의 서부지역을 지나는 산들이 모두 그 맥에 속한다.

증평 좌구산을 지난 정맥은 다시 괴산 서부지역의 많은 봉들을 일구고 칠보산 보광산 등을 지난다. 결국 달천의 좌우로 만들어진 산과 계곡 그리고 들이 괴산의 대부분을 차지한다. 달천의 흐름에 따라 자리들이 생기고 그 크기도 정해졌다고 볼 수 있다. 괴산권을 제대로 보기 위해서는 굽이치는 달천을 따라 좌우로 돌아보는 것이 현명한 일이다. 그러기 위해서는 남부의 청천, 칠성, 송면권을 보고 괴산 감물권 그리고 불정지역을 살핀 후 나머지를 기술하는 게 순서일 것이다.

남한강과 달천의 일부를 포함하는 충주의 산의 흐름은 크게 두 가지로 분류된다.

달천의 하류에는 한남금북정맥의 맥들이 들어오고 남한강의 북쪽에는 대간에서 나온 지맥들이 닿아 있다. 한남금북정맥의 맥들은 충주의 남쪽을 경계지어 괴산과 붙어 있고 그 맥들이 더 올라가 음성의 진산인 가섭산을 거쳐 수레의산 원통산으로 서쪽 경계를 만든다. 이 맥은 남동으로 승대산, 국망봉, 보련봉을 세운다. 원통산을 지난 하나의 맥이 오갑산, 마골산을 세운 후 남한강에 이르는데 그 맥이 충주의 북쪽에서 여주와 경계를 짓는다.

백두대간 포암산-마패봉을 지나 신선봉에 이른 맥은 지릅재를 지나 북바위봉을 일구고 북진해 적보산과 대미산을 일구고 더욱 북진하여 남산과 계명산을 세우고 남한강에 이른다.

남한강의 북쪽에서는 섬강지맥이 내려와 큰 맥들을 일구는 것으로 보인다. 백운산-구학산-천등산-지등산-인등산을 세운 맥이 남한강에서 끝이 나고 충주 북부의 엄정 소태지역의 험한 산들이 모두 백운산 권에 속하는 것으로 볼 수 있다. 이 산들은 모두 남한강을 만나게 되고 곳곳에 자리를 만든다.

결국 충주권은 달천의 주변에 만들어진 자리들과 포암산에서 발원한 맥들 그리고 남한강 주위에 세워진 산들을 권역별로 살펴보는 것이 좋을 것이다.

과거에는 충주권역이 괴산의 일부를 포함했기에 달천 주변을 기술할 때는 둘 사이의 경계가 모호한 경우도 있다. 예를 들어 청풍김씨의 이른바 충주7명당을 살펴보려면 충주와 괴산에 걸쳐 자리가 분포하니 그에 맞춰 살펴야 할 것이며, 정인지 묘소나 이광악 장군묘소 등은 양 시군의 경계에 자리하므로 한 곳으로 모아 기술해야 할 것이다.

충주는 남한강이 관통하고 달천이 합류하는 곳이므로 두 개의 큰 하천을 중심으로, 그 외에 달천에 합류하는 요도천, 남한강에 합류하는 한포천, 지릅재에서 출발하는 석문동천 , 남한강에 합류하는 원곡천이나 대전천 주변도 살펴보아야 할 것이다.

충주 7명당과 청풍김씨

청풍김씨 시조 묘소가 이 근처인 제천시 청풍면에 자리하고 본관 또한 청풍을 쓰는 청풍김씨들은 조선 중후기 4대6상의 영예를 이룬 가문으로 유명하다.

우의정 김구를 시작으로 그의 증손자인 김종수 까지 4대의 기간 동안 6명의 상신을 내면서 가문의 영광을 드높인 그들을 청풍김씨 내에서도 청풍부원군계로 부르는데 그 가문의 시작이 이 지역에서부터인 것이다.

그들의 선조들이 살면서 지역의 여러 명당을 차지하며 가문의 세를 불렸다 하여 그 자리들을 충주7명당이라 부른다 하며, 그 자리들이 충주와 괴산에 걸쳐 있다.

그런데 청풍부원군계인 김우증이 무과에 급제한 후 충주를 떠나 중종반정의 공신이 되고 의왕지역을 식읍지로 받게 되면서 그들의 주된 생활터전이 의왕으로 변하게 된다. 그래서 김우증의 선조들이 영면해 있는 충주지역의 묘소들 중 6기가 7명당에 속하는 것이라 하고 나머지는 김우증의 고손자인 김극형〔사실은 김우증의 손자 대에서 양자를 들이게 되어 엄밀한 의미로는 김우증의 가문은 절손되고 양자로 이어짐〕의 묘까지 포함하여 7명당이라고 한다.

▲ 〈김관 묘소〉 과산군 불정면

시조하 5세손 판상봉시사 김중방의 아들인 김관의 묘소다.

전면의 묘제 장식이 특이해 유명한 묘소로 항간에 풍취라대(風吹羅帶)의 명당으로 소문난 곳이다. 김관은 참의를 지냈다 하며 태종의 서자인 경녕군을 사위로 맞았다. 이 자리가 충주 7명당의 시작이라고들 한다.

조선 초기에 청풍김씨들은 크게 벼슬을 지내지 못했지만 김관이 참의를 지낸 기록으로 본다면 한양에 거주처가 있었던 것으로 보인다. 그가 졸한 후 이 자리에 장사지낸 것으로 보아 당시에는 이 지역까지 청풍김씨들의 소유였을 것이다. 앞에서 언급했듯이 이 자리가 풍취라대의 전형적인 자리이고 묘제양식 또한 특이해 관심을 많이 받는 자리다. 하지만 이 자리는 정혈처가 아니다.

어느 글에도 언급했듯이 풍취라대의 자리는 선인이나 옥녀가 팔을 휘젓는 모습이나 입고 있는 옷의 옷고름이 바람에 날리면서 변화가 가장 심한 곳에 혈을 맺는다고 한다. 그런데 이 자리는 옥녀형의 주산에서 가슴에 해당되는 부위에 용사를 했다. 옷고름은 그 아래에 있어야 하는데 그런 자리를 찾지 못했다. 문경의 어느 마을에서 본 풍취라대혈은 선인이 앉아 있는 형상에서 길게 옷고름이 나오고 변화가 심한 용 아래에 자리가 만들어진 것을 보았는데 이 곳에서는 규모는 작아도 비슷한 형상을 가진 것은 맞지만 옷고름의 형상이 작아서 잘 구분을 못한 것이 아닐까 한다.

자리는 더 아래로 내려와 숨어 있는데 아래쪽으로 내려왔지만 현장에서 보면 오히려 안정감이 더 좋고 장풍이 잘 이루어지는 것을 볼 수가 있다. 현 묘소의 아래쪽에 자리한 묘소들은 자리가 될 수 없는 곳이다.

한남금북정맥인 좌구산에서 북진하던 맥이 보광산을 세운 후 백마산과 오대산을 지나면서 동으로 방향을 틀어 국사산과 대곡산을 냈고 그 끝에 자리를 만들었다. 옥녀봉의 주산에서 튼튼하게 나온 맥이 우선룡하면서 돌다가 갑자기 방향을 바꾸게 되는데 그곳에 정혈처가 숨어 있다. 좌우 용호가 분명하고 장풍이 잘되는 곳이며 외백호를 안으로 삼으면서 평탄한 명당을 만들어준다.

조안에 아름다운 사격들이 즐비하고 내당의 물이 모여 신양천에 함류한 후 암공수인 달천에 들어가는 것도 좋은 곳이다. 점혈의 실패가 아쉬운 부분이다. 이 자리의 묘제장식이 특이하고 형기적으로 좋아 보이는 곳인지 풍수인들의 발길이 끊이지 않는다. 대부분 찬사일색으로 좋은 자리라 말들을 한다.

그러나 앞에서 언급했듯이 이 자리는 정혈처가 아니다. 아들인 김의지가 관찰사 그리고 손자인 김리가 부사를 지내는 등 큰 발음은 없어 보인다. 경녕군의 장인이니 왕실과 혼맥으로 연결되었지만 그에 걸맞는 인물은 없었다. 고손자인 김우증이 무과에 급제하고 공신에 오르지만 이 묘소와는 관계가 없다고 본다.

▲ 〈김관 부인 박씨 묘소〉 충주시 대소원면 금곡리

무학대사 소점설이 있는 호조참판 김관의 부인묘소다.

벌명당으로 부인이 졸하자 무학대사가 소점한 이 자리의 광중을 조성하다가 돌이 나왔고 그 돌을 들어내자 수많은 벌들이 한양으로 올라가서 소점자인 무학대사를 죽였다는 설화가 있는 자리다. 김관이 1417년에 졸한 기록이 있는데 그의 부인은 그 이전에 졸했다고 한다.

무학대사 소점으로 벌에 쏘여 한양가는 길에 입적했다는 그 분은 1405년 금강산에서 입적했다. 전후가 맞지 않는 설화가 전하는 것이다. 이 자리는 그런 전설이 붙을 정도로 좋은 자리이기는 하다. 부귀겸전의 자리로 재물이 많은 곳이며 이 자리로 인해 청풍김씨들의 복록이 이어졌을 것이다. 부군인 김관 묘에 비해 상당히 좋은 자리이며 7명당으로 얘기되는 곳 중 정혈에 든 몇 안 되는 자리다.

어래산의 맥이 국사봉으로 이어지다가 한 자리를 냈는데 골짜기의 이름이 공교롭게도 명당터골이다.

한남금북정맥의 맥이 가섭산에서 분지해 동남쪽으로 진행해 어래산을 내고 주맥은 동쪽으로 계속 가다가 달천을 만나는데 어래산에서 북으로 작은 맥이 나와 요도천을 만나기 전에 자리를 만들었다. 금성체의 주산이 반듯한 곳으로 평탄한 용맥이 넓게 퍼져서 점혈이 쉽지 않은 곳이다. 좌우 용호가 좋고 자기 안 처럼 전순이 약간 솟아 있다. 안산은 삼태를 이루고 있는데 동진하던 어래산이 고사리봉을 일구고 북진하는 맥이다.

▲ 〈김의지 묘소〉 충주시 대소원면 문주리 월은

김관의 아들이자 강원도관찰사를 지낸 김의지의 묘소다.

운중반월(雲中半月)의 명당이라고 소문이 난 자리로 개인적으로 보기엔 충주 7명당 중 빼어난 자리로 본다. 중종반정의 공신인 김우중의 증조부로 이 자리가 그를 낸 묘소로 본다. 이 자리를 답사하려면 월은마을을 지나 용맥상에 오른 후 내룡맥을 타고 내려가야 하는데 그 맥의 변화가 참으로 좋다는 느낌을 받는다.

부귀겸전의 좋은 자리로 점혈 또한 정확하게 한 곳이다. 보국이 좋아 전형적인 장풍국을 만들었다. 용의 흐름상 보아도 안산을 백호방으로 틀어 탐랑봉을 안대로 삼았으면 하는 자리이긴 하나 그래도 흠잡을 데가 없는 자리라고 본다.

▲ 〈김의지 묘소〉 윌은

어래산의 맥이 동진하다가 고사리봉 시루봉을 잇달아 내고 두루봉으로 이어지는데 더욱 동진해 필봉을 세우고 그 아래애 좋은 자리를 만들었다.

앞서 기술한대로 필봉에서 내려오는 맥이 위이굴곡하는 모양이 빼어난데 그 맥이 변화하다가 넓게 퍼지는 곳에 용사했다. 내청룡은 높고 힘이 있으며 백호는 낮고 멀리 두른 모습이 좋다. 전형적인 장풍국으로 수구 또한 잘 관쇄되어 보기 좋다.

이곳을 답사하러 가면 근처의 수주마을에 우뚝 선 탐랑봉에 눈이 가는 곳이며 암공수인 달천이 잘 돌아나가는 것도 좋은 자리다. 김우증이 무과에 급제해 반정공신이 되는 것이 이 자리의 영향이라고 본다. 자리에 비해 큰 인물이 나지 않은 것으로 볼 수 있지만 김우증의 조부 이후 벼슬이 멀어지기 시작하다가 다시 벼슬길에 나가게 되고 의왕을 식읍지로 받는 공신이 나왔으니 자릿값을 한 셈이다.

▲ 〈김의지 부인 광산김씨 묘소〉 충주시 노은면 수룡리

김의지의 부인 광산김씨의 묘소다.

이 자리는 크지는 않지만 정혈에 든 곳이다. 혈명으로 긴 이름이 붙었는데 그 정도로 큰 자리는 아니고 작은 혈처에 불과한 곳이다. 그래도 무맥지보다는 좋다고 보지만 대단한 명당이라고 보기엔 부족하다.

가섭산의 맥이 북서진하며 부용산 칠성산을 내고 시계반대방향으로 돌다가 수리산을 낸다. 다시 북진하다가 원통산에서 승대산-국망봉-보련봉으로 돌아 내려오고 한포천을 만나기 전에 자리를 만들었다. 용도 좋고 좌우 용호도 좋지만 자리는 크지 않다. 한포천이 묘전에서 반배하는 것이 좋지 않고 조안이 산만한 느낌이다.

▲ 〈김리 묘소〉 충주시 주덕읍 사락리

이 지역 사람들은 이 묘역을 명당골이라고 부른다.

그도 그럴 것이 이 묘역 근처에 경녕군 묘를 비롯해 김리 묘소, 벽진이씨 충강공 이상급 묘소 그리고 전주이씨 진안대군파 입향조인 이식 묘소 등이 한 골짜기에 자리를 잡고 있다 보니 그런 말이 나왔을 것이다. 김리는 김의지의 아들이자 김우증의 조부가 되는데 이 자리도 무학대사의 소점지라고 전한다.

앞서 언급한대로 김리의 조부 묘소를 소점했다고 전해지는 무학대사를 이 자리에서도 모셔다 놓았고 혈명 또한 품(品)자혈이라고 한다. 실제로는 무학대사와 김리는 세대 차가 많이 나서 아무 연관이 없을 것으로 보인다. 후손 묘소까지 3기의 묘소가 자리잡아 품자혈이라고 하는 것인지도 잘 모르겠다.

이 자리는 점혈의 실패로 정혈처조차 차지하지 못한 곳이다.

자리는 뒤에 숨어 있으며 올라가보면 평탄하고 용이 넓어진 곳이 진혈처라고 본다. 현장에 서서 보면 좌우 보국은 좋으나 안산이 기울어 보기에 좋지 않다. 뒤에 숨은 자리는 부귀겸전의 좋은 자리지만 누가 그 자리를 사용할 수 있겠는가 싶다.

이 자리에 묘를 쓰고 옥관자가 수없이 나왔다고 전하는데 사실은 그렇지가 않다. 김리의 후손 중에 옥관자를 단 후손은 아무도 없다. 손자인 김우증은 무과 급제를 했으니 당상관이 달 수 있는 옥관자를 함부로 달 수 없었고 반정으로 공신이 되었는데 그 발음은 김의지 묘소로 보는 것이 타당하고, 장증손자인 김여광이 후손이 없어 양자를 들였는데 그 후손에서 4대6상이 나왔다.

즉 김리 가문이 아니고 동생인 김후 가문에서 그런 인물들이 나왔다. 이런 사실을 알고 보면 김리의 묘에 대한 얘기는 허구가 될 뿐이다. 김리의 묘소로 인해 후대에 많은 인물이 나왔다고 말한다면 양자발복을 인정하는 셈이 되며, 또한 김리로부터 우의정 김구 까지는 8대의 계대차이가 나는데 그렇게 말하기에는 계대차이도 너무 많이 난다.

즉 김리의 자리는 후손에게 좋은 영향을 준 자리도 아니고 적손에서는 증손자인 김여광에서 끝이 났다고 봐야 한다.

부연하자면 이 묘역 근처에서 정혈을 차지한 곳은 진안대군파 후손의 묘 뿐이다. 경녕군 묘소도 좋지 않고 충강공 이상급 묘소도 옥반혈(玉盤穴)이러고들 이야기 하나 점혈에 실패한 자리다.

▲ 〈김극함 묘소〉 충주시 대소원면 본리

김리의 아들인 김극함의 묘소다.

산업단지의 개발 속에서도 용케 살아남았다. 이 자리도 키〔箕:곡식을 까부는 데 사용하는 기구〕명당으로 소문이 난 곳이다. 일종의 겸혈을 말하는 것으로 보이는데 현장에서 보면 어울리지 않는다. 점혈을 잘못한 것이다. 뒤로 몇 보만 가서 보면 키명당이란 말이 실감이 난다. 겸혈의 혈상을 가진 자리가 숨어 있다. 오히려 너무 내려서 용사해 자리를 놓쳤다.

김리와 더불어 아들인 김극함 까지 좋은 자리에 들지를 못해서인지 김우증의 아들인 김여광은 무관직을 받았지만 후손이 끊기고 만다. 김여광은 종조부이자 김리(理)의 동생인 김후(珝)의 가문에서 양자를 들였다. 김후는 아마도 오창지역으로 이주하여 살았던 것으로 보이며 그의 고손자인 김계가 김여광에게로 양자를 가게 된다.

즉 8촌 형제의 아들을 양자해 대를 이었던 셈이 된다. 그러니 청풍김씨 김리의 적장손은 김우증이 의왕으로 이주한 후에 손자 대에서 끝이 나게 된다. 결국 김우증의 후손이 아니고 김후의 증손자인 김숭의의 후손으로 대를 잇게 되고 후일 4대 6상이라는 용어를 만들어 내게 된다. 그런 발음의 근원을 찾기 위해서는 청주 오창에 자리한 김숭의 묘소부터 찾아야 하지만 다들 그냥 넘어가고 충주 7명당만 거론하고 있으니 답답할 뿐이다.

▲ 〈김극형 묘소〉 충주시 가금면 봉황리

김극함의 아들인 김우증이 의왕으로 삶의 터전을 옮기면서 청풍김씨 청풍부원군계의 충주지역의 큰 행적은 사라진다.

즉 김우증이 의왕으로 옮기면서 장손계가 떠난 형국이 된 것이다. 게다가 그의 아들인 김여광이 후손이 없어 양자를 들이니 충주지역에서 세거하던 청풍김씨들의 장손계는 더 이상 대를 이어가지 못했다.

김극형(1605-1663)은 김인백의 아들이자 김숭의 증손자가 되는데 할아버지인 김계가 양자를 왔기에 김우증의 가문이 되었다. 그는 병자호란이 일어난 때인 인조와 효종 연간을 살았고 여러 곳을 이주했다고 한다. 후일 공조정랑을 지냈고 화순현감 때 현지에서 졸했다.

1663년 초장지를 백운산[의왕] 밑에 정했고 1710년 증손자인 김재로가 신도비를 세웠다고 한다. 그 후 그의 묘소는 고손들에 의해 현 위치로 이장이 되었다고 보는 게 타당하다. 그러니까 초장지에서 적어도 47년이 지나고 고손들에 의해 이장이 된 것이다.

이 자리를 두고 대강수를 조안(朝案)으로 삼는 특래조수국(特來朝水局)이라고 말들을 하고 후손들의 영달이 이 묘소에서 비롯된 것이라고들 말하는 이가 있다. 그러나 그것은 이 자리에 대한 감평이 잘못되어도 한참 잘못된 것이라고 본다. 우선 초장지에서 이미 오래 있었고 그에 따라 증손인 김재로의 발음 등이 끝난 후에 고손들에 의해 이장이 되었다는 사실이다.

이 자리에 들기 전에 이미 후손들은 어느 묘소의 영향인지는 차치하고라도 발음이 거의 다 이뤄진 것이다. 오히려 이 자리로 이장한 후에는 크게 발음한 후손이 거의 없고 김종수가 좌의정에 오른 정도이다.〔물론 김종수의 발음을 김극형묘에서 근원한다고 볼 수도 없다. 그만큼 계대차이가 크다. 그의 발음은 몽촌토성 내에 자리한 김구 묘소의 영향으로 본다〕또한 현 묘소는 자리가 너무 협소했는지 최근에 다시 뒤로 물러나 광중을 조성했다. 그나마 조금 넓어진 셈이 되는 것이다.

이 자리는 좋은 곳이 아니다. 형기적으로 보아도 좋은 자리로 보기 힘들다. 오로지 결인이 좋다는 이유로 자리를 평하는 이도 있고 남한강이 멀리까지 조망이 된다고 조수국이 라고 말들을 하는 이들도 있다.

그러나 이 용맥에서 결인이 된 것은 이 묘소보다 뒤에 숨은 자리를 위한 것이고 이 자리에서의 물은 일차적으로 한포천이 될 것이며 남한강 물은 아니라는 점이다. 한포천이 수레의산에서 시작해 이 묘전을 지나 남한강에 합류하는데 묘전의 물을 무시하고 남한강을 먼저 거론하는 것은 문제가 있어 보인다.

현재 묘소의 좌향을 보더라도 남한강을 보는 것이 아니고 남한강 건너의 용주산을 보는 것이다. 특래조수국은 아니라고 본다.

이 묘역의 뒤에 큰 자리가 용사되지 않고 숨어 있다. 용맥이 진행하면서 결인이 일어나고 좌우로 변화하면서 머리를 드는데 그 쪽에 자리가 숨어 있다. 대단히 큰 자리지만 누가 그 자리를 사용하겠는가!

원통산에서 남하하는 맥이 승대산 국망봉 보련봉으로 이어지다가 한포천을 만나기 전에 큰 자리를 만든 곳이다. 현 자리는 묘소로 쓸 수 없는 곳이고 뒤에 숨어 있는 자리가 크다는 얘기다.

지금까지 세간에 거론되는 충주 7명당에 대하여 살펴보았다.

그 자리들이 청풍김씨 4대6상의 원천이 된다고들 말하는데 그건 아주 잘못된 이야기다. 특히 김리 묘소에 대하여 옥관자가 쏟아진 자리라고 말하는 것은 큰 문제가 있다. 앞에서 언급했듯이 대가 끊기고 양자를 들였기에 엄밀히 말해 7명당의 후손이 아닌 다른 후손에서 영달이 일어난 것이다.

청풍김씨의 큰 영광은 사실 의왕에 자리한 김인백 부인 안동권씨묘에서 시작이 된 것이다. 그에 더해 아들인 김극형의 묘소가 작용했을 가능성이 있지만 그것은 증손이 영달할 때까지 머물렀던 초장지를 알 수 없으니 그리 추정해 보는 것이고 현 자리는 아무 상관이 없는 것이다.

결론적으로 말하면 세칭 충주7명당은 이름값에 비해 좋은 자리를 점한 경우가 드물다고 말할 수 있다.

김관의 부인인 박씨묘와 아들 김의지 묘소 정도가 상당히 좋은 자리를 점했을 뿐이고 김의지 부인 광산김씨 묘소는 너무 작은 자리로 본다. 나머지 4기의 묘소는 좋은 자리가 아니라고 단언할 수 있다. 후손들의 영광이 크기에 선조들의 묘소에 큰 호기심이 생겼을지 몰라도 중간에 양자를 들였기에 선대의 묘소는 영향을 2줄 위치에 있지도 않다.

그저 말 만들기 좋아하는 이들의 지어낸 얘기일 뿐이다.

달천을 따라 -괴산

속리산에서 발원한 달천은 신월천의 물을 받아들여 수세를 키우며 괴산에 들어선다. 보은을 지나 미원의 옥화대 쪽에서 구곡지현의 흐름을 보이던 달천은 그곳에 산과 어울려 큰 자리들을 내려놓고 괴산으로 들어서 청천에 이른다.

▲ 〈송시열 묘소〉 괴산군 청천면 청천리

우암 송시열의 부친인 송갑조는 아버지인 송응기가 졸했을 때 아주 어린 나이였던 것으로 보이며 본인이 활동하던 시기에는 가세도 많이 몰락했던 것으로 추정된다.

44세의 늦은 나이에 진사시에 합격해 음보로 벼슬을 했지만 광해군의 집정기에 유적(儒籍)에서조차 배제된 상태로 살았기에 경제적으로도 궁핍했을 것이다. 그가 계축옥사 후 서궁에 유폐되어 있는 인목대비를 면담했고 그 때문에 제명이 되었다. 그렇기에 우암이 외가인 구룡촌에서 태어나 자랐다는 얘기도 전하는데, 우암이 22살 되던 해에 부친인 송갑조가 55세로 졸했다. 그때 까지도 옥천 구룡촌에서 살았다 하며 부친에게서 수학하다가 동춘당 송준길과 함께 송이창〔동춘당의 부친〕에게 배우기도 했으며 사계 김장생과 신독재 김집을 스승으로 삼아 학문을 연마했다. 27세에 생원시에 장원 후 봉림대군〔후일 효종〕의 스승이 되었다.

병자호란 후 낙향해 학문에 몰두하다가 효종이 즉위하자 벼슬길에 나갔다. 후에 이조판서에 올랐는데 효종이 죽자 예송논쟁이 일어났고 벼슬을 버리고 낙향했다. 그는 현종 조에서 계속적으로 벼슬을 사양하다가 좌의정 우의정에 제수되자 잠시 조정에 나아갔다가 다시 재야에 머물렀으며, 그 때에도 정치적 영향력은 여전하였다고 한다.

그러나 2차 예송논쟁에서 서인들이 패하자 그도 유배를 떠났고 경신환국으로 다시 정계에 복귀해 영중추부사에 올랐으며 봉조하가 되었다. 기사환국으로 제주도로 유배를 갔고 한양으로 압송되어 오던 중 정읍에서 사약을 받았다. 그 해가 1689년으로 초장지는 수원 무봉산이었다.

지금의 화성시 신동에 위치한 무봉정사는 원래 우암이 한양에 출입할 때 거주하면서 수암 권상하, 농암 김창협 등 제자들과 학문을 토론하던 장소였다고 한다.

우암이 사약을 받은 후 이 자리에 초장한 것으로 보이며 그 후로 1696년에 부인인 한산이씨와 함께 초장지 근처에 면례를 한 것으로 보인다.(우암 송선생 초장지 유지비의 내용 발췌)

기록을 계속해서 보면 영조 33년인 1757년에 현재의 위치로 이장한 것으로 나오는데 우암 사후 78년 만에 이 자리로 오게 된 셈인데 현 묘소 앞의 기록은 사후 8년으로 나오니 기록을 다시 확인할 필요가 있다.

면례 당시 동춘당, 송준길 등이 광중에 습기 등이 있어 자리가 좋지 않으니 이장을 해야 한다는 논의가 있었다 하는데 상당한 시일이 지난 후 이장이 이루어졌다. 지금도 화성 무봉산 아래에는 우암의 양자인 송기태와 후손들의 묘소가 남아 있다고 한다. 답사를 하지 못했으나 지도로 보아도 우암의 초장지는 자리가 아닌 것으로 보인다.

이 묘소에 얽힌 전설이 있는데 이 자리가 장군대좌형의 명당으로 군사가 없어 아래의 청천면 소재지에 장을 열어 사람들을 모았다고 하는 곳이다.

그런데 이 자리는 점혈 상의 큰 잘못이 있는 곳으로 지금 용사된 곳은 자리가 아니다. 인작으로 자리를 크게 만든 곳으로 너무 내려와 용사된 곳이다.

이 자리의 뒤에 부귀겸전의 명당이 있는데 너무 아래로 내려온 곳이다. 이 자리의 입수처로 보이는 곳에 숨어 있으며 장군대좌형 이라 불러도 손색이 없는 자리가 있는데 점혈을 잘못해 아주 좋은 자리를 비워두게 된 것이다.

이 자리에 대한 감평들이 엇갈리는데 본인은 이 자리에서 뒤로 올라간 곳에 정혈처가 있다고 본다. 그 자리에 용사를 하면 장군대좌라는 이름에 걸맞게 안산을 학당산의 용맥에서 나오는 선인형태로 삼을 수 있게 된다. 좋은 자리를 점혈의 잘못으로 놓치게 된 곳이다.

▲ 〈송시열 묘소〉 입수처에서

속리산의 일맥이 설운산을 냈는데 남쪽으로 진행하다가 매봉산을 만들었다.

이름에 걸맞게 아름다운 선인형태의 탐랑봉을 만들었고 그 아래에 장군대좌형의 좋은 자리를 감춰둔 것이다. 일설에 의하면 송강 정철의 후손이 주선하여 이 자리로 이장했다는 설이 있는 곳으로 좋은 자리를 찾았지만 점혈을 잘못해 정혈처를 차지하지 못한 곳이다.〔우암이 송강 정철 묘소를 진천으로 이장하도록 관여 하였으며 정철의 후손이 이 자리로 이장하는데 힘을 쓴 것으로 전해진다〕

현장에 서서 보면 안산을 선녀골산에서 내려오는 군대의 깃발처럼 보이는 사격에 둔 것으로 볼 수 있는데 그걸 보고 장군대좌라 부른 것으로 보인다. 그러나 이 자리는 학당산에서 내려온 선인에 해당하는 곳을 보면서 용사를 하는 자리를 찾아야 할 것이다. 그래야 두 장군이 마주 앉아 작전을 논의한다는 장군 대좌의 격에 어울릴 것이며, 장군이 들어가는 사격의 물형에는 검을 뜻하는 사격이나 북을 걸어 놓은 현고사, 그리고 군량을 쌓아 놓은 것처럼 보이는 노적사 등등이 필요하고 기치창검을 뜻하는 사격 등이 있어야 하는데 이곳에서 보면 그러한 사격들이 여럿 보인다고는 한다.

그러나 이곳은 혈적하지 못하니 그러한 사격을 찾아서 무엇을 하겠는가 하는 생각이 든다. 주변에 우암의 현손을 비롯한 여러 묘소가 자리를 잡았지만 좋은 자리는 없는 곳이다. 이 묘역의 주혈은 우암의 묘소에서 내려오다가 좌측편 용맥 끝 부분에 용사되지 않은 채로 남아 있다.

송시열은 외가인 옥천의 구룡촌에서 태어났다.

외조부가 곽자방인데 무과에 급제해 벼슬을 했고 임진왜란에서 중봉 조헌의 아장으로 금산전투에서 전사했다. 구룡촌에서 태어난 송시열은 태어날 때 외조부인 곽자방이 꿈에서 용을 보았다는 전설도 있고, 아버지인 송갑조에게 꿈에서 공자가 제자들을 데리고 나타나 그중 한명을 보낸다는 얘기를 했다는 말도 전한다. 송시열이 조선의 후기에 서인과 노론으로 살면서 조선에 미친 영향은 너무 커서 조선 역사의 물줄기를 바꾸었다는 얘기를 할 정도인데 그런 영향에 대하여 호불호가 갈리는 것도 사실이다.

▲ 〈송시열 묘소〉

괴산 청천면의 뒷산에 자리를 잡았고 장군대좌형의 자리이기에 청천장을 열었다는 말이 전하는 곳이다.

속리산에서 출발한 맥이 서진하면서 시루산과 구봉산을 낸 후 북진하다가 미동산과 학당산을 낸다. 더욱 북진해 두루봉을 내고 좌구산까지 올라간 맥이 다시 동남진 하면서 설운산을 낸다. 남진하던 맥이 매봉산을 내고 그 용맥상에 탐랑봉의 아름다운 사격을 내면서 이 자리를 만들었다.

혈처는 입수쪽으로 더 올라가서 숨어 있는데 너무 아래로 내려온 곳이다. 혈처에서 보면 학당산의 맥을 안산으로 보는데 그 모습이 또한 선인의 사격이고 그래서 장군대좌형으로 불릴만한 자리가 되는 것으로 보인다.

선녀골산에 도열한 기치형의 사격도 이 자리가 그런 혈명을 붙이는데 일조한다.

이 자리를 낮게 평가하는 지사들이 선녀골산의 사격들이 이 자리에서 달아나듯 자리를 잡은 것을 드는데, 혈처에서 본다면 그런 모습도 없어진다. 좌우 용호도 좋고 빼어난 사격들을 갖춘 곳이지만 진혈처를 놓친 아쉬움만 큰 곳이다.

이 자리를 여러 번 답사를 한 기억이 새롭다.

스승님을 따라 답사했을 때는 이 묘역을 둘러보고 난 후 이 지역에서 제대로 된 장군대좌형의 자리를 볼 수 있었다. 물론 생지로 남아 있는 곳이었으며 설운산에서 출발한 맥이 탐랑봉을 세운 후 선녀골산을 안산으로 직접 바라보는 자리였다. 그 자리 앞에는 학당산에서 출발한 맥이 책상처럼 보이도록 두 산 사이를 비집고 들어와 있다.

진정으로 두 장군이 대좌하여 작전회의라도 하는 듯 보이는 곳이었다. 즉 설운산의 맥이 마지막으로 구룡천과 달천이 합류하는 지점으로 떨어지게 되는데 그 중 300미터의 선인봉에 자리가 있다는 얘기다.〔이 글은 몇 년 전에 책으로 엮기 위해 써놓은 것을 인용했다〕

사실 우암에게는 아들이 없고 양자를 받았다.

그가 낳은 아들들은 일찍 졸했고 사촌인 송시형의 아들 송기태를 양자해 대를 이었다. 그런 면에서는 우암의 묘소의 음덕을 크게 받을 후손은 없는 셈이다. 거기에 더해 우암의 현 묘소가 장군대좌의 자리로 전설까지 만든 자리이지만 그는 초장지와 면례장소에서 70년을 넘게 자리했다가 이장이 된 셈이니 현 위치는 음택으로써의 가치를 크게 논할 필요가 없다.

달천을 따라 내려가다 보면 화양천이 합류하는데 그 시내를 따라 화양계곡이 펼쳐지고 우암의 화양서원을 비롯한 우암의 흔적들을 볼 수 있다.〔송강 정철의 묘소를 경기도 고양에서 진천 만뢰산 아래로 이장할 때 손자인 정양이 우암 송시열의 도움을 받았다고 전하며, 수원에 있던 우암의 묘소를 이장할 때에는 송강의 후손들의 도움을 받았다고 한다〕

더 하류로 내려가면 괴산호를 만나고 그 호수를 끼고 있는 군자산이 있다. 군자산에는 큰 수행지가 숨어 있는데 지금은 원형이 파괴되고 개발이 진행되는 것으로 보인다. 그 아래에 숨은 음택지도 매우 큰데 그 자리를 알아보기 쉽지 않다.

▲ 〈이효장 묘〉 괴산군 감물면 오성리

연안이씨 6장(長)중의 한명인 이효장은 괴산으로 낙향했다.

그는 아버지 이혼과 한양조씨 사이의 아들로 동생들이 이순장과 이경장이다. 대호군을 지냈고 후손들이 괴산에서 세거한 것으로 보인다. 동생인 이순장의 후손에서 연안이씨의 대부분의 인물이 나온데 반해 일찍 낙향한 탓인지 큰 인물은 없고 손자인 이인서가 임란에 창의해서 의병활동을 했다고 한다. 괴산 입향조인 이효장의 자리는 크지는 않지만 정혈에 들었다.

아쉬운 점은 좌향을 백호방으로 더 틀어 성불산의 맥을 보는 곳으로 정해야 하는 자리로 보인다. 포암산-마패봉-신선봉으로 이어지는 맥이 박달산을 일구는데 그 맥이 달천을 만나기 전에 자리를 만든 곳이다.

▲ 〈이인서 묘소〉 괴산군 감물면 이담리

연안이씨 이효장의 손자로 두사충 소점지로 알려진 곳이다.

아버지인 이암의 묘소는 현재 충주호 안에 자리를 잡아 만수위에는 배를 타야만 접근이 가능한 곳이다. 그 자리도 두사충 소점지로 알려져 있다. 충주댐의 건설로 이장의 위기에 처했던 이암의 묘소는 두사충이 묘소를 점해 주면서 했다는 예언 때문인지 이장되지 않고 남아 있다.

두사충이 말하기를 "여기에 묘를 쓰고 500년의 유정한 세월이 흐른 다음 이곳은 말 그대로 상전벽해를 이룰 것이다. 묘소의 제전까지 물이 가득 차는 큰 호수가 될 것이다. (후략)" 이런 연유로 후손들은 댐이 만들어져 수몰위기에 처했을 때 이장하지 않고 묘소를 그대로 둔 것이다.〔후손들의 기록을 인용〕

이인서에 대한 기록은 임란에서 의병을 일으킨 것으로 알려진 것 외에는 많지 않다. 이 자리는 재물격이 강한 자리로 형기적으로는 복호형(伏虎形)이나 회룡고조형(回龍顧祖形)에 속한다고 본다.

박달산에서 나온 맥이 다시 그 산을 조산으로 보면서 자리를 만들었다. 달천강으로 흘러 가는 물이 이 자리로 모여드는 형국이 좋고 달천이 돌아가며 이 자리쪽으로 들이미는 모습도 좋은 곳이다. 연안이씨들을 명문가로 부르는데 그 중에서도 저헌 이석형의 가문을 말하며 저헌의 후손 중에서도 좁혀보면 그의 여섯 아들 중 이순장의 후손에서 대부분의 인물이 배출되었다. 그에 더해 장자인 이수장의 후손에서 인조반정의 공신인 연평부원군 이귀와 그의 세 아들이 이름을 올린 정도라고 볼 수 있다.

대호군 이효장이 일찍 괴산으로 낙향한 후에 그의 후손에서는 크게 이름을 날린 인물은 없고 지역에서 가문의 세를 유지하고 살았던 것으로 보인다. 이효장과 이암 그리고 이인서의 묘소로 인해 한동안은 지역에서 재물을 늘리며 후손들이 번성했을 것으로 보인다.

▲ 〈정인지 묘〉 괴산군 불정면 외령리

세종 때부터 성종 때까지를 살다간 정인지는 집현전 학사로써 계유정난에 가담해 세조의 등극을 도왔으며 영의정에 오른 인물이다.

천재적 면모를 보였던 그는 처세에 능했던 인물이고 조선의 4부라 불릴 만큼 부도 쌓았으며 왕실과 혼인관계를 맺었다. 그는 사전에 자신의 묘소를 숨기기 위해 여덟 곳에 자신의 신후지지를 정했다고도 전해지며 갑자사화에서 연산군에 의해 묘소가 파헤쳐지고 부관참시를 당했다고 전한다.

세종 때 풍수학 제조로 활동했으며 세종의 능침을 정하는데도 관여했으니 자신이 풍수에 탁월한 재능이 있었다고 보아야 하는 분이다. 이곳 외령리에 자리한 묘는 그가 충청도관찰사를 지낼 때 점한 자리라고 하며 부인인 경주이씨가 뒤쪽에 자리를 잡았고 그 앞에 본인의 묘소가 있다. 연산군 때 석물이 철거되고 부관참시 되었고 중종반정 후에 다시 석물을 세웠다고도 전한다.〔일설에 의하면 정인지의 묘소를 파헤쳤을 때 체백이 없었다는 얘기도 있다〕

이 자리는 노서하전형(老鼠下田形)으로 유명하다. 즉 늙은 쥐가 곡식을 먹기 위해 밭으로 내려 온다는 형국이라는 얘기다. 이런 자리는 쥐의 양미간에 자리가 있다고들 한다. 안산에 고양이바위가 있다고들 하는데 확인은 할 수가

14장 충주와 괴산 – 달천의 물길 따라 **255**

없었다.

이 자리에 대한 평가들을 보면 부인인 경주이씨묘소가 주혈이란 견해가 우세한 듯 하고 정인지 묘소는 비혈지란 견해들이 많다.

그런데 이 자리의 혈격이 노서하전형이라고 본다면 쥐의 양미간에 해당하는 곳에 자리가 있다고 보아야 한다. 그런 점에서 경주이씨 묘는 너무 뒤쪽에 용사된 것이고 정인지의 묘소는 입수를 지나 혈에 이르기 전에 용사된 것으로 보인다. 즉 두 자리가 다 비혈지인 셈이다.

정혈처는 용의 마지막 부분에 약간 솟은 듯한 곳이라는 견해들이 많다. 일설에 의하면 그 자리에 정인지의 체백이 있다고들 보는 견해가 많다. 본인 또한 그런 견해에 동의한다.

풍수에 능했던 정인지는 그의 사후에 묘가 훼손될 것이 두려워 3개 또는 8개의 묘소를 정해놓고 자신의 체백을 숨기려 했다고 전한다. 마지막에 이 자리에 들었으며 그래서 후손들도 이곳을 수호하고 있는 것이다. 정인지는 그에 더해 현 봉분자리에 허묘를 쓰고 본인의 체맥은 앞의 정혈처로 보이는 곳에 장을 했다고 한다. 그런 내용이 풍수에 능했던 정인지의 안배가 아닐까 싶기도 하다.

계유정난의 공신이었던 한명회의 묘소는 현재 천안 수신에 남아 있는데 초장지는 청주 일원이었다가 그 자리로 옮긴 후 부관참시를 당했다고 전해진다. 한명회는 자신의 사후에 화를 피하기 위해 왕실과 겹혼인을 하며 장치를 마련했지만 결국은 부관참시를 면할 수가 없었다.

정인지도 사후를 염려해 체백을 숨겼다는 세간의 설이 지금도 남아 있다. 사실여부를 확인할 수는 없지만 정인지가 오히려 고단수를 쓴 것이 아닐까 한다.〔정인지는 다섯 아들을 두는데 그 중 5남인 정광조의 아들이 정세호로 그의 딸이 선조의 아버지인 덕흥대원군과 결혼한다〕

음성의 가섭산에서 동진하던 맥이 어래산을 지나 시루봉에 이르러 잘 짜인 장풍국을 만들었다.

청룡의 목방이산과 백호의 고사리봉이 좌우를 잘 감싸고 수구 또한 잘 막았다. 안산은 금체봉으로 보이는데 외청룡이 진행하면서 만들어졌다. 전체적으로 장풍이 잘 되는 곳인데 자리는 큰 곳이 아니다. 노서하전의 형국에서 늙은 쥐가 움직이지 못하도록 사격에서 여러 안배들이 있게 되는데 그것은 장군대좌형에서 장군의 사격[선인]이 자리하고, 그 외에 기치창검이나 북을 걸어두는 현고사 또는 장군의 검에 해당하는 사격이 있듯이 노서하전형에서도 늙은 쥐를 긴장시키게 하는 사격 즉 고양이나 뱀에 해당되는 사격이 필요하다.

거기에 더해 고양이나 뱀을 견제하는 매에 해당하는 맹금류의 사격 그리고 그 맹금류를 견제하는 호랑이의 사격 등등이 필요하다. 그렇게 여러 균형잡힌 사격을 갖출 때 큰 자리가 만들어지는 것이다.[이런 경우를 四獸不動格 이라 한다] 예전에 음성 채신보 묘소 근처에서 그런 자리를 본 기억이 있다.

괴산군 불정면 지장리에 영의정 정호의 묘소가 있다.

그는 송강 정철의 후손으로 송시열의 문하다. 그의 일생은 결국 서인 노론의 길을 간 것으로 정치적 격변기에 유배와 출사를 반복하며 영의정에 올랐다.

그의 묘소는 형기적으로 화려한 조안을 갖춘 곳이지만 묘역 내에 있는 두 자리의 혈처를 놓쳐 좋은 자리에 들지 못하였다. 단정한 주산 아래 길게 용을 낸 곳으로 영의정 정호의 부친 묘소 뒤에 자리가 만들어졌고 정호 묘소 앞의 암맥이 드러난 곳 뒤에 작은 자리가 있는데 실혈했다. 좌우 용호가 균형이 잡혔고 특히 백호작국으로 안을 삼았으며 외백호가 길게 빠지면서 물을 갈무리해 주지만 점혈에 실패했다.

달천과 어울려 큰 산들이 자리잡은 괴산에는 현재도 숨어 있는 큰 자리들이 많다.

스승님을 따라 많은 자리들을 보았다. 일일이 거론하기에는 그렇고 아직 빈자리로 남아 있는 수행지에 대하여 기술해본다.

먼저 옥녀봉 아래에 있는 천기점은 현재 밭으로 사용이 되고 있다. 아주 넓은 천기점으로 대단한 수행지인데 향후 어느 분이 임자가 될지 궁금하다. 희양산의 맥이 장성봉과 막장봉을 낸 후 제수리재를 지나 옥녀봉을 세운 후 남군자산으로 가는데 옥녀봉 아래에 큰 산들로 둘러싸인 작은 분지를 만들고 그 중심에 큰 자리를 숨겨 놓았다.

두 번째로는 군자산 아래의 자리인데 다른 용도로 개발이 되고 있어 원형이 파괴되었다. 그곳에는 아주 넓은 범위의 수행지가 숨어 있고 그 아래에는 대단히 큰 음택 자리도 남아 있다. 개발의 과정에서 땅을 파헤쳐 지형이 변했으니 더욱 그 가치를 알아볼 눈이 없어지게 되었다. 그래도 큰 사찰을 세운다면 자리의 격에 맞을 것으로 본다.

달천의 중하류

▲ 〈충민공 김시민 사당과 묘소〉 괴산읍 충민사 길

안동김씨 김시민은 외가인 천안 병천에서 태어나 무과에 급제 후 임진왜란에서 진주성 전투 중에 전사했다.

그 해가 1592년으로 난의 와중에 초장했다가 1593년에 선영이 위치한 괴산으로 장지를 정했다고 한다. 괴산 능촌리에는 지금도 그의 선조들 묘소가 남아 있는 것으로 보아 그도 이 지역에 안장되었을 것으로 보인다. 언제인가 기록을 찾을 수가 없었는데 현 충주댐 건설 이전에는 충주시 살미면에 묘소가 자리잡고 있었다 한다. 댐의 건설로 인해 묘소는 다시 현 위치로 이장되고 성역화 되어 있다.

이곳을 방문한 날 연세 드신 문화해설사 한분을 만나서 자세한 설명을 들을 수 있었다. 친절하게 안내해 주시고 동행하시면서 이 묘소를 답사하는 풍수객이 많으며 한결같이 자리가 좋다고들 말한다고 하시는데 그런 견해에 동의할 수 없는 자리였다. 초장이나 이장 여부를 떠나서 자리를 본다고 해도 한 가지도 동의할 수가 없는 곳이었다.

이 자리는 횡룡입수로 보고 용사를 했는데 이 자리로 들어오는 용은 없었다. 거기에 더해 횡룡입수의 필수적인 요소인 귀성이나 낙산이 자리한 것도 없었다. 와혈의 혈상을 가졌다고 하는데 청룡이 한없이 늘어져 허하기만 하고 그러니 수구 또한 크게 열려 있다. 달천의 강한 수살을 막아주려면 큰 암괴가 전순을 막아주어야 하지만 지금 보기엔 너무 약했다. 안산인 성불산만 특립해서 있는 꼴이니 자리가 될 수 없다.

자리가 된들 무엇 하겠는가? 애초부터 김시민은 후손이 없어 동생의 아들을 양자했고, 거기에 더 해 이 자리는 현대 이장묘일 뿐이다. 한남금북정맥의 한 곳인 보광산에서 북진하던 맥이 백마산을 일군 후 동으로 맥을 내게 되는데 오대산 국사산 갑산으로 이어지다가 남으로 방향을 틀어 달천에 다다르면서 작은 야산들을 낸 곳에 용사했다.

충주지역

▲ 〈임경업 장군 묘소〉 충주시 풍동

수주팔봉을 지난 달천은 한껏 수세가 커진 상태로 충주에 이른다.

임경업은 충주 태생으로 명청 교체기에 활동한 인물이다. 광해군 때 문과에 급제한 후 이괄의 난에서 공을 세워 병자호란 전에 의주부윤까지 올랐다. 그는 병자호란 후 수군으로 명나라를 공격하는 청나라의 군대에 파견되었고, 후에 다시 청나라의 파병요청에 응했다가 전쟁을 피하고 돌아와 평안병사가 되었다.

그의 삶은 청나라가 명나라를 공격하는 과정에서 동원되어 청에 대한 협조를 태만히 하는 것으로 귀결이 되는데 결국 명으로 가서 그들을 돕다가 청군에게 압송되고, 18개월의 옥살이 후에 조선으로 송환이 되었다. 그의 반청복명운동은 끝이 났고 심기원 일파가 제거될 때 국문을 받다가 죽었다.

임경업장군의 묘소는 한남금북정맥인 좌구산의 맥이 두타산과 보현산을 지나 동으로 큰 맥을 내는데 그곳에 가섭산을 세웠는데 그 맥은 동쪽으로 어래산을 낸 후 달천을 만나기 전까지 지나는데 마지막으로 아름다운 금체형을 만든 갈비봉 아래에 자리를 잡았다.

주산인 금체봉이 특립했고 좌우로 팔을 뻗듯이 청룡백호가 지나가는 것으로 보고 용사를 한 모양이다. 거기에 더해 청룡의 끝에 특립한 금체봉을 달았고 조안이 화려하니 감탄할 만 하다.

그런데 이 자리는 기맥이 지나는 자리로 멈추면서 혈을 만든 곳은 아니다. 그나마 기맥 위에 용사를 했는데 그 기맥이 상대적으로 폭이 매우 넓은 곳에 용사를 한 것이다. 이 기맥은 묘전에서 백호방으로 지나다가 쌍혈로 만들어진 큰 자리를 감추고 있다. 성역화 과정에서 묘소를 키우고 묘소 앞을 높이는 과정에서 지형이 많이 변형이 되었지만 자리는 살아 있다. 그 자리에서 보면 청룡의 끝에 달린 금체봉을 안산으로 삼는 곳이 된다.

이 묘소 백호방에 자리 잡은 선조 묘소들은 최근에 이장한 곳이다. 임명산 이하 선조들 묘소는 볼 가치가 없다. 묘소 아래에는 임장군의 부친인 임황의 묘소 등 여러 묘소가 자리했는데 모두가 수맥에 든 자리이므로 좋지 않다.

달천 끝의 자리

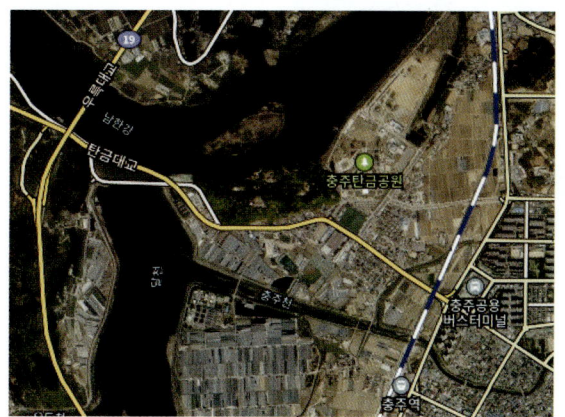

달천은 수주팔봉을 지나 충주에 들어서고 이어서 탄금대에서 남한강에 합류한다. 탄금대는 임진왜란 당시 신립장군이 배수진을 치고 싸우다가 패한 곳으로 전해진다.

탄금대에는 황우도강형(黃牛渡江形)의 자리가 있다고 전해지는 곳이며 충주의 안산의 역할을 하는 곳이다. 검룡소에서 발원한 남한강은 태백, 정선, 영월, 단양, 제천을 지나면서 물을 받아들여 큰 강을 이룬 후 충주에 이르러 속리산에서 발원한 달천의 물을 받고 대강수의 위용을 자랑하며 흘러간다.

이 지역에서 속리산부터 크고 작은 산들의 물을 받으며 세를 불린 달천은 끝이 난다. 수많은 절경과 풍수적으로 소중한 자리들을 품은 달천은 괴산의 대부분과 충주의 서쪽을 적시게 되고 마지막으로 힘을 쏟아 놓고 남한강에 합류한다.

▲ 〈김지순 묘소〉 탄금대

견문산으로 불리다가 대문산으로 개명된 이 산 안에 헌종비인 효현왕후의 조부이자 김조근의 부친인 김지순의 묘가 있다.

충주목사를 지낸 인연인지 탄금대에 묘소를 정했다. 김지순은 김이유의 아들로 좌의정을 지낸 백부 김이소에게 양자를 갔다. 김창집-김제겸-김탄행-김이유-김지순-김조근-효현왕후로 이어지는데 이런 계대에서 효현왕후를 그 자리로 올려준 묘소로 김지순 묘는 아니라고 본다.

이 자리는 좋은 자리가 아니며 보토를 심하게 해서 인작으로 자리처럼 보이게 한 곳이다. 남한강의 대강수가 직접 묘의 후미를 치는데 그 수살을 막아줄 장치가 없고 후미가 너무 밋밋하다. 게다가 이 자리의 내청룡으로 보이는 맥은 예전에 토성을 쌓아 올린 흔적으로 인위적인 사격에 불과한데 그걸 모르고 자리를 정한 것으로 보인다.

효현왕후가 단명하고 그의 오빠인 김병집이 손이 끊기는 것이 이 묘소의 영향이 아닌가 한다. 효현왕후의 영달에 영향을 준 묘소은 아마도 김이유나 김탄행의 묘소를 보아야 할 것이다. 이 묘역 내에 조그만 자리가 숨어 있지만 지금은 명승지로 묘소를 쓸 수 없는 곳이 되었다. 김탄행은 신임사옥으로 할아버지 김창집 이하 3대가 피해를 입자 어린 나이에 금산으로 유배를 떠났으며 노론 득세 후 첨지중추부사를 지냈다.

그의 장자인 김이소가 영조 때 문과에 급제해 정조의 신임을 받으며 좌의정에 오른다. 증조부인 김창집에 이어 상신에 올랐고 세도정치가 시작되기 전에 상신에 오른 분이었으나 후손이 없자 동생 김이유의 아들인 김지순을 양자했다. 김지순[1827년 졸]은 음보로 충주목사를 지냈고 그의 손녀가 헌종비인 효현왕후다.

효현왕후(1828-1843)는 헌종과의 사이에 후사가 없이 16살에 갑자기 졸했다. 김조근이 1844년에 졸했는데 그보다도 1년 먼저 졸한 셈이다. 효현왕후의 이런 단명은 어디에서 비롯되었는지는 확인할 수 없었다.

▲ 〈경녕군 묘소〉 충주시 주덕읍 사락리

달천이 남한강으로 합수되기 전에 마지막으로 큰 물을 받는데 그것이 요도천이다.

가섭산과 수레의 산에서 모인 물이 지역을 지나며 커지게 되고 그 물이 달천에 합류하는 것이다. 이전의 물로는 충주천이 합류하지만 수세가 큰 편은 아니다. 수레의산에서 동쪽으로 맥이 나와 여러 봉들을 일구는데 너털이산 아래에 경녕군 묘소가 자리했다.

경녕군은 태종의 서장자로 태종 때부터 세조 때까지 활동한 인물이다. 세종의 대접을 받았으나 세조 때에 충주로 피신하여 살다가 처가의 산에 묻힌 것으로 보인다. 그의 장인이 청풍김씨 김관이며 부인의 묘소는 인근의 음성군 감곡면에 위치한다.

이 자리는 겸혈의 혈상을 가진 것으로 보고 용사를 했지만 자리가 아니다. 기운이 없는 허화에 용사되었다. 좌우의 용호가 길게 이어지는 것으로 보고 용사를 했지만 주룡 자체가 힘없이 늘어져 혈을 맺지 못했다. 경녕군파는 큰 인물이 많지 않고 6세손 이수광이 실학자로 '지봉유설'이란 책을 썼으며, 그의 아들인 이성구가 영의정을 지냈다.

▲ 〈이상급 묘소〉 주덕읍 사락리

충강공 이상급은 벽진이씨로 병자호란의 와중에 졸했다.

강화도에 피신한 형 이상길을 찾아 나섰다가 청군에게 죽임을 당했다고 한다. 그의 묘소가 이 자리로 오게 된 연유는 알 수가 없었다. 그나마 추정이 가능한 것은 후손에게 물어본 것인데, 처가가 밀양박씨로 지역의 세거족이었다는 점과 풍기군수를 지낼 때 이 지역을 들렀을 가능성이 크다는 점이었다. 이상길 등 일족의 선산이 서울 노원구로 보이는데 이상급은 이곳에 장사를 지냈고 신도비 또한 남아 있다.

그의 자리는 옥반혈(玉盤穴)이라고들 말하며 이 골짜기 전체를 명당골 이라고들 말한다.

거기에 더해 조안에 보이는 사격이 염막귀인(廉幕貴人)이라 하여 답사의 필수코스로도 여겨진다. 이 자리에는 이상급 부부와 함께 아들 묘소 등 5기가 자리를 했다.

하지만 이 자리에서 좋은 자리는 없다. 장풍이 잘 되고 주변 사격이 뛰어나다 해도 이 자리는 너무 내려와 용사되었다. 뒤로 조금 올라가서 용사했다면 조안의 사격이 빼어나게 균형을 맞추어 조응하겠지만 지금 자리는 아니다. 오히려 수맥에 걸쳐있고 묘역 자체가 너무 습하다. 한마디로 자리가 되질 않는 곳이다. 묘전에 특립한 귀인봉은 화개산인데 넓은 개활지에서 보면 옥녀형상인데 어느 쪽에서 보면 화개(華蓋)로 보이는지 그런 이름이 붙었다. 다들 좋다고 극찬하는 이 자리는 사실 기운이 없는 곳으로 수맥의 피해를 입는다고 본다.

▲ 〈이식 묘역〉 사락리

청풍김씨 김리묘소와 경녕군 묘소 그리고 이상급 묘소는 같은 권역에 자리를 잡았다.

청풍김씨의 선산에 경녕군의 묘소가 자리잡은 셈인데, 같은 권역인 황금산 아래에 전주이씨 진안대군 이방우의 후손묘역이 자리를 잡았다. 김리의 부인이 진안대군파인 전주이씨인 것으로 보아 혼인관계로 얽힌 것이 아닌가 한다.

태조 이성계의 장자인 진안대군 이방우는 조선의 건국에 부정적이었고 아버지에게 협조하지 않고 은둔하다가 조선 건국 후 2년 뒤에 졸했는데 세조 연간에 장손계가 화를 입고 다른 후손들이 괴산지역에 은둔한 것으로 보인다. 임진왜란을 피해 이덕량 이란 분이 아버지인 이식을 모시고 이 지역으로 이주했는데, 그 와중에 부친이 졸하자 이 자리에 모셨다고 한다. 이후 후손들이 지역에 자리를 잡고 번족했는데 그들을 방호파라고 부른다고 한다.

이 자리는 와혈의 교과서처럼 보인다.

잘 짜여진 국세에 와중 미돌의 자리에 용사를 했다. 여러 기의 묘소가 있지만 가운데 자리 하나만 정혈이고 나머지는 좋은 자리는 없다. 형기적으로 보면 와혈의 혈상을 공부하기에 좋다. 수풀이 없다면 용호의 끝에 현릉사가 있는지 확인해 볼 수 있을 것으로 보이며, 안산 또한 적당히 좋은 모습으로 자리를 잡았다.

지역에서는 이 자리를 두고 금계포란형(金鷄包卵形)이라고들 말하지만 그런 관점은 동의하기 어렵다고 본다. 청덕사라고 불리는 진안대군 후손들의 재실은 괴산의 불정에 있고 근처에 남파정(嵐波亭)이란 정자도 남아 있다.

이 지역 명당골이라 불리는 곳에 자리잡은 묘소들 중 품자혈(品字穴)로 불리는 청풍김씨 김리의 손자인 김우증은 의왕으로 터를 옮겼고 후손들도 많이 남아 있지 않은 것으로 보인다. 경녕군과 진안대군파 후손들 그리고 벽진이씨 후손들은 지금도 지역에 세가하며 살아가고 있다.

▲ 〈탑평리 7층석탑〉

신라시대 남북의 국경선에서 동시에 출발해 이 곳에서 만났다는 전설이 있는 중앙탑이다.

국보인 이 탑은 남한강 가에 우뚝 서 있는데 신라 때 건축된 이래로 지금까지 서 있다. 탑이라는 것이 불교의 상징물이고 독립적으로 세우기 보다는 금당〔대웅전〕과 같이 세워진 경우가 전부라고 본다면 이 지역이 사찰터였을 가능성이 크다.

그런데 아직도 사찰터가 어디인지에 대한 뚜렷한 연구결과를 냈다는 얘기는 듣지 못했고, 전하는 바로는 을축년〔1924년〕 대홍수 때 엄청난 양의 기와가 쓸려 내려갔다고 하는 것을 본다면 탑 근처에 다른 불교유물이 존재하지 않았을까 하고 추정해 본다.

어쨌든 남한강 가에서 우뚝 솟아 있는 탑은 수로를 통해 지역을 오가는 이들에게 소원을 비는 장소이자 이정표로써의 역할을 했을 것이다. 이 자리는 탑을 둘러싸고 천기가 하림하는 좋은 자리다. 그렇기에 소원성취 기도터로 오랫동안 역할을 하고 있는 것으로 보인다.

▲ 〈충무공 이수일 묘소〉 충주시 금가면 오석리

경주이씨 국당공파 16세 이세기와 17세 이천은 부자 대제학을 지냈다.

이천의 4자인 이성중 또한 대제학을 지냈는데 그 후로 가문이 한미해진 듯하다. 기묘사화 이후 이자침은 음성 감곡으로 은거했다 하며 그의 아들인 이란이 충주에 이주해서 살았다. 그들은 이미 벼슬에서 멀어져 살았던 것으로 보이는데 이란의 아들인 이수일이 무과에 급제해 임진왜란과 정유재란에서 공을 세우고 형조판서에 올랐다.

이후로 이수일의 아들인 이완도 무과에 급제해 우의정에 오르게 된다. 특히 이완은 무과급제자로 상신에 오르는 기록을 만들게 되는 것이다.

이곳 금가지역은 남한강이 휘돌아 나가는 지형으로 백운산에서 출발한 맥이 인등산에 이르러 낮은 구릉이 되어 강을 타고 내려가다가 봉우리를 일군 곳이다. 일종의 변와의 형태를 가진 곳으로 정확하게 용사된 곳이다. 남한강 물이 암공수를 이루는 곳인데 자리는 크지 않지만 혈심에 잘 용사해서 보기 좋다.

▲ 〈이자침 묘소〉 음성군 감곡면 영산리

이 지역은 원통산 자락으로 물의 흐름 상 정미천을 거쳐 여주에서 남한강에 합류하는 곳이니 기술할 필요가 없는 지역이다. 다만 이수일과 그의 아들인 이

완대장의 영달을 살펴보기 위해서 기술해 본다.

이수일과 이완의 영달에는 이자침의 묘소가 작용을 한 것으로 본다.

이자침 묘소는 쌍혈자리로 부부가 모두 좋은 자리에 들었다. 음성의 가섭산을 지난 한남금북정맥은 북진하면서 수레의산과 원통산을 세운다. 원통산을 지난 맥이 우실고개를 지나자 다시 봉우리를 세우는데 그 전에 작은 맥을 낸 곳이 묘소가 자리했다. 장풍이 잘 되는 가운데 조안의 사격이 화려한 곳이다. 이 자리로 인해 이수일과 이완이 배출되었다. 이 근처에 경녕군의 부인인 청풍김씨의 묘소가 있는데 그 자리는 작지만 정혈에 들었다.

속리산에서 발원하는 달천은 굽이굽이 돌아 괴산과 충주 일부를 흐른 후 남한강에 합류하는 큰 하천이다. 속리산에서 이미 큰 기운을 가진 법주사터를 만든 후 옥화구곡 일대에서 굽이치며 큰 수행지들을 숨겨 놓았다. 지금도 한자리도 개발이 되지 않은 채로 남아 있는데, 때가 되면 그 역할을 할 것으로 기대한다.

그 지역에서 금구입수(金龜入水)에 해당하는 자리도 스승님을 따라 답사한 적이 있다. 옥화지역을 통과한 물은 청천지역을 지나는데 장군대좌로 알려진 우암 송시열 묘소를 볼 수 있고, 그 묘소 근처에 제대로 된 장군대좌의 자리를 답사한 적도 있다.

달천을 더 따라 내려가면 괴산호를 만나고 군자산에서 내려온 맥에 총림을 세우고도 남을 정도의 기운을 가진 곳이 숨어 있으며, 거기에 더해 음택지 또한 선인독서(仙人讀書)형에 해당하는 자리로 안산에 책상안이 뚜렸한 곳이 숨어 있다. 그 외에도 괴산지역을 돌며 크고 작은 혈들을 많이 보았지만 다 기술하지는 못한다.

괴산을 지나면서 강가에 제월대 등의 정자들을 만날 수 있으며, 음성천을 받아들여 수세가 커진 후 충주에 이른다. 달천은 계속해서 강 주변에 큰 자리를 만들어 냈는데 임경업 장군 묘역내의 큰 자리도 있고 천변까지 내려온 맥인 금계봉에도 좋은 자리가 숨어 있다. 요도천을 받아들인 후 탄금대에 이르러 남한강에 합류하는 달천은 합류지점인 탄금대 주위에, 결록에 나온다는 자리들을 숨겨 놓았는데 탄금대의 황우도강(黃牛渡江)이나 반대편의 갈마음수(渴馬飮水)등의 자리를 숨겨 놓았다고 전한다.

탄금대는 국가명승지로 신라시대 우륵선생이 가야금을 탔다는 전설을 간직한 곳으로, 임진왜란 당시 신립장군이 배수진을 치고 왜군과 싸우다 전사한 것으로도 유명하며, 조선 말 세도정치를 거치며 이 산의 소유가 신안동김씨네의 것으로 되었던지 지금도 헌종비인 효현왕후의 친조부인 김지순의 묘소가 남아 있다.

지금까지 달천과 그 지류에 형성된 자리들을 중심으로 기술해 보았다. 답사하면서 보았던 자리들은 많지만 역량의 한계로 빠진 부분이 많다. 달천 본류와 각 지류들을 따라 크고 작은 자리들이 많이 만들어졌고 대부분은 아직도 주인을 기다리고 있다고 본다.

풍수의 실체를 찾아서

CHAPTER **15** **풍수의 시각으로 본
부관참시**

전통적인 효사상에 기반을 둔 풍수론을 신봉한 조선에서는 독특한 형벌이 있었다. 이른바 부관참시(剖棺斬屍)라는 괴기한 형벌이었다.

말 그대로 관을 부수어 시신을 베는 형벌로 지금 생각하면 죽은 이에게 그런 형벌을 내린들 무슨 의미가 있을 것이며, 현대의 법률로 보아도 이미 공소권이 없어진지 오래인 분에게 가하는 이상한 형벌이다. 그런데 조선조에서는 그런 형벌이 있었고 아마도 국가에서 내리는 벌 중 가장 큰 형이 아닌가 한다. 죽은 이의 사후에 죄가 드러나면 일종의 명예형으로 부관참시를 한 것인데 이를 당한 후손들에게는 가장 끔찍한 형벌이자 가문의 몰락을 불러왔다.

연산군이 집권하자 성종 때부터 커진 사림의 힘이 이미 조정에서 큰 권력이 되어 버렸는데 이를 직접 겪은 연산군은 자신의 권위에 도전하는 이들의 힘을 견제하는 방편으로 그들을 제거했는데 이게 사화이고, 그의 집권 동안 두 번의 큰 사화가 있었다.

1498년 무오사화가 일어났고 성종실록을 작성하기 위한 사초에서 김종직의 '조의제문'이 문제가 되어 그는 부관참시 되었고 그의 제자인 김일손은 거열형을 당했으며 사림에서 여럿이 피해를 보았다.

김종직은 선산김씨로 야은 길재의 제자인 김숙자의 아들이다.

그의 학통은 이른바 조선 초기 성리학의 계보를 잇는 것으로 그는 성리학의 한 중심에 선 인물이었다. 성종 때 주로 활동했고 그 무렵 그의 제자들이 출사하면서 사림파를 형성해 훈구파와 대립했다.

1492년 졸했고 6년 후 무오사화가 일어나자 부관참시 당했다. 현재 그의 묘소는 밀양에 남아 있는 것으로 보이는데 답사는 못했다.

무오사화가 일어난 후 6년 후 갑자사화가 일어났고 그의 제자들이 줄줄이 소환되어 죽거나 이미 죽은 이들에게 부관참시의 형이 내려졌는데, 대표적인 인물이 조선오현의 한사람인 일두 정여창과 생육신 추강 남효온이다. 김종직의 학맥은 이후 영남학파로 이어져 회제 이언적, 퇴계 이황, 남명 조식으로 이어지지만 그의 후손에서 큰 인물은 나오지 않았다. 아마도 무오사화에서 부관참시 되고 중종반정이 일어난 1506년까지 신원조차 되지 못하고, 그의 체백조차 제대로 지켜지지 못했으리라 추정이 된다. 그런 연유로 풍수적인 피해를 입지 않았을까 한다.

일두 정여창도 이후로 후손에서 큰 인물은 없었고 추강 남효온은 성종 때 졸한 이후로 갑자사화에서 소환되어 부관참시에 이른바 쇄골표풍의 형을 더해 체백을 흩어버렸고 아들인 남충세 마저 처형되어 후손마저 끊겨 버렸다. 그나마 영향을 받을 후손이 없어 풍수적 피해는 그걸로 끝이 났다.

갑자사화가 일어나자 폐비 윤씨가 사약을 받을 때 권신이었던 이들이 모두 처벌되었다.

정창손은 세종 때부터 활동한 인물로 사육신의 단종복위운동에서 사위인 김질이 이를 알리자 직접 세조에게 고변하여 공신에 올랐고, 폐비윤씨가 사약을 받을 때 영의정 자리에 있으면서 이를 말리지 못했다 하여 사후 17년 만에 부관참시 되었다.

아들인 정괄도 좌의정을 지낼 만큼 가문이 융성해[동래정치의 상신이 주로 영남계에서 배출되는데] 이 가문에서 상신이 두 명이 나왔지만 그 이후로 그들의 후손에서도 큰 인물은 내지 못했다. 세조의 광릉을 조성할 때 정창손의 조부와 부친인 정흠지와 정부의 묘소가 이장 되었고 이후로 정창손이 부관참시 된 영향이 후손들에게 미친 것이 아닌가 한다.

▲ 〈한명회 묘소〉 천안시 수신면   1487년 한명회가 졸하자 초장지로 자신의 본관인 청주에 묻히길 원해서 청원군 장명리에 장사지냈는데 후에 천안 수신으로 이장이 되었다고 전한다. 1504년 갑자 시화에서 부관참시되어 목이 잘린 후 효수되었다. 생전에 어느 점장이가 그의 목이 잘릴거라는 예언을 했는데 한명회가 생전에 그것을 비웃었다는 이야기도 전한다. 그는 결국 부관참시 후 목이 잘려 효수된 셈이다. 그의 정실부인은 여흥민씨 였으나 측실 중의 한명이 포은 정몽주의 아들인 정종화의 서녀였다. 사육신의 난에서 정종화의 아들인 설곡 정보가 서매제인 한명회에게 성삼문의 구명을 청했으나 오히려 그 일로 정보는 유배되었다.

한명회도 부관참시의 피해자다.

그는 수양대군이 왕위에 오를 수 있도록 해준 인물로 수양대군의 장자방 역할을 한 인물이다. 세조가 왕위에 오를 때까지 큰 역할을 하면서 공신에 올라 권세를 누리고 간 그였지만 결국은 그의 묘소는 파묘되고 부관참시 되었다. 예종과 성종의 장인으로 그는 자신의 사후에 닥칠 위험에 미리 대비했는지는 몰라도 결국 일을 당했다.

그의 초장지는 청주지역으로 알려져 있는데 아마도 부관참시 될 때에는 이미 천안시 수신으로 이장이 된 상태였던 것으로 보인다. 현재도 그 자리에 부인과 함께 상하장으로 묘소가 남아 있다. 그의 후손도 손자 대를 지난 후로는 크게 영달하지 못했다. 오히려 손자 대에서 부터 서손으로 후손이 이어졌다는 이야기도 있지만, 정확하게 확인은 할 수 없었다.

갑자사화로 피해를 본 이들은 많다.

폐비윤씨의 사사에 찬성했다는 이유로 윤필상, 이극균, 성준, 이세좌, 권주, 김 굉필 등이 사형되었고, 이미 죽은 이들이 부관참시 되었는데 앞에 언급한 이들 외에도 이파, 한치형, 어세겸, 성현 등이 부관참시 되었다. 연전에 파주에 자리 한 심회의 묘소를 답사했을 때 그의 묘소에 체백이 없음을 확인했다.

현재 그의 묘소가 초장지가 아니라는 의심이 충분히 가는 자리이지만 어쨌든 부관참시로 체백을 제대로 지키지 못했다는 의심이 들 만 했다. 최근에 다시 스승님을 모시고 답사했을 때도 체백의 기운이 없다는 걸 확인했다.[심회의 손자인 심순문은 심원의 아들로 갑자사화에서 사약을 받지만 체백은 지킨 탓 인지 후손들이 크게 번성한다]

▲ **〈용재 성현 묘소〉 파주** 포은 정몽주의 친구인 성여완이 조선의 건국에 협조하지 않은 대신에 그의 세 아들이 조선 초에 크게 현달했다. 그의 셋째 아들인 성석인의 손자들이 염조 봉조 순조인데, 장자인 염조의 손자가 대제학을 지낸 용재 성현이고 증손자가 대제학과 좌의정을 지낸 성세창이다. 또한 성봉조가 우의정을 지냈고 성순조의 아들이 갑자사화에서 죽은 영의정 성준이다. 성현은 1504년 2월에 졸했는데 얼마 되지 않아 갑자사화의 피바람이 불었다. 친족인 성준도 죽임을 당했 는데 사화에 연루되지 않은 용재 성현은 특별한 이유도 없이 부관참시 되었다고 한다. 문인석마저 도난당했다는 그의 묘소를 찾았을 때 체백의 기운은 없었다. 성현의 아들인 성세창이 좌의정을 지 낸 후 을사사화에서 유배된다. 그 후 성현의 후손에서도 큰 인물은 없는 것으로 보인다.

용재 성현의 묘소도 파주에 자리를 했는데 그는 갑자사화가 일어난 해에 졸했고 장례를 치르는 기간을 감안하면 장례 후 몇 달도 되지 않아서 부관참시가 되었다. 그 당시의 그의 체백의 상태가 어땠을까? 한마디로 처참했을 그의 체백은 목이 잘려 머리가 성문 밖에 효수 되었을 텐데 이후로 반정이 일어난 2년 후 까지도 체백을 제대로 수습할 엄두가 났을까 싶다.

한산이씨 이파는 대제학을 지낸 이계전의 셋째 아들이다.

그는 18세 쯤에 문과에 급제한 수재로 판서를 지냈다. 사육신 이개와는 사촌 간이고 그의 큰집이 후일 이산해 이지함 등을 배출하는 가문인데 그도 부관참시 되었고 이후로 그의 후손도 인물을 배출하지 못했다.

▲ 〈정인지 묘소〉 괴산군 불정면 외령리

정인지(1396-1478)라는 인물이 있었다.

태종 때 문과에 장원했고 풍수학 제조라는 벼슬에도 있었다. 세종 때 한글창제에 관여했으며 계유정난에 가담해 세조에게 적극 협조한 분이었다. 영의정에 올랐고 성종 때까지 살다가 졸한 그는 생전에 큰 재물을 모아 조선의 4부로도 통했다. 한마디로 부귀겸전의 삶을 살았다. 풍수에도 조예가 깊었던지 풍수학 제조로써 왕실의 풍수적 자문도 했던 그는 충청도 관찰사로 있을 당시 현재의 위치인 괴산군 불정면 외령리에 신후지지로 정했다. 그는 생전에 자신의 사후에 당할 화를 예지했는지, 자신의 신후지지를 전국에 여덟 곳을 정해 놓았다고 한다.

이 자리는 노서하전형(老鼠下田形)의 자리로 잘 알려져 있다.

그도 그럴 것이 용이 내려 오는 모양이 비슷하게 보이기도 한다. 안산 쪽에 고양이바위가 있다고도 하는데 확인은 못했다. 전체적으로 잘 짜여진 장풍국의 모습이며 한남금북정맥에 속한 가섭산의 맥이 어래산을 지나 달천을 만나기 전에 시루봉을 일구는데 그 아래에 자리가 만들어졌다. 용맥 뒤로 올라보면 결인이 잘된 후 살짝 기봉하듯 치고 오르다가 순하게 내려오는 모습이 일품이다. 뒤에 부인인 경주이씨의 묘소가 자리했고 그 앞으로 학역재 정인지의 묘소가 자리를 잡았다.

학역재 또한 갑자사화에서 부관참시를 당했다는 얘기가 있는데 여러 자료를 비교해 보면 아마도 부관참시를 당한 것이 옳다고 본다. 그런데 현 묘소의 위치를 보면 아무래도 이상하다. 학역재의 묘소는 용이 변화하면서 우선룡이 한참 진행되는 과룡처에 자리를 정한 것처럼 보인다. 혈형대로라면 노서의 양미간에 자리를 정해야 하는데 그것보다 늙은 쥐의 몸통과 목에 해당되는 곳에 봉분과 석물이 있다. 그래서 이 자리가 정인지의 체백이 없는 허묘라는 얘기들을 한다. 나도 물론 그렇게 배웠고 실제로 체백의 기운이 없었다.

그렇다면 체백은 어디에 있을까?

묘소 앞에서 보면 자기안으로 보이는 봉긋한 곳이 있는데 그 자리에 체백의 기운이 있다. 즉 노서의 양미간에 해당하는 곳에 체백을 숨겨놓았다는 얘기다. 아마도 당대의 천재인 정인지의 안배가 작용한 것이 아닌가 추측해 본다.

학역재는 자신의 사후에 닥칠 화를 면하기 위해 생전에 신후지지를 여덟 곳이나 미리 정했다는 것을 고려하면 이 자리에서도 체백을 숨겼을 개연성이 충분히 있어 보인다. 이 묘역에서 단 한자리가 혈적한데 그 자리에 학역재의 체백이 들었다고 보는 것이다. 풍수학제조를 지낼 정도로 풍수를 알았던 그가 사후를 대비해 마지막 안배를 하였다고 본다.

정인지는 부와 귀를 한꺼번에 누린 인물이다.

엄청난 부자였고 영의정을 지냈다. 차자인 정현조는 세조의 부마가 되었고 삼자인 정숭조가 판서를 지냈으며, 그의 고손인 정광직이 판서를 지냈다. 학역재의 다른 손자인 정세호가 문과에 급제해 판서를 지냈는데 이분이 선조의 아버지인 덕흥대원군의 장인이 된다. 이런 것들을 보면 정인지의 후손들이 나름대로 잘 나간 것을 볼 수가 있다.

무오 갑자사화에서 부관참시된 인물들 중 그나마 이정도로 가문이 유지된 경우는 잘 보이질 않는다. 그나마 학역재의 가문이 제일 번성한 것이 아닌가 한다. 그런 면에서 정인지는 부관참시를 명받았지만 화를 면한 것이 아닌가 추정을 해본다.

부관참시는 단순한 명예형이 아니고 당시로 보면 최고의 극악한 형벌이었다.

전통적인 효사상에 입각해 선조의 사후에도 제사를 모시고 묘소를 수호하는 것이 가장 큰 덕목이던 시대에, 조상의 묘소를 파헤치고 체백을 훼손당하는 일이 벌어지는 것을 곧 자신들에게 화가 닥친다는 의미였다. 즉 사화로 인한 직접적인 피해도 입지만 당시로 보면 미래의 희망까지도 제거해 버리는 끔직한 벌이었을 것이다.

음택의 발음으로 가문이 일어나는 것을 원천적으로 봉쇄당한 기분은 어땠을까? 그런 의미에서 부관참시는 단순한 처형이나 사약을 내리는 형벌보다 더 가혹했는지도 모른다.

풍수의 실체를 찾아서

CHAPTER **16** 예산 · 서산 · 태안 –
금북정맥의 끝

천안의 광덕산을 지난 금북정맥은 아산과 예산을 경계 지으며 남서진하고 봉수산에서 북서쪽으로 도고산과 덕봉산을 내면서 삽교천에서 끝나는 맥을 낸다.

천방산과 극정봉을 지나면서는 공주와 예산을 경계 짓고 청양의 국사봉을 지나면서 남쪽으로 큰 맥을 내게 되고 그 맥에서 칠갑산이 웅장하게 솟은 후 청양 일대의 산들을 내면서 금강의 북쪽에서 끝이 난다. 문박산을 지난 후 백월산까지 계속 진행하다가 방향을 바꾸어 북서진 하면서 해발 790미터의 오서산을 세운다.

백월산에서는 정맥으로 이어지는 큰 맥은 북진하고 남으로는 부여와 서천을 지나는 맥들에서 크고 작은 산들을 세우고 서남쪽으로는 성주산을 세우게 되며 다른 맥은 보령 웅천을 향한다. 오서산은 칠현산에서 분지한 후 아마도 가장 높은 산을 만든 것으로 보이는데, 이 산이 북진하면서 홍성 월산[백월산], 수덕산, 가야산을 거쳐 팔봉산에 이르고 태안의 백화산을 지나 안흥진에 이른다.

홍성의 백월산의 북쪽부터 예산인데 홍성과는 홍동산과 용봉산으로 경계를 이룬다. 예산에 이른 금북정맥은 덕숭산과 가야산을 이어서 세우고 더 북진해 나간다. 예산의 동쪽은 광덕산을 지난 봉수산과 그 아래 연봉들이 서쪽으로 낸 맥들로 이루어지는데 큰 산이 없고 구릉지가 많으며 예당지로 모이는 큰물이 형성한 평야지역이다.

화산천과 신양천이 합류해 큰물이 되어 예당지로 들어가고 백월산에서 발원한 무한천도 예당지로 들어가 모였다가 삽교호로 들어간다. 즉 예산의 동쪽은 예당평야를 중심으로 넓은 평야지대를 형성해 큰 산이 없고 넓은 들이 주를 이룬다.

▲ 〈금북정맥의 일부 개략도〉

빨간 표식이 백월산 구역으로 이 산에서부터 북으로 올라가며 오서산을 지나 노란 원의 가야산을 세우고는 서산과 태안을 거쳐 안흥진에서 끝이 난다.

예산의 동쪽은 봉수산에서 천방산과 극정봉으로 이어지며 국사봉을 지난 후 청양일대와 부여의 금강 북쪽의 산들을 낸다. 문박산과 백월산을 지날 때는 홍성과 청양을 경계짓고, 백월산에서는 부여 서천의 산들을 내는 금강기맥이 시작된다.

반면, 예산의 서부지역은 가야산 권역으로 산지가 웅장하게 펼쳐진다. 즉 금북정맥이 지나면서 큰 산을 세우고 기운을 내려놓은 자리가 주로 서부권역이라고 할 수 있다. 그래서인지 수덕사를 비롯한 사찰과 가야산을 중심으로 한 명당들이 많이 모여 있다.

가야산을 지나 북진하는 금북정맥은 일락산, 상왕산을 거쳐 서산의 팔봉산을 세운다.

해발로 치면 높은 산이 아니지만 금북정맥의 끝 부분에 해당하고 평지에서 돌출한 산이므로 힘이 있어 보인다. 그 후로 태안의 백화산에 이르러 속리산에서 출발한 한남금북정맥의 한 분지인 금북정맥의 기운을 온통 쏟아 내고는 작은 산들만 세우고 바닷가에 이른다. 따라서 서산은 가야산의 서쪽 면과 팔봉산 일원을 제외하면 거의 평지라고 할 만큼 큰 산은 없다. 다만 가야산의 기운이 팔봉산에 이르기 전에 여러 분맥을 내고 팔봉산 또한 여러 맥을 내면서 곳곳에 자리를 만들어 냈다.

태안에 이른 금북정맥은 백화산을 세우는데 해발 289여 미터의 작은 산이 온통 화강암의 암괴로 이루어져 강한 힘을 내포한 모습이다. 금북정맥의 출발이 속리산인데 그 산 자체가 암기를 많이 품고 있어 그런 성정을 제대로 보여주는 곳이 덕숭산과 백화산으로 보인다. 백화산의 맥은 길게 이어져 지령산을 거쳐 안흥진에 이르러 서해바다를 만난다.

결국 금북정맥의 끝부분에 해당하는 예산, 서산, 태안지역은 그 맥을 따라 자리들을 만들었고 역사 이래 많은 인물들을 내게 된다. 이 지역은 근대의 고승인 경허(鏡虛)의 주된 활동지이자 그의 걸출한 제자들이 수행하던 지역으로 지금도 그 발자취가 남아있다.

예당저수지와 삽교호 사이의 평야지역에 자리를 잡은 예산읍은 광덕산에서 이어진 봉수산에서 맥이 나온다. 도고산, 덕봉산, 관모산을 거쳐 금오산이 예산의 진산이 되는 것이다. 이 산에 기대어 어느 대권후보의 선산이 있었다 하는데 답사는 못했다.

도고산과 그 맥들이 해발로는 500미터 가까이 되고 평지에서 솟은 산이기에 제법 험한 기운을 가진다. 그렇기에 읍치를 둘러싼 분지나 예당평야를 끼고 있는 평야를 본다면 넉넉한 재물을 소유한 인물들이 배출되었으리라 짐작이 간다. 특히 봉대미산이 안산으로 막아선 구, 읍 지역을 살펴보면 좋은 자리가 있을 것으로 보인다.

예당저수지와 그 아래의 무한천이 예산을 크게 동서로 나누는데 그 동쪽은 예산읍 쪽이며 정맥에서 서쪽으로 뻗은 맥들이 끝나는 곳으로 무한천 좌우로 넓은 예당평야가 자리한다. 서쪽으로는 다시 금북정맥인 가야산권이 지나가게 된다.

예산읍 권역

▲ 〈강민첨 장군 묘〉 대술면 이티리

진주강씨는 강이식을 시조로 하면서 여러 분파로 나뉜다.

그 중 박사공파가 대부분인데 강회백의 후손인 강희맹이 사실상의 중시조 격으로 후손이 제일 많다. 이외에도 소감공파, 관서공파, 은열공파, 인헌공파 등으로 나뉘는데 각각의 파조가 시조에 해당할 정도로 분파되어 있다.

강민첨은 은열공파의 시조로 고려 때의 인물이다.

거란의 3차 침입 시 강감찬[인헌공파]의 부장으로 공을 세웠고 병부상서를 지낸 분이다. 그의 후손으로 18세기 인물인 강세황이 있다. 그의 묘소는 천방산에서 이어지는 국수봉 아래에 있는데 이 자리는 시조묘 치고는 급이 낮아 보이며 그리 크지 않은 곳이다. 고려조에 안장된 시조묘소들을 답사해 보면 큰 자리들이 많고 천기점에 용사된 자리들을 많이 볼 수 있다.

이 지역의 대구서씨 시조인 서한 묘소가 고려 때 조성된 묘소인데 그 자리가 천기점이다. 그런 자리에 비해 이 자리는 혈적 하기는 하지만 큰 자리는 아니다. 그래도 튼튼한 용맥상의 정확한 자리에 용사했고 좌우 용호와 안산이 잘 어울리는 곳이다.

횡룡입수의 형태를 가졌고 극정봉의 맥이 낙산역할을 하며 백호안이 잘 갖춰진 자리다. 시조 묘소가 크지 않은 탓인지 은열공파에는 큰 인물이 없다. 조선 후기의 시서화의 삼절로 유명한 표암 강세황이 대표적인 인물일 것이다. 표암은 영조와 정조시대에서 활동한 인물로 단원 김홍도의 스승으로 알려져 있으며 예조판서를 지냈다. 그는 서양화의 원근법을 최초로 도입했다고도 한다.

강민첨의 탄생지는 진주로 보이고 지금도 은열사라는 재실이 남아 있는 것으로 보면 진주가 본향인 것으로 보이는데 영면지는 예산으로 정했다. 그래도 고려조의 묘소가 지금까지 보존된 것이다. 작은 자리이지만 지금도 관리가 잘 되고 있으며 시조 묘답게 재실도 잘 갖춘 곳이다.

▲ 〈이산해 묘소〉 대술면 방산리

아계 이산해는 한산이씨로 이지번의 아들이다.

성남 중앙공원에 가면 이장윤의 묘가 있는데 그는 이계전의 손자다. 이장윤이 네 명의 아들을 두고 둘째가 이치인데 2자가 이지번이고 넷째 아들이 토정 이지함이다. 토정이 보령시 주교면의 선영에 묘를 이장하면서 장차 자신의 형제들이 기해년에 아들을 낳을 것이고 후손 중에 정일품이 나올 것이라 예언했다 하는데 둘째인 이지번의 아들인 이산해가 영의정에 올랐고 셋째인 이지무의 아들인 이산보가 판서를 지냈다고 한다.(블로그 한국의 숨결)

이산해는 명종 때 문과에 급제해 수찬 등을 지냈고 당파는 동인에 속했다. 임진왜란 전에 영의정에 올랐고 난이 일어나자 왕을 의주로 호종했으나 탄핵을 받고 파직되었다. 복직이 되어 대제학을 지냈고 다시 영의정에 올랐다. 동인이 남인과 북인으로 갈라질 때 북인에 속해서 북인의 영수로 불렸고 선조 사후 대북파가 정권을 잡는데 역할을 하고 물러났다. 그의 사위가 한음 이덕형으로 대제학과 영의정을 지냈다.〔이덕형은 남인으로 분류〕

북인은 정국운영 방식을 두고 대립하다가 대북과 소북으로 갈라졌고 이산해는 대북파에 속했다. 대북파는 후일 다시 홍여순을 중심으로 하는 골북(骨北)과 이산해 중심의 육북(肉北)으로 갈라지게 된다.

당파싸움의 한 중간에 섰던 그가 말년에 쓸쓸하게 예산에서 살았던 관계로 이곳에 영면한 것으로 보인다. 그의 묘소는 금북정맥인 봉수산의 맥이 내려온 곳에 자리를 잡았다. 잘 내려오는 용에 너무 아래로 내려와 자리를 놓친 곳이다. 급하게 낙맥한 용이 혈을 만들고 길게 전순을 낸 곳인데 너무 아래인 전순의 끝에 용사를 했다. 그러니 혈적한 자리는 뒤에 남아 있게 된 곳이다.

현장서 보면 천방산에서 내려온 실래봉을 정확하게 볼 수 있는 자리가 있는데 그곳이 혈적한 자리다. 부후한 용에 좌우로 잘 짜여진 보국이 참으로 좋은데 실혈을 했으니 의미가 없어졌다. 안산 또한 적당한 높이로 잘 갖춰진 전형적인 장풍국이다. 이 자리를 일종의 괘등혈(掛燈穴)로 인식했던지 신도비 앞에도 사위인 이덕형이 연못을 만들었고 지금은 묘소 입구에도 저수지가 조성이 되어 있다.

이산해의 아들인 이경전과 손자인 이무가 판서를 지냈는데 이 묘소의 발음은 아니라고 본다. 물론 이산해의 발음도 보령 주교의 선영이 아닌 그의 증조부 이장윤의 묘소에서 기인한다고 본다. 보령 주교면의 집단 묘소에서 좋은 자리는 이산보의 묘소 뿐 이기에 그렇게 본다.

즉 이치, 이지번 두 분 묘소 뿐 만 아니라 토정의 묘소도 정혈처가 아니다. 이산보의 발음도 이장윤의 묘소 덕이고 이산해의 아들 손자도 그렇게 본다.

▲ 〈서계양리〉

화산천을 따라 내려가다가 서계양리의 어느 묘소를 찾았다.

현재 크게 명성을 얻으며 재물을 쌓아 가고 있는 사업가의 조부 묘소다. 용사된 자리는 그분의 조부묘소로 천지기 합일점의 좋은 자리다. 선대로부터 재물이 넉넉한 가문이라는데 현재도 사업이 번창하며 부를 축적하고 있는 상태다. 그 아래로 후손들이 들어갈 자리를 만드는 모습이 사진에도 선명하다.

그러나 자리는 단 한 곳이 좋으며 그 아래로는 수맥이 걸쳐 흉이 큰 자리다. 조성하는 모양을 보면 여러 단으로 만드는데 내려갈수록 흉이 큰 자리이니 피해야 한다고 본다.

청룡방에 현재 용사된 자리보다도 훨씬 큰 자리가 숨어 있는데 지금은 누가 주인이 될지 알 수 없다. 현장에서 보면 와혈의 혈상에 좌우 보국이 좋고 화산천의 물이 크게 돌아 나가며 명우산에서 출맥한 조안산의 사격이 훌륭해 보인다. 봉수산의 맥이 서진하며 도고산과 덕봉산을 내고 덕봉산은 남으로 용굴산과 토성봉을 내면서 예산읍의 동쪽을 지난다.

계속 남하하던 맥은 화산천이 신양천에 합류하는 지점까지 내려오는데 잘 짜여진 보국을 갖춘 자리를 만들었다. 횡룡입수에 귀성을 단 자리인데 현장에서 보면 지금 용사된 자리보다 청룡의 맥이 더 크고 부후하니 그 용에 더 큰 힘이 실린 것으로 보인다.

▲ 〈대구서씨 시조 서한 묘소〉하탄방리

화산천이 신양천에 합류해 큰물을 이룬 후 예당지에 합류하는 하천이 되는데 이는 예산의 동쪽면을 지나는 금북정맥의 산들에서 모여든 물이다. 예산의 큰 물은 그 외에 백월산에서 출발해 북으로 흐르다가 예당지에 합류하는 물이다. 하탄방리는 예당지로 물이 들어가는 마지막 입수지점인 셈이다.

대구서씨는 이천서씨에서 분파된 성씨로 보는데 비슷한 시기에 달성서씨와 함께 출발한 것으로 본다. 두 가문의 인구가 약 50만 정도로 보는데 그 중 대구서씨는 8만을 상회한다.

그들이 조선 중후기에 세운 업적은 그 가문을 조선의 명문가로 불러도 손색이 없을 정도다. 그 중 약봉 서성과 그 후손들이 모든 영예를 누린 것으로 보이며 그 가문이 조선의 3대 명문가에 들 정도이니 놀라울 뿐이다. 후손들의 인구수를 비교한다면 타 가문의 추종을 불허할 것이다.

시조인 서한의 묘소는 고려시대에 조성된 후 실존되었다가 후손인 서거정이 찾았다고 전한다. 시조 서한이 졸하자 장사 준비를 해서 장지로 떠날 때 마을을 지나던 스님이 깜짝 놀라며 이분이 묻힐 장소는 따로 있으니 자신을 따라 오라고 했다고 한다. 어느 산 중턱에 이르니 스님이 말하기를 이 자리는 해복혈(蟹伏穴)로 자손이 크게 번창하고 귀한 후손이 나온다고 했다고 한다.

이 자리는 고려조에 용사된 묘소답게 천기점에 속한다.

아주 좋은 자리로 본다. 시조 이래로 기록이 없어서 아쉬운 부분이지만 아주 좋은 자리다. 물론 이 자리가 약봉과 그 후손까지 영향을 주진 않았지만 자리로만 볼 때는 시조묘로써 아주 훌륭한 곳이다. 금북정맥에서 출발한 맥이 예산읍 뒤에 토성봉을 세우고 두 개의 맥을 남쪽으로 내는데 한 맥은 서계양리에서 끝나고 다른 맥은 하탄방리로 가면서 신양천을 만나 끝이 난다.

금체봉의 주산 바로 아래에 용사를 했는데 좌우 용호가 좋고 조안산이 겹으로 둘러서 보기 좋은 곳이다. 조산은 청양의 백월산에서 북진하는 맥으로 신양천을 만나면서 끝을 맺는데 안산 너머로 아름답게 펼쳐진다.

가야산 권역

청양의 아래쪽인 백월산을 지난 금북정맥은 오서산으로 이어진다. 다시 북진하는 맥은 봉수산을 세우는데 더욱 북진해 예당평야에 이르게 되고 삽교천에서 끝이 난다..

오서산을 지난 금북정맥의 주맥은 평지룡으로 북진하다가 홍성의 백월산을 지나 산세가 커지면서 용봉산-덕숭산-가야산을 일구는데 이 지역이 예산의 서부지역이며 금북정맥의 힘을 내려놓는 곳이다. 그래서인지 가야산 덕숭산 용봉산 등이 강한 기운을 내포한 화강암으로 구성되어 정맥의 출발점인 속리산의 속성을 닮았다. 속리산에서 출발한 정맥은 칠현산에서 분지하며 금북정맥으로 충남지역을 지나는데 그 중 강한 기운을 가진 산이 이쪽에 몰려 있다.

▲ 〈남연군 묘소〉 덕산면 상가리

남연군은 인조의 아들인 인평대군의 6대손이며 아버지는 이병원이다.

왕족의 신분에서도 멀어졌던 그는 사도세자의 서자이자 유배지에서 졸한 은신군의 양자가 되면서 정조의 조카로 다시 종친의 일원이 되었다. 그는 1836년에 졸했고 지금의 연천군 미산면에 초장했다가 다시 군남면으로 이장했다.(위키백과 참조)

아들 홍선대원군은 정만인 이라는 지사의 말을 듣고 연천에 있던 남연군의 묘를 1845년에 상가리 구광터에 이장을 했다가 이듬해 현 자리로 이장했다고 한다. 이 자리는 가야사라는 절이 있던 자리로 절을 불태우고 묘를 썼고 후에 보덕사를 근처에 지어 주었다고 한다.

이 자리를 다들 2대천자지지[2대에 걸쳐 천자가 나올 자리]라고들 이야기 한다. 실제로 묘를 이장한 후인 1862년 손자가 왕위에 오르고 이어 황제를 칭하게 되었고 증손인 순종이 황제에 오르니 2대천자지임이 증명이 된 것인가 한다.

이 자리를 두고 나라를 망하게 한 왕이 나온 자리라는 등 험담을 하거나 자리가 되지 않는다고들 말하는 이들이 많다. 안산이 없다거나 백호가 높다거나 청룡에 흉한 기운이 있다는 등의 말들을 하는데 이 자리는 대단한 제왕지지라고 보는 것이 옳은 견해다. 천기와 지기가 합일하는 큰 자리로 제왕을 배출한 곳이다. 강한 천기와 그에 걸맞는 지기가 합일하는 자리며 봉분의 크기보다도 약간 큰 정도의 혈훈이 만들어졌다. 혈에서 조금이라도 벗어나면 광중을 조성하기 힘들 정도로 바위가 둘러싼 일종의 석중혈로 보이기도 한다.

이 자리는 가야사의 탑이 조성되었던 자리로 전해지며 최근의 답사에서 보았는데 이 묘소의 결인처를 발굴해 가야사의 원형을 찾는 작업을 하고 있었다. 가야산 옥양봉이 기운차게 내려오며 위이굴곡을 하면서 기운을 조절하는 모습이 일품이다. 일종의 갈룡음수(渴龍飮水)의 형세로 보일 정도로 변화가 심하다. 실제로 용맥을 따라 거슬러 올라 보면 힘차게 내려오는 용을 확인할 수 있다. 당판에 이르기 전에 살짝 머리를 들은 후 혈판을 형성했고 그 앞 전순에는 암반이 노출되어 있다.

서원산의 큰 맥이 주행하며 청룡방의 허함을 없애고 여러 겹의 맥을 내면서 물이 직거하는 것을 막는다. 백호방 또한 가야산 원효봉에서 나온 맥들이 길게 이어지며 맥을 내면서 허함을 막아준다. 안산은 멀게 보이는데 아마도 홍녕군〔홍선대원군의 형〕의 묘가 있는 쪽으로 보인다.

덕산천이 좌우 용호에서 나온 맥들로 인해 구곡지현으로 나가게 되며 수구가 잘 막혀 있어 보기 좋다. 결국 잘 짜여진 장풍국을 만들었고 국세가 상당히 크게 형성이 된 곳이다. 제왕지지로 손색이 없는 자리인 것이다. 이 자리로 인해 배출된 고종과 순종이 망국의 왕이라는 이야기들을 하는데 그것은 바른 견해가 아니라고 본다.

조선 후기에 들어 격심한 당쟁과 세도정치가 이어지며 국력은 쇠퇴해서 왕조차 어찌해 볼 도리가 없을 정도가 되었는데. 국왕이 그걸 돌릴 수 있는 힘이 없었다. 물론 왕조국가에서 왕이 차지하는 비중이 절대적이긴 하지만 성리학의 원리를 실천하여 신하의 권리가 강한 신권국가가 국가의 틀이었던 조선에서 왕에게 모든 잘못을 물을 수는 없을 것이다.

세도정치 60년에 국가는 이미 쇠락해 갔고 거기에 더해 왕의 무능함이 더해졌다고 보면 된다. 즉 남연군 묘는 제왕을 배출한 면당은 맞지만 국가를 재건하기에는 너무 늦은 나라의 마지막 왕들을 배출한 셈이 된다. 절대적 권력을 행사할 수도 없는 왕에게 너무 큰 책임을 물을 수는 없어 보인다.

그래도 이 자리로 인해 두 명의 천자가 배출된 셈이다.

정만인이 홍선대원군에게 이 자리와 만대영화지지를 고르라 했다 전하는데 홍선은 주저하지 않고 이 자리를 정했다고 한다. 그만큼 세도정치로 혼란해진 나라에서 왕권을 강화하고자 하는 열망이 강했을 것이기 때문이다. 정만인이 말했다는 가야산 근처의 자미원(紫微垣)이란 자리는 지금까지도 찾아 헤매는 이들이 많이 있다. 2대천자지지보다도 더 크다는 그 자리를 찾아 지금도 찾아다니고 있는데 과연 그 자리의 존재부터 의심이 간다.

우선 정만인이란 지사가 미스테리한 분이다.

그가 남연군의 자리를 잡아 주었다는 전설적인 이야기가 있지만 그 후의 행적이 불분명하다. 해인사의 해인을 찾아 사라졌다는 내용부터 홍선대원군에게 죽임을 당했다는 이야기까지 다양하다. 일설에는 그가 흥선대원군에게 자미원터를 발설했고 그걸 찾아내 달라는 대원군의 재촉에 여비를 받아 숨었다는 이야기가 있다. 그런 판국에 자미원터를 아는 사람이 있을까 싶다. 이 자미원에 대한 이야기도 근자에 육관 손석우 옹이 책에서 언급해 유명해진 것으로 보인다.

물론 고서에도 언급이 되었다고는 하나 현재로선 이런저런 궁금증만 남기고 있는 자미원터는 아마도 영원히 미궁에 빠져 있는데, 아마도 음택으로 자미원이 존재하지 않는 것으로 보아야 할 것이고, 자미원국이 북극성을 중심으로 펼쳐지는 28개의 별자리를 말하는 것으로 보아 지상에도 그런 정도의 수행지가 큰 국으로 널려 있는 것으로 보는 것이 타당할 것이다. 그 근거로 자미원국에 속하는 음택의 자리로 거론한다 해도 주변의 사격을 각각의 별 이름에 대입해 맞추는 것 자체가 일종의 꿰맞추기가 될 뿐이기 때문이다.

혈자리에서 적어도 28개의 사격을 방위에 따라 도열시킬만한 자리가 과연 존재할까 싶다.

경허의 자취를 따라

가야산 권역을 넓게 보면 가야산 자체의 원효봉, 옥양봉, 수정봉을 비롯해 덕숭산, 용봉산 등의 남쪽지역과, 북동쪽의 일락산, 서원산, 상왕산이 포함되고 서쪽의 연암산 까지도 모두 권역에 든다.

그러므로 가야산은 아래로는 홍성과 서북쪽으로는 서산과 예산을 경계 지으며 해발 678미터의 큰 산괴를 이룬 후 금북정맥이 바닷가로 진행하게 하는 것이다.

그 안에는 불교가 전래되는 길목이라는 사실을 말해주듯 수많은 불교유물이 산재한다. 가야산 내의 폐사지만 해도 60여개가 넘는다고 하며 지금도 대소

사찰과 불교유적이 넘쳐난다.

천년 이상 쌓아온 역사 속에서 가야산 권역을 대표하는 선승이 경허(鏡虛)다.

그는 전주태생으로 1849년에 출생한 것으로 전해지는데 어머니가 의왕 청계사로 출가를 시켰다.(이하 나무위키 참조. 최인호의 소설 '길 없는 길' 참조)

안양 청계사에서 행자승 노릇을 하던 그는 박처사와의 인연으로 글을 배우게 되었는데 스승인 계허에 의해 동학사로 보내지게 된다. 거기서 만화(萬化)라는 스승을 만나 경전공부를 하게 되었고 이어 교학을 강하는 승려로 31살 까지 살았다. 그러던 중 스승인 계허의 부름으로 청계사를 찾아가던 중 천안 근처에서 역병이 도는 마을에 머물게 되고 참혹상을 겪으면서 지금까지의 경전의 가르침이 부질없음을 느끼고 다시 동학사로 돌아가 정진 끝에 깨달음을 얻게 된다.

그에 그치지 않고 경허는 가야산권인 연암산 천장사에서 정진해 크게 깨달음을 얻었다고 한다. 그의 행적은 가야산권인 내포지역을 비롯해 공주의 마곡사 등에 남아 있게 되고 합천 해인사에서 여러 해를 지내며 선승으로써 큰 족적을 남긴다. 그 이후로 신분을 숨기고 북쪽으로 올라가 서당 선생 등을 하며 살다가 입적했고 제자인 혜월과 만공이 다비하였다고 전한다.

경허는 가야산 권역인 천장사에서 깨달음을 얻었는데 이후 제자들인 혜월, 수월, 만공[3月, 만공의 법명은 월면]과 한암 등을 길러냈고 그들이 일제 이후의 불교계에서 큰 업적을 남기게 된다. 즉 혜월은 남쪽으로 내려가 범어사 등을 중심으로 선풍을 일으켰고, 수월은 북으로 올라가 정진하였다 한다. 만공은 스승인 경허에게 인가를 얻었고 그를 따라 남쪽의 대찰들을 순회하며 경허를 수행하다가 수덕사를 중심으로 선풍을 일으켰다. 또한 한암은 경허의 마지막 제자로 일찍감치 깨달음을 얻었으며 스승의 동행제의[북쪽으로 몸을 숨김]를 따르지 않고 오대산 월정사에서 크게 활약을 한다.

일제 이후의 불교에서 선맥이 북 송담, 남 진제로 이어졌다고 말한다.

북 송담은 경허-만공-전강-송담의 맥이고 남 진제는 경허-혜월-문봉-향곡-진제로 이어졌다. 그만큼 경허가 선불교에서 끼친 영향이 대단하였고 생전에 그는 자신의 깨달음을 인가해 줄 스승이 없음을 한탄했다고 한다. 그는 수많은 일화를 남겼고 제자들 또한 크게 이름을 떨쳤다.

그의 생애에서 청계사와 동학사에서의 삶은 주로 경학을 공부하고 강의하던 시기였으며 동학사에서 일차로 득도를 한 후에는 서산 연암산의 천장암에서 크게 깨달음을 얻었고 내포지역에서 활동하다가 영호남의 대찰들에서 선풍을 크게 날린 것이다.

▲ 〈수덕사〉 덕숭산

오서산에서 북진하는 금북정맥이 홍동산을 지나 수덕사를 품은 덕숭산을 세운다. 온통 암기로 가득한 이 산의 중턱에 수덕사가 자리한다.

덕숭산 내에는 덕숭총림의 중심사찰인 수덕사(총림은 선원, 율원, 강원, 염불원을 갖춘 대찰)가 자리했고 총림에 60여개의 말사를 거느리고 있으며 수덕사는 조계종 제 7교구의 본사이기도 하다. (백과사전 참조)

이 외에도 수덕사 권내에 정혜사, 전월사, 견성암 등이 같이 자리해 대찰의 위용을 갖춘 곳이다. 백제시대에 창건된 것으로 전해지며 대웅전이 목조건축으로는 700년 이상을 유지해 오고 있다. 조선 말 부터 일제를 거치며 크게 중창이 되어 현재에 이른다.

수덕사는 대웅전 자리가 천기와 지기가 잘 어울리는 좋은 자리다. 총림의 본찰로 손색이 없다. 단정한 맞배지붕의 오래된 건물인 대웅전의 자리가 참으로 안정감이 있고 좋은 자리다. 산의 중턱에 자리했지만 당판이 매우 넓고 평탄하다. 주산에서 내려온 용맥도 튼튼하고 좌우의 용호도 잘 갖춘 곳이다. 안산은 금북정맥의 홍동산이 이 사찰의 높이에 맞게 어울리는데 형기적으로 본다면 회룡혈의 형국을 가졌다.

수덕도령과 덕숭낭자의 사랑에 대한 전설을 간직한 이 절은 대웅전이 1308년에 지어진 이래 지금까지 유지되고 있는 것으로 우리나라에 현존하는 가장 오래된 목조건물 중 하나다.

맞배지붕 형식을 가진 웅장한 건물은 예배공간으로써의 엄숙하고 단정함이 묻어난다. 아마도 고려시대에는 이런 형식의 지붕이 유행했던 것으로 보이며 조선으로 넘어와서 지금도 많이 볼 수 있는 팔작지붕의 형식이나 우진각지붕으로 바뀐 것으로 보인다.

근대의 선객으로 유명한 경허(鏡虛)선사의 발자취가 수덕사와 그 말사를 중심으로 남아 있고 그의 제자인 3월〔혜월 , 수월. 월면(만공)〕의 기상이 서린 사찰이다.

1849년 전주에서 태어난 경허는 9세에 어머니의 손에 이끌려 청계산 청계사로 출가했다.

사미생활을 하던 그는 우연한 인연으로 박처사란 분에게 글을 깨우치고 동학사에서 만화를 은사로 경전을 배우게 되고 강원에서 경전을 가르치는 강사로

생활한다.(최인호의 소설 '길없는 길'에서 읽은 내용을 간추림)

31살에 은사인 계허의 부름을 받고 청계산으로 향하던 중 천안부근에서 전염병이 도는 마을의 참상을 보고 발길을 돌려 동학사로 돌아오게 되고, 강원의 문을 걸어 잠그고는 화두를 들고 참선에 몰두하게 된다. 홀연히 깨달은 그는 다시 어머니와 형인 태허스님이 거주하던 연암산 천장암에서 다시 한 번 크게 깨닫게 된다.

이후 그는 무애행을 행하며 수덕사의 말사 등에서 수행했고 마곡사, 개심사 등을 돌아다니며 선풍을 일으켰다.

이 때 혜월, 수월, 만공 등을 제자로 두게 되었고, 그의 선풍이 남도의 사찰들에까지 퍼지게 되어 해인사, 통도사 등에서 주석했다. 한암을 제자로 두게 되며 홀연히 신분을 숨기고 북쪽으로 떠나 훈장생활을 하며 여생을 보냈다.

수덕사에는 일제 이래로 김일엽과 이응로 화백에 얽힌 일화가 있다. 김일엽은 조선 최초의 여성 유학생으로 수덕사에서 여승으로 생을 마친 것이고, 고암 이응로는 수덕사 입구의 수덕여관에서 작품활동을 하다가 프랑스로 떠났는데 그의 문자추상 작품이 지금도 여관 경내에 새겨져 있다.

▲ 〈연암산 천장사〉

금북정맥이 예산과 서산 사이에 우뚝 세운 가야산은 큰 산괴를 이루는데 원효봉-가야산-석문봉-옥양봉으로 이어지다가 동으로는 서원산을 내고 북으로는 일락산과 상왕봉으로 이어진다. 서쪽으로 낸 맥은 연암산과 삼준산으로 이어진다. 연암산은 제비가 날개를 편 듯한 모양을 가져 이름이 붙여졌다 하며, 어미산인 가야산을 닮아 온통 화강암으로 만들어져 있다.

그 정상 가까이에 천장사[과거엔 천장암]가 자리를 잡았다.

정상 바로 아래에 새집처럼 자리를 잡았고 예전엔 자그마한 암자였던 곳으로 암자와 요사채가 붙어 있던 건물로 보인다. 최근에 불사로 요사채를 새로 지은 것으로 보이고 경허와 제자들이 수행했던 부속건물도 남아 있다. 이곳에서 경허는 마지막 화두를 들고 정진해 마침내 대오각성 하였다 하며 그 이후로 숱한 일화를 남겼다.

경허의 첫 제자인 수월은 홍성 사람으로 스승에게 계를 받았고, 글자를 몰랐는데 천수대비주(呪)를 통해 깨달음을 얻었다고 한다. 그의 깨달음은 방광(放光)으로 나타나 세 번이나 절 아래 사람들이 불이 난 줄 알고 올라왔다고 전한다. 그는 북으로 가서 활동하였고 지나는 길손에게 짚신을 삼아주는 것으로 공덕을 쌓았다 하며, 근대의 선지식들이 그의 가르침을 받았다. 그의 다비 후에는 5일간의 방광이 있었다고 전한다.

혜월 또한 경허의 제자인데 어려서 글공부를 못했던 그는 짚신을 만들던 중 깨달음을 얻어 스승의 인가를 받고 남쪽으로 내려가 포교에 열중해 영남지방에 큰 발자취를 남겼다.

만공은 천장암에서 태허[경허의 속가 형]를 은사로 출계하여 경허의 인가를 받은 후 수덕사를 중심으로 활동하며 한국의 선불교의 맥을 이었다. 두 사형이 만공을 위해 북으로 남으로 터전을 옮긴 것이며 만공은 가야산에 남아 정혜사 등을 중창하고 간월암도 다시 세웠다. 일제의 불교침략에 대항해 조선의 불교를 지키기 위해 노력했고 스승의 선풍을 이어 갔다.

경허와 제자들의 수행정신이 녹아 있는 천장사는 언뜻 보기에 음택에 용사한 듯 보일정도로 협소한 곳인데 암자 건물에 정확하게 지기가 응결한 곳이다.

지기가 크지는 않지만 부처님을 모신 자리에 정확하게 지기가 응하게 만들어져 나름대로의 기운을 가진 사찰이 되었다. 음택의 혈자리처럼 용맥이 내려오고 좌우 용호가 가까이 조응하는 게 눈에 딱 들어온다. 주변 사격이 모두 암괴인 것이 특징이고 외룡외호가 겹으로 둘러져 있으며 높은 산이지만 장풍 또한 잘 된다. 맑은 날에는 서해바다가 조망이 된다고 한다. 조선 말부터 일제시대를 관통하는 선지식들을 배출한 절 치고는 초라하지만 이 절에서 배출한 인물들이 불교의 정수를 차지하는 것이니 의미가 큰 절이다.

▲ 〈상왕산 개심사〉

금북정맥이 가야산을 지나면 일락산 상왕산으로 이어지며 서산을 관통한다.

상왕산에는 개심사가 자리를 잡았는데 이 또한 경허와 제자들이 활동하던 곳이다. 백제 의자왕 때부터 이어진 절이라는데 규모는 크지 않지만 대웅전에 서린 천기가 사찰을 유지하는데 중요한 요소가 되는 곳이다. 크지는 않아도 천기점이니 수행자들이 거주하기에 좋은 곳이다.

이 절에서는 대웅전이 중심건물이지만 부속건물들의 기둥이 원목을 가공하지 않고 사용한 흔적이 남아 있어 이채롭다. 즉 비뚤어진 나무를 그대로 사용한 것이 재미있다. 직사각형으로 절 앞에 물을 가두어 둔 것도 여느 절에서는 잘 볼 수가 없다. 봄에는 벚꽃을 보기 위한 상춘객들이 늘어나서 혼잡한데, 예전에 방문했을 때는 산길을 한참 올라야 했는데 지금은 차를 몰고 절 앞에까지 갈 수 있어 편리해졌지만 그만큼 수행지로써는 격이 떨어지게 되었다.

가야산 옥양봉에서 북동으로 치우쳐 올라가는 맥은 아미산-오룡산을 거쳐 송악산 까지 이어지며 아산만에서 끝이 나는데 당진지역의 대부분의 산들이 이 맥에서 나온다.

상왕산이 가야산군의 마지막 산으로 북으로 올라가면서 갑자기 산이 낮아지며 봉암산-안산-간대산-문기산으로 이어지며 서산의 비산비야의 들을 만든다. 팔봉산이 높이 솟은 다음에는 태안의 태화산을 지나 안흥진까지 이어진 후 금북정맥은 끝이 난다.

▲ 〈보원사지〉 서산시 운산면

가야산이 품고 있는 사찰 및 폐사지는 수없이 많다.

덕산 쪽에서 보원사지로 넘어가는 산길의 곳곳에 폐사지가 셀 수 없이 남아 있다고 보면 된다. 무슨 연유인지는 몰라도 현재 가야산 내에는 큰 절이 남아 있질 않다. 수덕사는 덕숭산 내에 자리를 잡았고 개심사나 천장사, 일락사 등이 가야산권에 자리를 했지만 규모가 크지 않다.

가야산 북쪽 용현계곡 안에 자리한 보원사지는 규모면에서 아주 큰 절이었던 모양인데 언제 폐사가 되었는지도 모르게 절이 없어졌고 그 흔적만 남았다. 지금 남아 있는 탑이나 당간지주 등이 모두 보물급 문화재인 점을 보아도 사세가 상당히 컸으리라 짐작이 가고 절을 세웠던 자리만 보아도 우리나라의 어느 사찰 못지 않게 넓다. 고려시대에 조성된 것으로 보이는 철불은 박물관으로 떠났고 석조문화재만 덩그러니 남아, 지는 해를 등지고 서 있는 모습이 처량하기만 하다.

이 사찰 자리를 보면 수행지가 유지되기 위해서는 기운을 갖춘 자리여야 함을 절실히 깨닫게 된다.

폐사지 전체를 둘러봐도 기운이 맺힌 자리가 없다. 하다못해 용맥을 끼고 앉은 건물조차도 없었던 것으로 보인다. 금당자리 뒤로도 용맥이 없는 구조다. 사세를 유지할 힘이 없는 곳이라서 그런지 폐사의 연대조차 알 수가 없게 절이 없어졌다. 거대한 유물들만 남아 있는 모습이 안타까울 정도다.

이 계곡의 아래편에 백제의 미소로 보이는 마애여래삼존불이 있다.

이 자리는 천기점에 정확히 불상을 모신 곳이다. 보원사가 이 삼존불을 중심으로 가까이 건물들을 조성했으면 아마도 절은 오랫동안 유지되었을 것이다. 불교의 전래과정에서 중요한 요충지였던지 태안의 백화산에 이어 이곳에도 삼존불을 조성했는데 둘 다 절벽에 매달린 형태로 그 앞을 채운 구조가 같으며 천기점인 것이 특이하다. 작아도 천기점인 곳을 정확히 알고 이용했던 것이다.

어쨌든 이 자리를 중심으로 절을 조성해야 하는 것이 가야산의 자리를 제대로 이용하는 것이었을텐데 아쉬울 뿐이다. 백제시대에 조성된 것으로 보아 이 지역이 당시에는 교통의 요지였고 불교 또한 이 지역을 통해서 내륙으로 전파가 되었을 것으로 추정이 된다. 1959년에 발견이 되었다 하며 그 인자한 미소로 뛰어난 예술성을 보여준다.

▲ 〈백화산〉 태안

가야산에서 북진하던 금북정맥은 시계 반대방향으로 돌면서 서산에서 팔봉산을 세우고 태안에 이르러 백화산을 낸다.

속리산이 화강암의 암괴인데 그 성질을 제대로 보여주는 금북정맥이 마지막으로 큰 화강암 암괴를 형성하며 백화산을 세웠다.

이 산은 생긴 것 자체가 큰 기운을 가진 것처럼 보이는데 대단한 기운을 간직한 자리가 숨어 있다. 산 전체가 기운이라고 해도 무방한 곳이며 그중에서도 지기를 동반한 천기점을 가진 자리가 중심이 된다. 작지만 웅장한 이 산이 우리나라를 대표할 정도의 수행지를 품고 있는 것이다.

이 산 정상 부근에 태을암이 자리를 잡았는데 그 자리는 좋지 않고 마애삼존불이 자리한 곳에 작은 천기점이 있다.

태을암은 경상도 의성에 있던 태일전을 이곳으로 옮긴 것이라 하는데 단군의 영정을 모신 사당이란 설과 도교 유래설이 같이 있다. 태을암은 좋은 자리가 아니고 마애삼존불이 있는 자리가 천기점이다. 백화산은 금북정맥이 마지막으로 일군 큰 산으로 이 산에서 태안반도의 크고 작은 봉들이 모두 나오고 지령산을 지나 안흥진에서 정맥이 끝나게 된다.

▲ 〈간월암〉

최인호의 소설 '길없는 길'에 나오는 대목을 인용하면 간월암을 방문하기 위해 포구에서 어부들의 배를 얻어 타고 들어가는 장면이 나온다.

천수만을 조성하기 전에는 이곳이 간월도라는 섬이었고, 간월암이 자리한 이곳은 간월도에 딸린 작은 섬이었다. 간척사업으로 지형이 크게 변해 섬이 사라지고 부속섬만 남은 것이다.

간월암은 무학대사가 바다에 뜬 달을 보고 깨우침을 얻었다는 말이 전할 정도로 수행지로서의 역사가 있는 곳으로 만공선사가 중창했다고 전해지는 곳이다. 아주 작은 절로 사찰과 부속건물이 넘쳐날 정도로 들어서 있는데 중심건물인 대웅전이 천기점이다. 관광객들이 넘쳐나는 이곳이 수행자들이 거처해야 하는 아주 좋은 자리다.

건물의 한 중심이 천기점이니 제대로 절을 앉힌 격이다.

달이 밝은 밤에 홀로 수행하기에 적합한 곳이지만 드나드는 사람들로 인해 수행지의 맛은 잃은 지 오래다. 조수간만에 따라 육지와 연결이 되는 관계로 보행으로 드나들 수 있는 곳이다.

▲ 〈간월암〉

금북정맥인 서산의 팔봉산에서 남으로 길게 맥을 냈는데 도비산을 지나면 비산비야의 평지가 된다. 간척사업으로 바다가 물러간 자리는 평야가 되었고 섬은 사라져 부속섬 만 남아서 간월암이 자리했다.

그런데 이 간월암을 가기 전에 팔공산의 기운이 마지막으로 큰 자리를 낸 곳이 들판 한 가운데에 남아 있다. 그 자리는 흙을 파내고도 형체가 아직도 남아 있는데 경작지 한 가운데이니 사용이 가능할지 모르겠다. 그 자리야말로 천지기 합일점의 수행지로 예전에는 바다를 바로 조망할 수 있는 도량이 될 수 있었던 곳이라고 본다.

추사의 발적을 찾아서

▲ 〈김적 묘소〉 서산시 대산읍 대로리

얼마 전, 모 지사가 답사자료로 올린 것을 보니 추사 김정희의 선조들은 서산과 예산지역을 중심으로 크게 한번 흥한 경주김씨 한다리파 라는 사실을 알았다.

경주김씨 중 대안군파에 속한 김적의 후손을 한다리파라 하는 듯 보이는데 시조 하 14세손인 김연이 서산 입향조로 정착을 하게 된 것으로 보인다.

그들은 서산의 넓은 들을 장원으로 삼아 가문의 세를 유지하고 후손을 이어갔다. 해로를 통하여 한양에 왕래하기 쉽고 들이 넓어 물산이 풍부한 곳을 선택했을 것이다. 그의 손자인 김적은 광해군과 인조 때의 인물로 한문4대가인 월사 이정구와 동문수학한 사이라고 한다.

그는 광해군 때에 대북파의 난정에 염증을 느껴 벼슬을 단념하고 서산으로 낙향해 버렸다. 그의 벼슬은 찰방으로 끝이 났고 후학을 기르고 노복들을 격려해 농사에 힘쓰는 삶을 살았다.

추사의 8대조부인 김적의 묘소는 좋은 자리가 아니다.

금북정맥의 끝인 옥녀봉에서 나온 맥에 보국이 좋은 자리를 골라 용사를 했으나 혈적하지 못한 곳이다. 현장에서 보면 좌우 용호가 가깝게 감싸고 아미사의 안산을 갖추었으며 특립한 조산이 보이는 등 좋아 보이나 내려오는 용맥에 기운이 없는 곳이 되니 좋지 않다.

금북정맥이 가야산을 지난 후 큰 산을 일구지 못하고 서산으로 들어서 팔봉산에 이르기 전에 연화산에서 북으로 향하는 맥이 나오는데 그 맥이 망일산과 몰리산을 낸다. 더욱 북진해 옥녀봉을 낸 후 주룡이 남쪽으로 나온 곳에 용사를 했다.

옥녀봉이란 이름답게 자리가 된다면 옥녀탄금이니 옥녀단장이니 하는 형국의 자리를 만들었을 테고, 망일산을 조산으로 보는 자리이니 회룡고조격에 해당하는 자리이겠지만 혈적하지 못하니 좋은 국세가 다 무용지물이다.

▲ 〈김홍욱 묘소〉 동원

김적의 아들인 김홍욱은 인조 13년에 문과에 급제해 병자호란에서 인조를 호종해 남한산성에 들어갔고 강경론을 펼쳤다고 한다. 가문에서 서인의 길을 걸었던 것으로 보이는데 김홍욱 또한 서인의 길을 걸었던 것으로 추측이 된다. 김자점과 대립하다 벼슬을 버리고 낙향했다가 다시 응교 홍충도 관찰사를 지냈다. 효종 4년에 황해도 관찰사 재임 시 소현세자빈 강씨의 억울함을 호소하는 상소를 올렸는데 이른바 강옥(姜獄)이라 불리는 이 사건은 효종의 정통성을 부정하는 것이 되어 국문을 받게 되었고 그 도중에 죽었다.

그는 사후 60년이 넘어서 숙종 말에서야 신원이 되었다. 그의 묘소는 부친인 김적의 묘소 아래에 자리를 잡았고 자리는 좋지 않다. 김적의 묘소가 와혈의 형태를 띠고 있는 반면에 김홍욱의 묘소는 유혈의 형태를 가지지만 혈적하지 못한 곳이다. 김적 묘소와 같은 조안을 가지는 자리이다. 그의 형인 김홍익은 병자호란에서 의병을 이끌고 전투에 참여해 전사했다.

▲ 〈김세진 묘소〉 서산시 음암면 유계리

안주목사를 지낸 김연이 말년에 서산으로 낙향하여 살 때 처음으로 유계리에 자리를 잡았던 것으로 보인다.

그의 후손들을 마을에 큰 다리가 있었기에 한다리 김씨로 부르게 되었다고 한다. 김연의 아들인 김호윤 또한 이 지역에서 살았으며 묘소도 가까운 운산면에 있다고 한다. 김홍욱의 아들인 김세진은 아버지가 장살을 당하고 신원이 되지 못한 관계로 벼슬길에 나서지 못한 것으로 보인다.

그에 대한 기록은 크게 남아 있지 않으며 묘소는 유계리에 있다. 가야산에서 북진하던 맥이 상왕산을 낸 후에 북진하는 맥은 당진 쪽으로 올라가고 북서진 하는 맥은 금북정맥이 계속 진행하여 서산으로 간다. 거의 평지룡에 가깝게 진행하다가 간대산을 낸 후에 남진하면서 작은 봉들을 내는데 거의 평야지대에서 은맥으로 진행하다가 유계리에 이르러 작은 언덕 같은 산을 만드는데 이 곳에 김세진의 묘소가 자리했다.

이 지역은 김연이 자리잡은 이래로 여러 대에 걸쳐 한다리파들이 세거하는 곳이었다. 그 작은 봉에 김세진 묘소가 자리했지만 좋은 자리는 아니다. 그는 70여세를 살았던 것으로 비문에 기록이 되어 있는 것을 보았는데 큰 벼슬은 없었고 증직으로 좌찬성을 했다고 한다. 형기적으로 보면 금성수로 흐르는 도당천의 물과 상왕산에서 나온 조안을 보고 용사한 것으로 보이는데 자리에 기운이 없었다. 오히려 수맥에 걸려 좋은 자리가 아님을 알 수 있었다.

▲ 〈김두성 묘소〉 유계리

김세진의 아들들 중 김두성은 일찍 졸하게 되고 그의 아들이 김흥경으로 영의정을 지낸다. 김흥경은 추사의 고조부가 되니 뒤에 기술한다. 다른 아들인 김두정의 후손에서 김한철이 문과에 급제하는데 그 쪽 발음은 확인하지 못했고,

다만 그것이 김세진의 자리로 인한 것은 아니라고 본다.

김홍욱이 강옥 사건으로 장살을 당하고 신원이 되지 않아서인지 그의 아들인 김세진과 손자 대에서는 출사를 하지 못한 것으로 보인다.

김두성은 장자인 김홍경이 1677년에 태어났고 그가 12세 쯤에 40대 중반의 나이로 졸했다고 하니 그는 1630년대 초반에 태어나 조부인 김홍욱이 졸한 1654년 쯤에는 아마도 20대의 나이였을 것으로 추정이 된다. 김두성은 부친의 시묘살이 중 병을 얻어 졸했다고 하는데 유계리의 부친 묘소 옆에 장사를 지냈다.

서산지역의 추사 선조들의 묘소를 8대조인 김적부터 5대조인 김두성 까지 살펴 본 결과 좋은 자리를 점한 경우는 김두성의 묘소 뿐이었다. 이 자리는 천지기 합일점으로 대단히 좋은 자리로 본다. 봉분 크기만큼의 천기와 지기가 응결했다. 형기적으로 보아도 부친인 김세진 묘소와는 확연이 다르다. 와혈의 혈형을 가졌고 그중에서도 와중미유 형태의 자리에 용사했다. 금성수가 환포하고 상왕산에서 나온 맥들로 명당 너머의 조안을 구성했는데 잘 어울린다.

이 자리야말로 경주김씨 한다리파 중에서 추사로 연결되는 가문의 현달에 큰 영향을 준 자리다. 이 자리에 용사한 후 11년 쯤 지나 장자인 김홍욱이 문과에 급제해 영의정에까지 올랐다. 손자인 김한신은 영조의 부마가 되었고, 김한신의 양자인 김이주가 우찬성에 올랐으며, 장손계에서 고손자인 김노응이 병조판서, 지손계에서 추사의 백부이자 양부인 김노영이 참판을 지냈다. 더불어 김노영의 동생이자 추사의 친부인 김노경은 6조의 판서 중 예조를 제외한 5조의 판서를 지냈으며, 오대손에 이르러서도 김도희가 좌의정을, 그리고 추사 김정희가 판서에 성균관 대사성을 지냈고 학문적 예술적 거장으로 이름을 날리는 것이다.

이러한 자손의 영달이 김두성의 묘에서 시작이 되는 것이다. 김두성 이후로 아들인 김홍경 부터는 예산으로 선산이 옮겨가게 되는데다가 이장지가 많아 후손들의 발음을 추정할 만한 자료는 많지 않은데, 그나마 김두성의 묘소를 보고는 그의 후손들의 발음을 유추해 볼 수 있었다.

▲ 〈김흥경 묘소〉 예산읍 신암면 용궁리

예산의 향토지에 따르면 월성위 김한신이 용궁리의 용산을 사들여 선산을 만들었다고 한다. 그는 아마도 용산의 정상이 일자문성으로 평지에서 우뚝 솟은 모습을 보고 이 지역을 선산으로 사용하기 위해 사들였을 것이다. 거기에 더해 왕실의 도움을 받아 용궁리 일대의 농토를 사들여 장원으로 삼았으며 지금의 추사고택으로 불리는 집을 지었다고 한다. 월성위가 이 지역에 사저를 건립하고 선산으로 삼은 이유는 삽교천의 수운을 이용해 한양출입을 원활하게 하고, 서산 지역에 자리잡은 선산을 돌보기 위한 것도 고려대상이었다고 한다.

그렇게 해서 부친인 김흥경이 이곳 용궁리에 유택을 정한 첫 번째 인물이었다. 김흥경은 숙종 때 문과에 급제해 도승지 관찰사 등을 지냈고 신임사화에서 일시 물러났다가 판서 우의정을 지낸 후 영의정에 올랐다. 아들인 김한신이 영조의 부마가 되어 영조와 사돈 간이 되었고 7촌 조카인 김한구의 딸이 영조의 계비가 되니 왕실과 겹사돈을 맺게 된다.

그의 묘소는 좋은 자리가 아니다. 기운이 없는 곳이다. 앞에 자리한 백송은 추사가 아버지를 따라 자제군관으로 연경에 갔을 때 씨앗을 가져다 심었다는 나무로 그 자리 또한 기운이 없다. 묘역 전체에서 기운이 없는 곳이다.

금북정맥이 청양과 예산을 경계삼아 남서진 하다가 백월산을 지난 후 북서쪽으로 방향을 틀어 오서산을 낸다. 오서산에 이르기 전에 북진하는 맥을 내는데 봉수산을 낸 후에는 예당평야로 불리는 넓은 평지가 된다. 비산비야의 맥이 북진하다가 삽교천을 만나기 전에 기봉한 곳이 해발 74미터의 용산이다. 삽교천은 무한천을 받아들인 후 바로 바다에 이를 정도이니 당시로서는 수운에 유리한 조건을 갖춘 곳이었다.

용산의 끝부분에 용사된 이 자리는 기운이 없는 곳이므로 후손에게 큰 영향을 줄 수 없는 자리다.

▲ 〈월성위 김한신 묘소〉 용산 하

월성위는 김흥경의 넷째 아들로 12살 때 영조의 딸인 화순옹주와 혼인해 월성위가 되었다.

영조는 대구서씨인 정성왕후와의 사이에는 자식이 없었고 정빈 이씨와의 사이에 효장세자와 화순옹주가 있었으며 영빈 이씨와의 사이에서 사도세자를 두었다.

영조는 66살의 나이에 15살인 정순왕후 김씨와 혼인했으나 둘 사이에 자손은 없었다. 결국 영조는 후궁에게서 2남7녀의 자손을 두었는데 효장세자는 일찍 졸했고 사도세자 또한 27세의 나이로 졸했다.

김한신이 39세의 나이로 졸하자 부인인 화순옹주 또한 곡기를 끊고 졸했는데 두 분의 유택을 이곳 용산 아래에 지었다. 이 지역의 전설에 의하면 화순옹주가 아버지인 영조를 위해 곤룡포를 지었는데 그 크기를 보려고 남편인 월성위에게 입혀 보았고, 이를 본 사도세자가 벼루로 월성위를 내리쳐 월성위가 죽었다고 한다. 장사를 지내려고 용산 아래에 광중을 파는데 물이 솟구쳐 포기하고 200여미터 뒤를 파서 장사지냈다고 한다.

월성위와 화순옹주의 묘소는 좋은 자리가 아니다.

이곳 용산에서는 기맥이 추사고택과 추사의 묘소쪽으로 가는 두개의 맥을 확인할 수 있었을 뿐 나머지는 좋은 자리를 볼 수 없었다. 김한신은 자식이 없어 장형 김한정의 아들인 김이주를 양자했고 그가 추사 김정희의 친조부가 된다.

▲ 〈김한정 묘소〉 용궁리

김흥경의 장자인 김한정은 첨절제사라는 무관직을 지낸 것으로 비문에 적혀 있다. 62세를 산 것으로 보이며 아들인 김이주를 김한신에게 양자를 보냈다.

그의 묘소는 경기도 광주에 초장되었다가 2004년에 도시개발로 인하여 장자인 김태주의 묘소 뒤로 이장이 되었다고 후손에게 들었고 비문에서도 확인할 수 있었다. 이 자리는 이장묘 이기에 감평할 가치가 없는 곳이다. 물론 자리도 좋지 않은 곳이다. 추사의 발음을 보기 위해 친증조부의 묘소를 찾았지만 초장지에서 최근에 이장된 자리였기에 의미가 없었다.

봉수산을 지나 북진하던 맥이 말봉산을 세운 다음에는 무한천과 성리천 사이를 평지처럼 낮은 구릉 상태로 올라가는데 용산을 세우면서 세 갈래로 갈라지는데 좌측의 용산은 그대로 북진해 삽교천에서 끝나고 동쪽과 북쪽으로도 구릉을 만들었다. 화암사를 지나서 용산의 정상에 이르기 전에 우측으로 난 맥에 김한정의 장자인 김태주 묘소뒤에 이장을 했다.

김태주는 현령을 지낸 것으로 보이는데 김한정의 비문을 확인해 볼 때 그 분의 이장 사실은 확인이 가능한데 김태주의 묘비는 고풍이 묻어 있는 것으로 보거나 후손의 증언에 의하면 원 자리인 것으로 보는 것이 옳을 것이다.

영의정을 지낸 김흥경의 장자 쪽에서도 아들이나 손자에서는 발음이 없다가 김한정의 증손자인 김도희가 순조 때 문과에 급제해 여러 벼슬을 거쳐 철종 조에서 이조판서, 우의정, 좌의정을 지낸다. 이런 것으로 본다면 김한정의 초장지가 좋았을 가능성을 배제할 수가 없다.

김한정의 셋째 아들인 김이주의 가계에서도 김이주가 영달했고 그의 두 아들인 김노영과 김노경이 판서를 지냈으며 이후 추사가 배출되었으니 김한정의 초장지에 그 연원이 있을 가능성을 배제할 수가 없다. 그렇게 본다면 김두성의 묘소에 이어 그의 손자인 김한정의 묘소의 힘이 작용해 가문에서 큰 인물들이 연달아 나왔다고 볼 수 있기 때문이다.

▲ 〈김이주 묘소〉 신암면 용궁리

김한신의 양자인 김이주의 묘소다.

그는 생전의 벼슬이 형조판서와 우찬성을 지낸 것으로 보인다. 그런데 그 정도의 벼슬을 지낸 분 치고는 묘소가 너무 초라하고 비석 또한 최근의 것으로 보인다. 묘소 입구에 신도비 비슷한 비석은 있지만 묘소 자체가 너무 초라해 보인다. 김이주에 대한 기록은 크게 없지만 이 자리는 이장지로 추정할만한 근거가 많다.

앞서 언급했듯이 묘소가 조선 중후기에 만들어진 것으로 볼 수가 없을 정도로 초라하다. 거기에 더해 석물 또한 현대에 만들어진 것들이고 무엇보다도 자리가 될 수 없는 곳에 모셔졌다. 또한 김이주의 아들이자 추사의 부친인 김노경의 묘소의 초장지가 과천이었고 추사도 말년에 그 지역에서 살았던 것으로 보아 김이주의 초장지가 그쪽이었을 가능성이 크다고 하겠다.

그의 묘소도 추정해 보면 김노경 묘소의 이장시에 같이 이 지역으로 내려왔다고 보여진다. 이 자리는 감평의 의미가 없다고 본다. 봉수산에서 올라오던 맥이 용산에 이르기 전에 갈라진 맥에 자리했는데 좋은 자리가 아니었다.

▲ 〈김노경 묘소〉 용궁리

추사의 친부인 김노경은 순조 때 증광문과에 급제하여 예조를 제외한 오조의 판서를 지냈는데 윤상도의 옥사로 인해 유배된 후에 1837년에 졸했다.

그는 철종 때인 1857년에 신원이 되었는데 글씨를 잘 써서 아들인 추사에게 큰 영향을 주었다고 한다. 그의 초장지는 아마도 경기도 과천이었던 것으로 보인다.

1970년대에 도시개발로 인해 이곳으로 이장된 것으로 추정이 되는데 부친인 김이주의 묘소에 붙어 있는 것으로 보아 당시에 같이 이장이 된 것이 아닌가 하는 추정도 가능하다. 이 자리 또한 감평의 의미가 없다. 윤상도의 옥사 이후 김노경은 유배지에서 졸했고 추사는 고금도에 유배되었다가 다시 옥사에 연루되었다는 이유로 제주도로 유배를 가면서 고통이 시작되었다.

▲ 〈추사 김정희 묘소〉 추사고택

1786년에 태어난 추사 김정희는 1809년에 문과에 급제했고 대사성을 지냈다.

그 때가 1838년으로 고금도에서 해배되어 풀려났을 때였다. 1840년 옥사에 연루되어 제주도로 유배를 떠나 10년 후 해배되었으나 다시 북청으로 3년간 유배를 떠났다. 해배되고 나니 70살이 넘은 노인이 되었고 3년 후 세상을 떠났다.

그는 월성위 김한신의 증손자였고 영조의 계비 정순왕후와도 가까운 친족이었다. 흥선대원군의 아버지인 남연군과는 이종사촌이었으며 실학자 박제가의 문인이었다. 노론에 속했으나 당파에는 기울지 않았고 실학자로 살았다.

그는 19세기를 대표하는 금석학자요 고증학자이며 실학자였다. 그의 추사체는 지금까지도 그의 예술을 대표하는 서체이며 문인화로도 세한도라는 명작을 남겼다. 그의 이러한 발음을 찾아보기 위해 그의 8대조인 김적 부터 아래로 부친인 김노경의 묘소까지 살펴 보았다. 그런데 가장 중요한 증조부 김한정부터 조부 김이주를 포함해 부친 김노경 묘소까지 초장지에서 이장되어서 실체를 알 수가 없었다.

고조부인 김흥경의 묘소는 좋은 자리가 아니었으며 추사의 장년 이후 13년간

16장 예산·서산·태안 – 금북정맥의 끝

의 유배로 이어지는 간난신고와 가난이 고조부와 조부의 묘소에서 기인할 것이라는 추측만 가능케 했다.

추사일가의 발적에서 가장 중요한 묘소는 추사의 오대조부인 김두성의 묘소였으며 그 묘소로 인하여 크게 발음이 일어났을 것으로 볼 수 밖에 없었다. 다만 중조부 김한정의 후손들에서 골고루 영달이 일어난 점으로 보아 그의 초장지가 중요한 역할을 했을 것이라는 추정은 가능했다.

추사의 묘소는 자리는 크지 않은 곳이다.

혈적하긴 하지만 큰 자리는 아니고 봉분 정도의 크기만큼 지기가 응결한 곳이다. 용산에서 작은 맥이 두줄기로 내려와 하나는 추사의 묘소에서 결혈했고 다른 한 맥은 고택을 지나간다. 영조의 계비인 정순왕후는 오대조부인 김두성의 동생 김두광의 후손으로 추사에게는 집안의 고모할머니가 되는데 이러한 발음은 찾아보지 못했다.

금북정맥은 칠현산에서 갈라져 천안을 지난 후 예산과 청양사이를 따라 남서진 하다가 다시 서산의 오서산부터 북으로 올라가게 되는데 가야산이 그 정맥의 끝 부분에 해당하고 큰 힘을 쏟아내어 올라선 산이다. 예산은 정맥의 서편에서 만들어진 용맥과 정맥이 다시 북으로 치고 올라가는 정맥의 사이에 자리잡은 곳으로, 그 터전이 읍치권과 가야산 권으로 구분이 된다.

그 중 가야산권역은 중국에서 들어오는 교통의 요충지 역할을 하였던 곳으로 많은 사찰과 수행지를 품고 있으며 그에 따른 유물과 전설이 내포된 땅이다. 최근에는 어느 유명한 지사가 소위 '자미원 터'가 이 지역에 해당하는 서산의 내포에 있다고 말해 화제가 되기도 했으며, 조선의 마지막 두 황제를 낸 터가 가야산 하에 자리를 잡아서 풍수인들의 발길을 잡는 곳이다.

가야산은 금북정맥에서 우뚝 선 큰 산군으로 여러 산을 거느리고 수많은 사찰을 품었던 곳으로 예부터 신비감을 자아내던 곳이다. 조선 말의 선승으로 서산대사 이래 가장 큰 깨달음을 얻었다는 경허 성우의 활동지로도 알려져 있으며, 그의 탁월한 제자들이 이 곳에서 수행하며 득도했고 그들을 대표하는 만공 선사가 이 지역에서 큰 족적을 남긴 곳이기도 하다.

아마도 속리산에서 시작된 한남금북정맥이 금강의 북쪽을 아우르는 금북정맥으로 분지된 후에 정맥의 기운이 가장 크게 뭉친 지역이 가야산권일 것이다.

그만큼 인물도 많이 배출되고 좋은 자리도 넘쳐나는 곳이며, 큰 산군을 이룬 가야산의 힘이 정맥이 지나가는 서산과 태안에 까지도 미친다고 보아야 할 것이다.

이번에 기술한 곳 이외에도 이 지역에는 좋은 자리가 많으며, 산과 물이 잘 어울려 넉넉한 재물과 함께 귀한 인물들이 배출될 땅을 간직하고 있다.

풍수의 실체를 찾아서
새로운 관점의 풍수론

저 자   곽 우 근

인 쇄   2024년 03월 15일 1쇄
발 행   2024년 03월 20일 1쇄

지은이   곽 우 근
펴낸이   강 정 민
진 행   강 무 원
교 정   김 성 배
편 집   (주)카리스북
표지디자인   이 혁 수
펴낸곳   다니북스
등록번호   제2021-000014호
전 화   02-6409-5328
팩 스   02-2691-0091

ISBN: 978-11-980076-6-7
정가: 35,000원